KB265285

**프로야구
감독열전**

초판1쇄 인쇄 2012년 9월 15일
초판1쇄 발행 2012년 9월 20일

지은이 박용훈 외
펴낸이 명혜정
펴낸곳 도서출판 이아소

등록번호 제311-2004-00014호
등록일자 2004년 4월 22일
주 소 121-841 서울시 마포구 서교동 487 대우미래사랑 1012호
전 화 (02)337-0446 | **팩 스** (02)337-0402

책값은 뒤표지에 있습니다.
ISBN 978-89-92131-58-2   13690

도서출판 이아소는 독자 여러분의 의견을 소중하게 생각합니다.
E-mail : iasobook@gmail.com

프로야구 감독열전

박용훈 외 지음

이아소

한국 야구를 빛낸 명장들의 이야기

"그는 오로지 머릿속으로 어떤 결정을 내리고 선수들에게 명령할 뿐이다. 그는 오로지 정신적으로만 활동한다. 따라서 그는 결과론에 휘둘리는 표적이 된다. 일이 제대로 풀리면 그렇게 유도한 감독은 당장 천재가 된다. 반대로 일이 제대로 풀리지 않으면 당장 목을 쳐야 마땅한 바보 천치가 된다. 감독은 한 이닝 사이에도 천재와 천치 사이를 몇 번씩 오갈 수 있다."

전설의 야구기자 레너드 코페트의 저서 《야구란 무엇인가》의 '감독' 편은 이 문장으로 시작한다. 단 몇 줄의 문장으로 프로야구 감독만이 갖는 매력은 물론 그들이 느끼는 엄청난 중압감을 느낄 수 있다. 일 년의 거의 절반을, 하루에도 몇 번씩 '천재와 천치 사이'를 수없이 오갈 수 있는 직업은 이 세상에 프로야구 감독밖에는 없다.

감독은 경기가 시작되고 끝날 때까지 '모든' 결정을 내리는 존재다. 선발투수와 타순부터 게임 중의 각종 전술이나 작전을 결정하는 것도 감독 몫이다. 경기가 끝나도 할 일은 여전히 많다. 팀의 내규나 트레이닝 방법, 훈련 스케줄, 코치 인사권도 감독에게 있다. 그래서 모든 스포츠 중에서 유일하게 야구만이 감독을 '헤드 코치(Head Coach)'가 아닌 '매니저(Manager)'라 부른다. 야구장에서, 더그아웃에서, 훈련장에서 감독은 절대권한을 가진 '최고 경영자'다.

물론 팀의 성적이 좋지 않을 경우 감독 자리만큼 가벼운 것도 없다. '모든 결정'을 본인이 내리니 '모든 책임'도 본인이 질 수밖에 없다. 오케스트라 지휘자, 항공모함 함장 등과 함께 남자라면 도전해볼 만한 가장 멋있는 직업 중 하나로 꼽히는 프로야구 감독이지만 그만큼 힘들고 고독한 자리도 없다.

감독파 vs 선수파

"야구에서는 가지고 있으면서 버리는 데이터가 많다. 데이터는 어디까지나 참고 사항이지 전부가 아니다. 반대로 어느 팀 감독은 보니까 데이터를 전혀 안 보고 직감만 가지고 하더라. 그러면 어쩌다 하나는 맞겠지만 이길 수가 있겠나. 야구장에서는 모든 것을 한 순간도 놓치면 안 된다. 그게 현장에 앉아 있는 감독의 책임이다. 이렇게 이야기하면 이상할지 몰라도 야구는 선수들이 한다고 이야기하지만 난 언어도단이라 생각한다. 야구는 감독이 하는 것이다."

"가장 중요하게 생각하는 건 '야구는 선수가 한다'는 것이다. 경기에 나서는 선수들이 잘할 수 있도록 이끌어주는 것까지가 지도자의 역할이다. 우리나라는 일본의 영향을 받아서 거꾸로 지도자가 나서는 경우가 많다. 물론 성적에 대한 책임만큼은 감독이 지는 게 맞다. 그러나 결국 경기를 치르는 것은 감독이 아닌 선수들 몫이다."

전/현 SK 와이번스 감독인 김성근, 이만수 두 감독의 인터뷰 중 일부다. '야구는 누가 하는가'에 대한 전혀 상반된 견해가 눈길을 끈다. 레너드 코페트의 말대로 경기장에서 모든 결정을 내리는 것은 감독이지만, 감독이 아무리 훌륭한 작전을 지시하더라도 선수가 그것을 실행하지 못하면 아무 소용이 없다. 반대로 훌륭한 선수를 많이 보유한 팀이지만 성적은 시원찮은 경우도 많다.

여기서 야구를 보는 두 개의 관점이 생긴다. 야구는 '감독이 하는 것'(이하 '감독파')이라는 것과 '선수가 하는 것'(이하 '선수파')이라는 것이 그것이다. 예컨대 2010년 준플레이오프 두산과 롯데의 2차전 경기를 보자. 연장 10회 초, 1사 2루 상황에서 두산은 조성환을 고의사구로 걸렀다. 1점 차 승부에서 1루가 비었을 경우 중심타자인 조성환을 거르는 것은 정석이라고도 볼 수 있지만 문제는 다음 타자가 이대호였다는 것. 이전 타석까지 안타를 치지 못한 이대호는 보란 듯이 두산 마무리 정재훈의 포크볼을 받아쳐 그대로 담장을 넘겼고 경기는 거기서 사실상 끝났다.

자, 이런 상황에서 이른바 '감독파'는 무엇보다 조성환을 거른 것이 적절했는지 여부부터 따지게 된다. 아무리 감각이 떨어졌다고 이대호와 승부를 택한다는 것은 무모했다는 의견과, 결과적으로 홈런을 맞았을 뿐이지 충분히 시도해볼 만한 작전(포크볼로 땅볼을 유도하여 병살타로 이닝 종료)이었다는 의견이 나올 수 있다. 실제 당시 양준혁 해설위원은 전자를, 하일성 해설위원은 후자의 입장을 취했다.

반면 '선수파'는 고의사구 작전의 적절성 여부를 따지기 전에 정재훈의 포크볼과 이대호의 스윙에 대해 논한다. 정재훈이 포크볼을 잘 떨어뜨렸지만 이대호가 믿을 수 없는 부드러운 스윙으로 그것을 넘겼다고 볼 수도 있고, 이대호가 잘 치긴 했지만 정재훈의 포크볼이 덜 떨어졌던 게 컸다고 볼 수도 있다. 여하튼 선수들의 플레이에 먼저 눈이 가게 된다.

물론 이 분류는 '닭이 먼저냐, 달걀이 먼저냐' 같은 문제처럼 정답도 없고 그 말이 그 말일 수도 있어 보인다. 또 '감독파' 라고 하여 감독의 작전만 보는 것도 아니고 '선수파' 라 하여 선수들의 기량만 따지는 것도 아니다. 그럼에도 두 관점 사이에는 미묘한 차이가 존재한다. 이대호의 홈런이 터지는 순간, '조성환을 거르면 안 되는 거였지' 라는 생각이 먼저 떠오른 사람과 '이대호 역시 대단하다' 하는 생각이 먼저 떠오른 사람이 분명 존재하기 때문이다.

우리나라를 대표하는 감독들은 어떤 파에 속할까? 한국시리즈 최다 우승에 빛나는 김응룡, '야신' 으로 불리는 김성근, '국민 감독' 김인식, 신바람 야구 이광환, '현대왕조' 를 건설한 김재박, 국보급 투수 출신의 선동열, '해결사' 에서 '야왕' 으로 변신한 한대화, 최초의 외국인 감독 제리 로이스터 등은 어떤 야구 철학을 가지고 야구 인생을 펼쳐 왔을까. 이들 중 감독파는 누구이며 선수파는 누구일까. 또 다른 제3의 철학을 가지고 있는 감독은 누구인가.

이 책은 앞서 열거한 8명의 감독들에 관한 이야기다. 한국 야구의 과거와 현재를 빛낸 명장들의 야구 인생과 철학을, 리더십을 살펴보는 것이 이 책의 목적이다. 이 과정에서 자연스레 KBO 31년사도 정리가 되고 야구를 보는 눈도 업그레이드 된다면 금상첨화일 것이다.

필자도 그렇지만 이 책에 참여한 저자들은 방송사에 소속된 야구 해설가나 신문사에 소속된 기자가 아니다. 하지만 야구에 관한 관심과 사랑은 전문가들 못지않다고 자부한다. 그래서 생업으로 바쁜 와중에도 불구하고 모두 흔쾌히 이 작업에 동참했다. 애써 주신 분들에게 정말 감사드린다. 또 원고를 기꺼이 맡아서 출간해주신 이아소 출판사 여러분께도 감사의 말씀을 드린다.

아무쪼록 이 책이 작금의 야구 열기에 조금이나마 보탬이 될 수 있기를 기원한다. 세계에서 가장 재미있는 한국 야구, 언제나 파이팅이다!

필자들을 대신해서
박용훈 씀

차례

| 선동열 | 국보급 투수, 국보급 감독에 도전하다 ★ 163

김응룡

2012년 한국 프로야구는 30돌을 맞았다. 1982년 3월 27일 프로야구가 출범한 이후 지난 30년의 역사에서 최고의 감독을 꼽으라면 통산 최다승(1,476승)과 한국시리즈 최다우승(10번) 기록을 보유한 김응룡 현 삼성 라이온즈 고문(이하 김응룡 감독)을 첫 번째로 꼽을 수 있을 것이다.

필자는 지난 30년 동안 내내 삼성 팬이었다. 필자를 비롯한 삼성 팬에게 김응룡 감독은 가장 미운 감독이면서 동시에 가장 고마운 감독으로 영원히 기억될 것이다. 삼성 팬들에게 가장 많은 아픔을 남긴 감독이자, 가장 큰 기쁨을 선사한 인물이기 때문이다.

삼성은 1985년 전·후기 통합우승을 차지하긴 했으나, 한국시리즈 우승과는 인연이 없었다. 80~90년대에만 6번이나 한국시리즈에 진출했으나 그때마다 번번이 준우승에 그쳤던 것. 그중 3번은 김응룡 감독의 해태에 당한 패배였다.

김응룡 감독은 1986년(4승 1패)과 87년(4승 무패), 그리고 93년(4승 1무 2패)까지 삼성과 맞붙은 3번의 한국시리즈에서 모두 승리, 삼성 팬들의 꿈을 좌절시켰다. 출범 이후 11번 중 6차례나 한국시리즈에 올랐던 삼성은 93년 이후 7년간이나 한국시리즈와 인연을 맺지 못하면서 지독한 암흑기를 보냈다.

그랬던 김응룡 감독이 2001년 삼성의 한을 풀어주기 위해 푸른 유니폼을 입게 됐다. 그는 '우승 청부사'라는 수식어가 정말 잘 어울리는 인물이었다. 2001년 준우승을 거쳐 2002년에는 LG 트윈스를 4승 2패로 꺾고 마침내 삼성의 사상 첫 한국시리즈 우승을 팬들에게 선물했다. 가장 미웠던 감독이 가장 고마운 감독으로 바뀌는 순간이었다.

20년 동안 단 한 번도 한국시리즈에서 좋은 기억이 없었던 팀에 옮겨와서 보란 듯이 우승이라는 결과물을 만들어낼 수 있는 감독이 과연 몇이나 될까?

김응룡 감독이 2002년 한국시리즈 당시 '야신'이라는 별명을 붙여준 김성근 감독도, '국민 감독'이라 불리는 김인식 감독의 업적도 김응룡 감독이 22년 동안 이룩한 업적에는 비할 바가 못 된다. 한국 프로야구 30년 역사에서 김응룡 감독이야말로 최고 명장인 이유다.

선수 김응룡, 실업야구계를 평정하다

호적이나 공식 프로필에는 1941년 생으로 표기되어 있지만, 실제 김응룡 감독은 1940년에 평안남도 평원군에서 태어났다. 이후 한국전쟁이 발발하여 초등학교 3학년 때 아버지와 함께 부산까지 내려오게 되었다.

1954년 부산 개성중학교에 입학한 소년 김응룡은 원래 축구선수였다. 그러나 반 대항 야구경기에 나갔다가 야구부 주장의 눈에 띄어 야구부에 들어가면서 정식으로 야구를 시작했다. 나중에 부산상고로 진학한 학생 김응룡은 투수와 포수, 1루수를 번갈아 맡으며 정확도를 자랑하는 4번 타자로 활약했다.

1960년 서울로 상경한 김응룡은 한국운수(현 대한통운)에 연습생으로 들어가 실업야구 선수생활을 시작했다. 김응룡 감독은 그 당시 훈련 없는 날에도 남산 꼭대기에 올라가 배고픔을 견디며 헌 타이어를 달아놓고 배팅 연습을 했다고 회고한다. 어느 날부턴가 선수 김응룡은 팀의 주전 1루수가 되어 있었다.

마침내 선수 김응룡의 화려한 전성시대가 시작되었다. 1961년 9월 대통령배 실업야구연맹전 우승 및 우수선수상 수상. 1962년 한국미곡창고로 이적, 대통령배 실업야구연맹전 우승 및 2연속 우수선수상 수상. 1963년 제5회 아시아 야구선수권대회 우승, 타격상과 홈런상 수상. 1964년 대한체육회에서 수여하는 체육상(야구 부문) 수상.

1964년 크라운맥주로 이적한 김응룡은 9월 당시 처음으로 열린 올스타전에서 실업야구단 1루수로 선발되었다. 이때 실업야구단 올스타로 선정된 선수는 박영길, 김영덕, 이광근, 김소식 등이고 상대팀인 금융야구단 투수로는 김성근이 뽑혔다. 3전 2선승제로 열린 올스타전에서 4번 타자로 출장한 김응룡은 2차전에 상대 투수 김성근을 상대로 솔로 홈런을 기록하는 등 팀의 2연승을 이끌었다.

1965년 마닐라에서 열린 제6회 아시아 야구선수권대회에서 한국은 준우승에 그쳤으나, 김응룡은 대회 2연속 타격왕에 올랐다. 김인식과 김응룡이 투타에서 활약한 크라운맥주는 65년 실업야구연맹전에서 우승을 차지했다.

1966년 한일은행이 크라운맥주를 인수하면서 재창단하였고, 김응룡은 실업야구 베스트 9 최고 1루수로 뽑혔다. 1967년에도 소속팀 한일은행을 실업야구 우승으로 이끌면서 홈런왕 타이틀을 차지했고, 이후 72년까지 매년 베스트 9과 올스타로 선정되는 등 국내 최고의 거포로 맹활약했다.

선수에서 바로 실업야구 감독이 되다

1972년 10월 소속팀 한일은행의 감독으로 취임하면서 선수생활을 마감했는데, 김응룡은 선수로 활약한 12년 동안 통산 0.307의 타율과 46홈런을 기록하며 실업야구를 대표하는 거포로서 명성을 떨쳤다. 1975년 실업야구연맹은 지난 10년간 가장 우수한 활약을 펼친 선수 19명을 선정 발표하였는데, 김응룡은 당연히 거기에 속해 있었고, 후에 프로야구 감독을 맡게 되는 박영길, 강병철, 정동진 등도 명단에 이름을 올렸다.

1973년 33세의 초보감독 김응룡이 이끄는 한일은행은 대학팀도 참가하는 전국야구선수권대회에서 6년 만에 우승을 차지하는 쾌거를 올렸고, 실업야구단 감독으로 재직한 8년 동안 3번(73, 76, 80년)의 우승을 차지했다.

김응룡 감독의 능력은 국가대표 팀을 맡고서도 그대로 발휘되었다. 처음 대표팀을 맡은 1977년 대륙칸컵 대회에서는 준결승에서 일본을 3 대 2로 물리친 후 결승에서 미국마저 5 대 4로 꺾고 당당히 우승컵을 들어 올렸다. 이는 한국 야구가 최초로 세계 규모의 국제대회에서 우승을 차지한 역사적인 업적이었다.

1981년 3월 김응룡 감독은 코치 수업을 받기 위해 미국으로 건너 갔다. 재미 야구협회 이덕준 씨의 주선으로 김응룡은 미국 조지아 서던 칼리지의 야구 스쿨에 입학하여 2년 동안 코치 수업을 받게 된다. 8년간의 실업야구 감독직을 청산하는 순간이었다.

1981년 12월 11일 MBC 청룡, OB 베어스, 해태 타이거즈, 삼미 슈퍼스타즈, 삼성 라이온즈, 롯데 자이언츠 등 6개 팀이 롯데호텔에서 창립총회를 열고 한국 프로야구 출범을 공표하였다.

1982년 3월 27일 동대문운동장 야구장에서 MBC 청룡 대 삼성 라이온즈의 개막전이 열리면서 한국 프로야구가 개막했다.

한국 프로야구 초대 감독은 서영무(삼성), 박현식(삼미), 김동엽(해태), 박영길(롯데) 등 실업야구 감독 출신이 대부분이었고, 김응룡 감독과 한일은행에서 선수생활 및 지도자 생활을 하다가 고교야구 감독을 거친 김영덕(OB) 감독, 일본에서 선수생활을 하다 돌아온 백인천(MBC) 감독 등이 있었다.

6명의 초대 감독 면면을 보면 81년 3월에 코치 수업을 받는다는 명목으로 도미한 김응룡 감독으로선 땅을 치고 통곡할 노릇이었다. 한국에 프로야구가 탄생했다는 소식을 미국에서 들은 김응룡 감독은 비록 몸은 미국에 있었지만, 자신을 불러주지 않아 몹시 섭섭했다고 회고하고 있다.

그도 그럴 것이 앞에서 김응룡 감독은 한국 실업야구의 최고 감독이었다고 해도 과언이 아닌 업적을 남겼기 때문이다.

김응룡 감독이 미국에 가지 않고 한국에 있었으면 분명히 어느 팀 감독직을 맡았을 테고 그랬으면 한국 프로야구의 역사는 바뀌었을지도 모른다.

미국식 자율 야구를 한국에 도입하다

해태의 초대 감독은 '빨간 장갑의 마술사'라고 불린 카리스마 넘치는 김동엽 감독이었다. 그러나 김동엽 감독은 코치진(조창수, 유남호)과의 불화와 성적 부진으로 13경기 만에 감독직에서 물러났다. 당시 가뜩이나 선수층이 모자랐던 해태는 조창수 코치를 감독대행으로 앉혔다.

감독이 없는 상태나 다름없는 해태의 원년 성적이 좋을 리가 만무했다. 그러나 해태는 홈런 1위(김봉연), 타점 1위(김성한), 도루 1위(김일권)를 차지한 선수와 10승 투수(김성한)를 배출했다.

82년 9월경 김응룡 감독은 돌연 미국에서 귀국했다. 해태는 실업야구를 호령했던 선수이자 감독이던 김응룡에게 감독직을 제의했다. 이에 김응룡 감독은 10월 21일부터 열리는 실업야구 추계리그를 마친 뒤 해태에 합류하기로 했다.

1982년 11월 2일 김응룡 감독은 정식으로 해태 타이거즈 감독에 취임했고, 8일부터 광주에서 본격적으로 선수들과 함께 훈련에 돌입했다.

그리고 군산상고 감독 출신 백기성을 코치로 영입했고 삼성에서 벤치로 밀려난 서정환을 현금 트레이드로 영입했다. 83년부터 재일교포 선수가 뛸 수 있게 되어 재일교포 투수 주동식과 포수 김무종을 영입했다. 그렇게 김응룡 감독의 프로 신화는 시작되었다.

비록 1년이라는 짧은 시간이었지만, 김응룡 감독은 미국에서 선진 야구를 배워 온 유일한 감독이었다. 김응룡 감독에 대한 오해는 여기서부터 풀어야 할 것이다.

김 감독은 선수들에게 무서운 감독, 심판들과 싸움을 서슴지 않는 카리스마 넘치는 감독으로 인식되었지만 실상은 선수들과 코치진을 믿고 맡기는 스타일이었다.

오히려 스파르타식 훈련과 독단적으로 선수단을 이끈 감독은 김동엽 감독이었다. 코치진과의 대화와 회의를 통해 선수단을 이끌고 훈련 또한 자율에 맡긴 김응룡식 야구는 당시 해태 선수단에 먹혀들 수밖에 없었다.

실제 1983년 1월 신문기사를 보면 김응룡 감독의 야구를 "미국식의 완전 자유방임주의"라고 표현하고 있다.

훈련시간도 오전 10시부터 오후 2시까지 감독 지휘 하에 실시하고 그다음부터는 자율에 맡기는 방식을 택했다. 이러한 훈련 방식은 김응룡 감독이 해태에서 지휘봉을 잡고 있을 때까지 지속되었다.

우승 청부사로 삼성에 이적해 온 후부터는 훈련 방식을 바꿨다고 한다. 당시 삼성의 분위기도 그랬고 반드시 우승을 차지해야만 하는 목표가 있었기 때문에 해태에서 해왔던 방식을 그대로 취하기엔 제아무리 9번 우승을 일궈낸 감독이라도 구단의 눈치를 볼 수밖에 없었을 것이다.

아무튼, 김응룡 감독은 자율 야구를 추구했지만, 결코 감독 자신이 뒤로 빠져 있는 일은 없었다. 선수들이 훈련하는 동안 뒤에서 쭉 지켜보고 있었고 문제점이 있으면 선수들을 직접 다그치기보다 코치를 통해 바로잡는 방식을 취했다.

그럼에도 선수들은 엄청난 하드웨어를 자랑하는 김응룡 감독의 풍채에 눌릴 수밖에 없었고 오히려 말이 없는 감독을 더 무서워했다. 그 때문에 선수들은 스스로 성장하는 데 전념할 수밖에 없었다. 그것이 김응룡식 자율 야구였다.

김응룡 감독은, 프로는 누구에게 보여주기보다 자신을 위해 노력해서 결국엔 돈으로 평가받아야 한다는 지론을 갖고 있다. 감독 눈치를 보지 말고 자신을 위해서 야구에 전념하라는 뜻이었다.

취임 첫해 우승을 일궈내다

"저 혼자 잘했다고 책임을 회피하는 태도는 프로에서는 있을 수 없다. 아무리 높은 타율을 올렸다 하더라도 팀이 지면 방망이를 부러뜨리며 분해할 수 있는 승부근성으로 팀이 똘똘 뭉쳐 우승하겠다." 김응룡 감독의 프로 데뷔전은 1983년 4월 3일 광주구장에서 열린 삼성과의 경기였다. 경기에 앞서 그는 이렇게 출사표를 던졌다.

이날 경기는 2회 김종모의 솔로포 등으로 8회까지 5 대 3으로 앞서 가던 해태가 9회 2점을 내주며 동점이 된 후 비가 내리는 바람에 아쉽게도 강우 무승부로 끝났다.

1983년 4월 5일 열린 삼성과의 시즌 2차전에서 해태는 6회부터 등판한 강만식의 호투와 2타점을 올린 김무종의 활약 등에 힘입어 삼성을 4 대 1로 이겼다. 김응룡 감독은 두 경기 만에 프로 데뷔 첫 승을 올렸다.

1983년 5월 13일 전기리그 선두를 질주하고 있던 해태와 2위 팀 삼미와의 인천 원정경기에서 3회 삼미의 괴물투수 장명부가 김준환에게 빈볼을 던졌다고 주장하면서 벤치 클리어링이 일어났는데, 이때 김응룡 감독이 과격하게 참견했다는 이유로 이일복 주심으로부터 퇴장명령을 받았다. 이는 한국 프로야구 역사상 감독 퇴장명령 제1호였다.

1983년 6월 14일 대전구장에서 열린 OB와의 경기가 끝난 직후 김응룡 감독은 심판의 판정에 불만을 품고 심판실에 들어가 김옥경 주심의 멱살을 잡고 흔들면서 철제의자를 던졌다. 그로 인해 경찰에 입건됐다.

김응룡 감독의 이 같은 불미스러운 행동은 1회 초 김무종의 홈런이 심판의 오심으로 파울로 번복되었기 때문에 나온 것이었다. 이 일로 김응룡 감독은 3게임 출장금지 처분을 받았고 약식기소로 벌금 50만 원을 물었다. 오심과 관련된 심판들도 출장정지와 경고 처분을 받았다.

전기리그 30승 1무 19패(승률 0.612)로 한국시리즈에 직행한 김응룡 감독은 83년 올스타전에서 서군 감독으로 출전하기도 했다.

백인천 감독의 무단이탈로 김동엽 감독 체제로 시작한 우승후보 MBC 청룡이 삼성과 삼미를 밀어내고 1위를 차지하면서 한국시리즈 후기리그에 진출했다.

우승을 장담할 정도로 사기가 충천해 있던 MBC 청룡은 10월 10

일 열리기로 되어 있던 한국시리즈 1차전이 10월 9일 미얀마에서 일어난 '아웅산 폭탄테러' 사건으로 일주일 뒤로 미뤄지면서 뜻하지 않은 내부 분란에 휘말리고 말았다. 김동엽 감독이 선수들에게 우승하면 보너스를 주겠다고 했는데, 선수들은 후기리그 우승으로, 구단은 한국시리즈 우승으로 서로 다르게 받아들이면서 분란이 일어난 것이다.

MBC는 선수들의 요구사항에 융통성 있게 대처하지 못한다. 선수들은 한국시리즈에 나가지만 이미 사기가 떨어질 대로 떨어진 상태여서 시리즈 전적 1무 4패로 해태에 힘 한 번 써보지 못하고 무릎을 꿇고 말았다.

MBC 청룡의 패인에는 김동엽 감독의 이상한 투수 기용도 한몫했다. 에이스 하기룡을 1차전부터 투입하지 않고 4차전에 가서야 중간계투로 투입한 것이다.

해태 김응룡 감독이 1차전, 4차전에 20승을 올린 에이스 이상윤, 2차전, 3차전, 5차전에 재일교포 주동식을 선발로 내세운 것과는 너무도 대조적이었다.

우승 직후 인터뷰에서 김응룡 감독은 "MBC 청룡의 우승이 유력하다는 예상에 팀을 맡고 처음으로 오전, 오후 훈련을 시켰다."라고 말했다.

우승을 위해 철저하게 준비하고 정석대로 경기를 풀어간 김응룡 감독의 완승으로 끝난 83년 한국시리즈 이후 한국 프로야구사에서 카리스마 하면 빼놓을 수 없는 두 감독과 두 팀의 희비는 엇갈리고 말았다.

김응룡 감독은 전무후무한 한국시리즈 10번 우승이라는 금자탑을 쌓으며 한국 프로야구 최고 명장으로 우뚝 섰다. 해태는 팀이 KIA로 바뀌기 전까지 9번 우승을 차지하며 명문 구단으로 군림했다. 반면, 김동엽 감독과 MBC 청룡은 한 번도 우승을 차지하지 못하고 역사의 뒤안길로 사라져야 했다.

83년 당시 6개 구단 가운데 가장 적은 선수를 데리고 감독 데뷔 첫해에 우승을 일궈낸 데는 김응룡 감독의 남다른 용병술을 먼저 꼽을 수 있다. 선수들 개개인의 개성과 특성을 잘 파악하여 기량을 극대화하는 능력이 탁월했던 것이다.

투수 이상윤, 주동식(재일교포), 김용남, 포수 김무종(재일교포), 야수 김봉연, 김성한, 김종모, 김일권, 서정환, 김일환, 김준환 등 소수 정예 호랑이들은 마치 초한지에서 항우의 부대와 같았다.

물론 비슷한 부분은 많을지 몰라도 김응룡 감독이 항우와 같다는 뜻은 아니다. 그만큼 수적 열세에도 불구하고 해태 팀이 강했다는 뜻이다.

덩치가 크면 머리가 나쁘다는 말이 무색하게 김응룡 감독은 '지장'이라는 평을 얻었다. 한편으론 '코끼리 감독'으로 불리곤 했다. 사실 '코끼리'라는 별명은 선수 시절부터 불리던 별명이다.

김응룡 감독과 김동엽 감독 간에 있었던 에피소드 하나를 더 소개한다. 83년 8월 13일 전주 원정길에 나선 MBC 청룡이 해태에 첫 영봉패를 안기며 승리하자 김동엽 감독은 적지임에도 마운드까지 나가서 선수들과 함께 모자를 벗어 흔들며 흥겨워했다. 그 모습을 본 김응룡 감독은 심한 모멸감을 느꼈다고 한다.

8월 20일 잠실 원정경기에서는 해태가 MBC 청룡을 상대로 1대 0으로 영봉승을 거두었다. 이번에는 김응룡 감독이 마운드에 나가 선수들과 함께 덩실덩실 춤까지 추면서 보란 듯이 복수(?)를 했다고 한다.

평소 김응룡 감독답지 않은 세리모니였으나 어떤 경우에도 지고 싶지 않은 승부사의 기질이 엿보이는 에피소드라 할 수 있다.

해태 왕조 건설을 위한 숨 고르기

소위 말하는 우승 후유증 때문이었을까? 1984년 해태는 승률 0.443에 머물며 5위에 그쳤다.

1984년 시즌을 시작하면서 김응룡 감독은 "포지션별로 우리 선수들은 최고다. 그러나 주전이 부상당했을 때 뒷받침할 선수층이 두텁지 못해 선수들이 부상당하지 않고 최상의 컨디션을 유지하는 것이 관건이다."라고 말했다.

그러한 우려는 시즌 초반부터 나타났다. 김성한, 서정환, 김무종, 양승호, 차영화 등이 부상으로 나가떨어지면서 4연패를 당한 것이다.

게다가 지난해 한국시리즈 2승을 거둔 재일교포 투수 주동식과 재계약 불발에 그친 해태는 결국 전기리그 5위로 추락하고 후기리그에서도 3위에 머물며 한국시리즈에 나가지 못했다.

1984년 해태의 부진한 성적에는 또 다른 이유도 있었다. 1984년 4월 12일 서울 3연전을 마치고 있었던 회식자리에서 도루왕 김일권과 김응룡 감독 간에 마찰이 생겼다.

선수들이 고기를 먹지 않고 재로 만들며 무언의 시위를 하는 것을 보고 박건배 구단주는 "이유가 뭐냐?"고 물었다. 그러자 선수들이 "숙소가 나쁘다", "유니폼 지급이 늦다", "승리 게임 수당을 달라"라고 요구했다. 그 주동자가 김일권이었다. 이에 화가 난 김응룡 감독이 김일권을 심하게 나무랐다.

김일권은 이미 조창수 코치와 다툰 전례가 있어서 김응룡 감독은 "내가 정말 김일권을 미워했으면 진작 버렸을 것이다. 다섯 번이나 봐줬는데도 그런 말을 하다니…."라며 괘씸하게 여겼다고 한다.

이른바 '불고기 화형식'으로 불리는 이 사건의 실상은 전년도 우승 보너스도 없었고, 서울 원정 숙소를 교체하면서 선수들의 불만이 극에 달해 일어난 사건이었다. 또한 해태 구단 연봉도 다른 구단과 비교해보면 A급 선수가 B급 선수 수준밖에 되지 않았다고 한다.

1984년은 해태 투수 방수원이 한국 프로야구 최초로 노히트 노런 대기록을 세운 해이기도 하다. 5월 5일 광주에서 열린 삼미와의 경기에서 중간 계투로만 6경기에 등판하여 2패를 기록 중이던 방수원이 깜짝 선발로 나섰다.

방수원은 커브를 주 무기로 컨트롤 위주로 투구하며 9회까지 30명의 타자를 상대로 102개의 공을 던져 볼넷만 3개 내주었을 뿐, 탈삼진 6개를 빼앗는 등 완벽한 피칭으로 프로 최초 노히트 노런 기록을 세웠다. 7회와 8회 2루수 차영화, 좌익수 김종모의 환상적인 수비도 한몫했다.

1985년 해태는 에이스 이상윤이 팔꿈치 부상으로 허덕이면서 전기리그, 후기리그 모두 3위에 그치고 말았다. 김응룡 감독은 그해에도 시즌 감독퇴장 1호 감독이 되었고, 김일권은 빈볼시비 사건으로 벌금을 물기도 했다.

그해 해태에 거물급 투수 선동열과 호타준족 이순철이 입단했다. 기대를 한 몸에 받았던 선동열은 입단 절차상의 문제 때문에 전기리그에는 출전하지 못하고 후기리그에서만 7승 4패 8세이브를 올리며 다음해를 기약했다. 이순철은 도루 31개를 기록하며 이 부문 4위에 올라 '대도' 김일권의 뒤를 이을 선수로 주목받으며 신인왕 타이틀을 거머쥐었다.

1985년 11월 13일 김응룡 감독은 프로야구 최초로 소속 구단과 임기만료 재계약 감독이 되면서 계약기간 3년, 총액 1억 500만 원에 도장을 찍었다.

해태 왕조의 시작

1986년 김응룡 감독은 "우승해야 할 것"이라는 단 한마디로 출사표를 던지고 시즌을 시작했다.

김응룡 감독이 우승을 자신하는 데는 두 가지 측면이 있었다. 첫째는 김인식 전 동국대 감독과 재일교포 출신 박정일 코치를 새로 영입하여 선수들이 체계적이고 효율적인 훈련을 받을 수 있는 환경이 조성된 점이다.

두 번째는 선동열을 위시하여 부상에서 돌아온 이상윤, 신인 김정수, 차동철 등의 가세로 막강 투수진을 꾸릴 수 있었다. 타자로는 역시 부상에서 돌아온 김종모와 양승호, 황기선을 내주고 OB에서 트레이드해 온 한대화, 홈런왕 김봉연, 김성한, 이순철 등이 포진되기 때문에 큰소리칠 만한 막강한 전력이었다.

그러나 86년 우승후보로 점쳐진 팀은 김영덕 감독이 이끄는 85년 전후기 통합 챔프 삼성이었다. 김시진, 김일륭 원투펀치가 건재하고 홈런왕 이만수, 김성래 등이 포진된 삼성은 그야말로 올스타팀이나 다름없었다.

결국 삼성은 전기리그 1위를 차지했고 해태는 2위를 차지했다. 후기리그에서는 삼성이 4위를 차지하고 OB와 해태가 동률(0.635)을 이뤄 1위 팀을 가리는 대결 끝에 해태가 승리하며 1위를 차지했다.

이전까지 제도라면 전기리그 1위 팀 삼성과 후기리그 1위 팀 해태가 한국시리즈에서 경기를 벌였을 것이다. 하지만 그해 KBO는 플레이오프 제도를 새로 선보였다. 85년에 삼성이 전후기 통합 우승을 차지하는 바람에 한국시리즈가 무산되었기 때문이다.

이제부터는 전후기 1위와 2위 팀에게 플레이오프 진출권을 한 장씩 부여한 후 두 장을 가진 팀은 자동으로 한국시리즈에 진출하고 한 장을 가진 팀은 플레이오프를 거쳐 한국시리즈에 나가게 되었다.

해태가 전기리그 2위, 후기리그 1위를 차지하면서 두 장의 진출권을 가졌기 때문에 곧장 한국시리즈에 진출하였다. 전기리그 1위 팀 삼성과 후기리그 2위 팀 OB가 플레이오프를 거쳐 승자가 한국시리즈에 올라가게 된다.

요즘처럼 전후기 통합 승률로 따지면 삼성은 승률 1위임에도 통합 승률 4위 팀 OB와 플레이오프를 치러야 했고, 통합 승률 2위 팀 해태는 먼저 한국시리즈에 올라가 느긋하게 기다리는 다소 어처구니

없는 일이 벌어진 것이다.

삼성은 OB와 플레이오프에서 5차전까지 가는 접전 끝에 이기고 한국시리즈에서 해태와 격돌하게 되었다. 한국시리즈 전 예상은 정규리그에서 11승 1무 6패로 상대 전적에서 앞선 해태가 플레이오프를 통해 지쳐 있는 삼성보다 우세할 것이라고 점쳐졌다. 팀 타율과 평균자책점도 해태가 삼성에 앞서 있었다.

게다가 삼성은 하루만 쉬고 곧바로 광주로 이동하여 한국시리즈 1차전을 치르는 살인 일정을 소화해야 했다.

1986년 한국시리즈 1차전 양 팀 선발투수는 양일환(삼성)과 선동열(해태)이었다. 프로 2년 차 선동열이지만, 그해 선동열은 24승 6패, 평균자책 0.99를 기록한 투수였다. 반면 투수 로테이션이 꼬인 삼성은 김시진마저 컨디션이 좋지 못했다.

누가 봐도 해태의 우세가 점쳐진 1차전에서 삼성은 7회 선동열을 상대로 김성래의 투런포가 터지면서 2점을 먼저 앞서 나갔다.

양일환에 이어 3회부터 호투하고 있던 진동한이 7회 말 무실점으로 해태 타선을 막은 후 삼성은 8회부터 승리를 굳힐 생각으로 김시진을 마운드에 올렸다.

잘 던지던 진동한을 뺀 진짜 이유는 진동한이 공수 교대하는 과정에서 관중이 던진 병에 머리를 맞았기 때문이었다.

8회 말 마운드에 오른 김시진은 김성한의 2루타에 이어 김봉연에게 적시타를 얻어맞으며 1실점 했다.

한 점 차로 쫓기고 있던 삼성은 9회 초 한 점을 더 보태 3 대 1 상황에서 9회 말만 막으면 승리를 가져올 수 있었다. 그런데 김시진이

1사 1루에서 김일권에게 1타점 3루타를 허용한 후 급격하게 제구가 흔들리면서 볼넷 두 개와 몸에 맞는 볼을 연속으로 내주며 동점을 만들어주고 말았다.

연장에 돌입한 양 팀은 연장 11회 말 김성한이 여전히 마운드를 지키고 있던 김시진을 상대로 2사 2루에서 끝내기 중전 안타를 때려내면서 1차전은 해태의 승리로 끝났다.

1986년 한국시리즈 2차전에서 해태는 신인 차동철을 선발로 내세운 반면 삼성은 재일동포 에이스 김일륭을 내세웠다. 김일륭이 에이스답게 6피안타 1실점으로 완투승을 거두며 시리즈 전적 1승 1패 동률이 되었다.

삼성으로선 적지에서 1승 1패를 거두었기 때문에 밑지는 장사가 아니었다. 대구에서 2연전을 앞둔 해태 김응룡 감독은 "한대화, 이순철의 부상과 1개월 가까이 실전을 치르지 못하면서 타격감을 찾지 못해 1승 1패를 거두었다."라고 분석했다. 이어 "3차전부터는 타격감이 살아나 어느 투수의 공도 우리 선수들이 때려낼 수 있을 것"이라며 자신감을 내비쳤다. 그리고 "신인 차동철과 김정수가 워낙 페이스가 좋아서 선동열을 굳이 선발로 내세우지 않고 경기 후반에 투입할 수도 있다."면서 1986년 한국시리즈 3차전 선발로 이상윤을 내세웠다. 삼성은 김시진을 선발로 내세웠다.

먼저 앞서 간 팀은 삼성이었다. 삼성은 1회 말 김성래의 투런포 등으로 3득점 하며 선발 이상윤을 마운드에서 끌어내렸다. 2회 초 반격에 나선 해태는 김준환, 차영화의 홈런포로 단숨에 동점을 만들었다.

하위 타선의 반란이었다. 특히 동점 투런포를 쏘아 올린 차영화는 프로 5년 동안 단 2개의 홈런만 기록한 선수였다.

7회 초 해태는 상대 실책에 편승하여 대거 3득점을 올리며 승기를 잡았다. 삼성은 7회 말 함학수, 이만수의 타점으로 2점을 따라붙는 데 그치며 잡을 수 있는 경기를 내주고 말았다.

김응룡 감독은 선발 이상윤에 이어 2회부터 신인 김정수를 마운드에 올렸고 7회 말 무사 1, 2루 위기에 몰리자 지체 없이 신인 차동철을 마운드에 올려 불을 끄게 하면서 마무리 지었다.

86년 한국시리즈 3차전 경기 상황을 복기해보면 홈 관중이 뿔이 날 만도 했다. 먼저 3점을 앞서 가다가 하위 타선에 일격을 당하고 실책으로 역전을 허용한 후 상대 신인 투수를 공략하지 못해 지고 말았으니 성이 난 것은 당연했다.

그러나 아무리 성이 난다고 해서 버스에 불을 질러 전소(全燒)하게 한 것은 있을 수 없는 일이었다. 다행히 인명 피해는 없었다. 버스 방화 사건은 해태 선수단이 오기로 더욱 똘똘 뭉치는 계기가 되었다.

해태는 역전에 역전을 거듭하는 공방전 끝에 4차전 승리를 거두었다. 1986년 한국시리즈 5차전에서는 4 대 2로 앞선 6회 초 무사 1루에서 선동열을 투입하여 9회까지 무실점으로 틀어막으며 승리했다.

시리즈 전적 4승 1패로 우승을 거머쥔 해태의 우승 원인 중 단연 빛나는 것은 김응룡 감독의 용병술이었다. 괴물투수 선동열만 공략하면 우승한다는 삼성에 김응룡 감독은 신인 김정수(3승. 시리즈 MVP)와 차동철을 내세워 맞섰고 결과는 대성공이었다.

삼성 김영덕 감독은 선동열을 무너뜨렸지만, 또 다른 신인 김정수와 차동철을 공략하지 못했고 의외의 복병 차영화, 서정환, 김준환에게 무너지고 말았다.

무섭지만 정이 많은 감독

1986년 김응룡 감독은 생애 두 번째 한국시리즈 우승을 달성했다. 하지만 7월 3일 광주구장에서 열린 롯데 전에서 8회 초 방수원이 교체를 거부하며 항명하자 더그아웃에서 선수를 구타했다는 구설에 오르기도 했다.

이는 사실 여부를 떠나서 김응룡 감독이 선수단을 이끄는 철칙을 엿볼 수 있는 대목이다. 김응룡 감독은 자율 야구를 선호하면서도 직접 선수와 대화하기보다 코치가 선수들의 문제점을 해결하도록 위계질서를 확실하게 했다.

그 때문에 선수생활을 하는 동안 김응룡 감독과 한 번도 대화를 해본 적이 없는 선수가 있을 정도였다. 희로애락이 나타나는 표정을 선수 앞에서는 보이기 싫어했던지라 화장실에 가서 슬퍼하기도 하고 기뻐하기도 했다고 한다.

선수들에게 대하기 어렵고 무서운 감독으로 비쳤고 심판들과 잦은 마찰로 퇴장감독이라는 불명예 타이틀도 따라다녔지만, 야구를 위해서라면 모든 것을 희생할 수 있는 감독이었다.

김응룡 감독은 "친구들과 만날 때는 나도 재미있는 사람"이라고 말한다. 그러나 그라운드에 있을 때만큼은 한 치의 흔들림도 용납하지 않는 우직한 승부사였다.

선수생활을 접고 삼성 코치로 있는 황두성은 해태 시절 김응룡 감독에 대해서 이렇게 회상했다. 황두성이 해태로 둥지를 옮긴 뒤 나선 삼성전에서 빈볼을 던져 벤치 클리어링을 불러일으킨 적이 있었다. 경기가 끝난 후 김응룡 감독이 "일부러 맞춘 거냐?"라고 물으면서 "투수라면 그 정도 깡다구는 있어야 한다."며 기를 살려주었다고 했다.

당시 황두성은 곽현희, 강영식, 유동훈과 함께 김응룡 감독 집에서 살았다. 김응룡 감독은 형편이 어려운 신인급 선수들을 데리고 있으면서 아침마다 직접 토스트를 해주는 등 선수들을 보살펴주었다고 한다. 김응룡 감독은 누구보다 정이 많은 감독이었다.

여섯 번째 우승컵을 들어올리기까지

86년 해태에 충격의 패배를 당한 삼성은 1987년 전기 후기 모두 1위를 차지하면서 한국시리즈에 직행했다. 플레이오프는 전기 2위 OB와 후기 2위 해태의 몫이었다.

86년과 비교해보면 삼성과 해태가 입장만 바뀐 상황이었다. 결국 해태가 플레이오프에서 OB를 상대로 5차전까지 가는 접전 끝에 이기고 한국시리즈에 올라갔다.

그러나 한국시리즈 결과는 86년과 달랐다. 당시 팀타율 3할을 달성하는 등 모든 면에서 삼성이 우세할 것으로 보였으나 해태가 4전 전승으로 세 번째 우승을 거머쥔 것이다.

타력의 팀 삼성은 시리즈 내내 타선이 부진했고 23승을 올린 에이스 김시진은 김일룡이 없는 마운드를 홀로 지키기에는 심리적 부담이 너무 컸다. 반면 해태는 큰 경기에 강한 면모를 유감없이 발휘하였고 투타에서 삼성을 압도하며 우승을 차지했다.

3번 우승하면서도 한 번도 정규시즌 승률 1위에 오르지 못한 해태는 1988년 전후기 공히 승률 0.639를 기록하며 1위에 올랐다.

사상 최초로 30홈런을 달성한 김성한을 비롯하여 도루왕에 오른 이순철, 16승을 노리며 재기에 성공한 왕년의 에이스 이상윤, 16승 5패 10세이브를 거둔 선동열 등이 그 주역이었다.

1988년 한국시리즈 상대는 전기 2위로 플레이오프에 나가 후기 2위 삼성을 3연승으로 잠재운 빙그레였다.

해태는 시즌 맞대결에서 7승 11패로 뒤져 있었지만 김응룡 감독은 해태가 큰 경기에 강하다는 사실을 잘 알고 있었고 자신감도 넘쳤다.

해태는 1차전에 선동열, 2차전에 이상윤에 이어 김정수를, 3차전에서는 완봉승을 거둔 문희수를 앞세워 3연승을 거두었다. 싱겁게 시리즈가 끝날 것 같았지만 4차전에서 14 대 3으로 대패를 당하고 5차전에서도 4 대 1로 졌다.

시리즈 전적 3승 2패에서 맞붙은 6차전에 김응룡 감독은 문희수를, 빙그레 김영덕 감독은 이동석을 선발로 내세웠다. 결과는 문희수의 완투승으로 끝났고 문희수는 2승 1세이브를 올리며 MVP를 수상했다.

문희수는 1차전에서 손가락 물집 때문에 더는 등판할 수 없는 선동열을 대신하여 무려 3경기에서 승리를 책임졌다.

김응룡 감독은 그해에도 심판에게 거센 항의를 하다가 벌금 50만 원을 물어야 했다. 9월 1일 롯데전에서 롯데 최계영이 몸에 공을 맞은 후 투수 차동철을 밀치자 바로 뛰어나가 항의를 한 것이다. 일종의 내 선수 기 살리기였던 셈이다.

김응룡 감독은 시즌이 끝난 후 83년 3년 계약(연봉 2천 4백만 원), 86년 3년 계약(연봉 3천 5백만 원)에 이어 연봉 5천만 원, 총액 1억 5천만 원에 재계약하며 다시 3년간 해태 지휘봉을 잡게 되었다.

1989년은 KBO가 처음으로 단일리그로 시즌을 치른 해였다. 막강 타선을 앞세운 빙그레가 승률 0.604로 1위를 차지하고 해태는 승률 0.558로 2위를 차지했다.

해태는 플레이오프에서 김성근 감독이 이끄는 태평양 돌핀스를 가볍게 3연승으로 제압하고 한국시리즈에 올랐다. 이때 KBO는 포스트시즌 일정을 짜면서 플레이오프 후 한국시리즈까지 5일간의 휴가를 주었다.

그 덕분에 태평양을 3연승으로 이긴 해태는 9일간 휴식을 취할 수 있었다. 빙그레는 정규시즌 1위 프리미엄은 고사하고 실전 감각 측면에서 불리한 입장에 놓일 수밖에 없었다. 이에 대해선 김응룡 감독도 인정했다.

어쨌거나 투수력의 팀 해태는 에이스 선동열의 제구력 난조로 1989년 한국시리즈 1차전에서 타력의 팀 빙그레에게 0 대 4로 졌다.

경기가 끝난 후 김응룡 감독은 어머니가 돌아가신 사실을 알게 되었다. 경기에 영향을 줄까 봐 아버지가 어머니 사망소식을 알리지 말라고 했기 때문에 신문기사를 통해 알게 되었다.

김응룡 감독은 다음날 대전에서 2차전이 열릴 예정이었지만 오전에 광주로 내려가 빈소에 분향한 뒤 곧바로 다시 대전으로 올라와야 했다.

1989년 한국시리즈 2차전에서 해태는 1회 선취점을 얻었지만 1회 말에 대거 4실점 하면서 끌려갔다. 하지만 해태는 2회 1점, 3회 대거 3득점을 올리며 역전에 성공했고 5회 1점을 더 보태 6 대 4로 승리하며 승부를 원점으로 돌렸다. 김응룡 감독은 빈소 대신 더그아웃 벤치를 지켰고 선수들은 승리로 감독을 위로했다.

이후 해태는 막강 투수력을 앞세워 내리 3연승을 거두며 시리즈 전적 4승 1패로 5번째 우승컵을 들어올렸다.

1990년 해태는 승률 0.579로 2위를 차지하여 3위 팀 삼성과 플레이오프에서 맞붙어 3연패를 당하며 4연속 우승신화는 여기서 멈췄다.

1991년 5월 21일 대전구장에서 열린 빙그레 전에서 선동열의 호투에 힘입어 6 대 3으로 승리하면서 김응룡 감독은 5월 19일 프로 최초로 통산 500승 고지에 오른 김영덕 감독에 이어 두 번째로 프로 통산 500승을 달성했다.

전년도 우승을 놓친 최강 해태는 "자만에 빠진 것이 아니냐"는 소리도 들어야 했지만, 김응룡 감독은 시즌이 끝난 후 조선대 김응식 체육학과 교수를 초빙해 3개월간 강도 높은 체력훈련을 하며 1991년 시즌을 준비해 왔다.

쌍방울이 리그에 참여하여 8개 구단으로 정규시즌을 치른 1991년 해태는 승률 0.647로 1위를 차지하며 한국시리즈에 직행했다.

1991년 한국시리즈 상대는 89년에 만난 빙그레. 빙그레는 플레이오프에서 삼성을 3승 1패로 꺾고 올라왔다.

빙그레는 타력은 강했지만, 포스트시즌에서는 투수력이 강한 팀이 유리하다는 속설을 깨지 못하고 선동열, 이강철, 조계현이 버티고 있는 해태에 4연패를 당하고 말았다.

이로써 나란히 500승 고지를 밟은 라이벌 김영덕 감독은 삼성 시절까지 포함해 김응룡 감독과 네 차례 한국시리즈에서 맞붙어 4번 모두 무릎을 꿇고 말았다.

시즌이 끝난 후 김응룡 감독은 계약금 7천만 원, 연봉 7천만 원, 총액 2억 8천만 원에 재계약하며 3년간 다시 해태를 이끌게 되었다.

1992년 해태는 정규시즌 2위로 마감하고 플레이오프에서 롯데와 맞붙어 패하고 말았다. 한국시리즈에서는 최강자였지만, 플레이오프에서는 맥을 못 추었다.

1993년 승률 0.655로 정규시즌 1위로 한국시리즈에 직행한 해태는 한국시리즈 5전 6기의 삼성을 맞아 4승 1무 2패로 통산 7번째 우승을 거머쥐었다. 한국시리즈에 올라가면 해태가 무조건 우승을 차지한 반면, 삼성은 정반대였다.

신인왕 양준혁을 비롯하여 시즌 MVP 김성래, 류중일, 강기웅, 이종두 등이 포진되어 있던 막강 공격력에다 3차전에서 15이닝 완투로 전설이 된 박충식, 파워 커브를 주 무기로 하는 김상엽 등 투타 밸런스가 좋았던 삼성으로선 그해가 우승을 차지할 수 있었던 절호의 기회였다. 그러나 포수 박선일의 부재로 이종범이 버티고 있던 해태의 발야구에 5, 6, 7차전을 내리 내주고 말았다.

이후 삼성은 2001년 김응룡 감독을 맞이할 때까지 단 한 번도 한국시리즈 무대를 밟지 못하는 암흑기에 들어갔다.

4연속 우승 이후 격년제로 우승을 차지한 최강 해태는 94년과 95년에는 연속 4위로 시즌을 마감했다.

"동열이도 없고 종범이도 없고"

1996년을 앞두고 선동열이 일본에 진출하면서 해태의 위기감은 더욱 고조되었다. 또한 짠돌이 구단에 대한 스타플레이어 선임 선수들의 불만도 깊어만 갔다. 급기야 전지훈련에서 곪았던 상처가 터져버리고 말았다. 강력한 카리스마의 김응룡 감독부터 코치, 선수까지 위계질서가 확실하게 잡혀 있던 해태 선수단에서 선수 한 명이 코치를 우발적으로 구타하는 사건이 터진 것이다.

이에 불만이 많았던 선수들이 한데 뭉쳐 "이대로는 훈련을 계속하지 못하겠다."며 반기를 들었다. 최대 위기에 봉착하게 된 김응룡 감독은 선수들에게 "얼마 남지 않은 감독 생활을 잘 마무리할 수 있게 도와 달라."며 설득했고 이에 선수들이 한발 물러서며 사건은 일단락되었다. 하지만 예정보다 일찍 전지훈련을 마치고 귀국할 수밖에 없었다. 그리고 김응룡 감독은 한 달가량 잠적해 구단과 선수 간에 조용히 사건이 해결되기를 기다렸다.

시즌 초반 해태는 6연패를 당하는 등 성적이 형편없었다. 하지만 해태는 저력의 팀이었다. 4월 말경 방위 복무를 마치고 돌아온 이대진과 이종범이 합류하면서 서서히 상승세를 타기 시작해 결국 정규시즌 1위를 차지했다.

이때 김응룡 감독은 7월 이전에는 항명사건의 주동자인 선임들을 배제하고 신인급 위주로 기용하다가 7월부터 선임들을 전폭적으로 기용하는 용병술로 정규시즌 1위를 차지했다. 그리고 평소와 다르게 자주 웃는 모습을 연출하며 선수단을 다잡아갔다.

한국시리즈에 직행한 해태라면 또다시 우승은 당연지사였다. 상대는 태평양 돌핀스를 인수한 현대 유니콘스였다. 김응룡 감독의 상대는 40대 초반 젊은 감독 김재박이었다.

여우와 여우의 싸움이었다. 다르다면 겉으로 드러난 여우와 감춰진 여우라는 점에서 달랐을 뿐이다. 김응룡 감독은 겉으로 비치는 이미지는 코끼리였지만, 프로 데뷔 때부터 지장으로 불릴 정도로 여우를 한 마리 숨겨둔 감독이었다.

1996년 한국시리즈 1차전에서 승리한 해태는 2차전에서는 연장 11회 혈전 끝에 2 대 1로 패하고 말았다. 연장 11회 초 현대 공격에서 김정수의 보크로 1사 3루 상황을 만들어주고 유격수 이종범의 실책으로 결승점을 내주면서 패한 것이다. 김응룡 감독은 4회 초 심판의 볼판정에 불만을 품고 더그아웃에서 방망이를 휘두르며 고함을 쳤다.

하지만 해태에는 이강철, 조계현, 이대진이 있었다. 3차전을 이강철의 완봉승으로 장식한 해태는 4차전은 현대 정명원에게 노히트 노런 패를 당한 후, 5차전에서 조계현, 이강철, 6차전에서는 이강철, 이대진이 승리투수와 세이브를 따내며 시리즈 전적 4승 2패로 8번째 우승을 차지했다.

시즌 전만 하더라도 누구도 해태를 우승후보로 꼽지 않았지만, 김응룡 감독은 보란 듯이 우승을 차지했다. 전지훈련 때 항명사건을 일으킨 주동자에 대해서는 한국시리즈가 끝나자마자 트레이드 등으로 내보냈다.

어려운 팀 사정에도 해태가 8번 우승을 차지할 수 있었던 원동력은 어느 팀보다 위계질서가 잡혀 있는 단결력이었다. 그런데 질서를 깬 선수들을 그대로 끌고 갈 수 없다고 판단한 것이다.

한편 김응룡 감독은 1994년 12월 계약금 1억 원, 연봉 8천만 원, 총 3억 4천만 원에 3년간 재계약에 성공하였고 1995년 7월 9일 프로 최초로 800승을 달성한 감독이 되었다. 1996년 9월 1일에는 900승 위업을 달성했다.

대폭 선수단을 물갈이한 김응룡 감독은 1997년 시즌에는 이대진과 이강철을 앞세우고 임창용을 마무리로 기용하고, 야구천재 이종범과 홍현우 등이 타선을 이끌게 하면서 정규시즌 1위를 차지, 2연속으로 한국시리즈에 직행했다.

한국시리즈 불패 신화를 쓴 해태가 또다시 우승을 차지할지가 관심사였다. 상대가 플레이오프에서 삼성과 5차전까지 가는 혈전을 펼치고 올라온 LG였기 때문에 관록의 해태가 우세할 것으로 점쳐졌다.

역시나 해태는 이대진, 김상진, 임창용이 마운드에서, 타선에서는 이종범이 맹활약을 펼치며 시리즈 전적 4승 1패로 9번째 우승을 차지했다.

1997년 시즌이 끝난 후 김응룡 감독은 계약금 1억 원, 연봉 1억 2천만 원에 2년 재계약했다. 애초 3년 계약을 하기로 했으나 어려워진 구단 사정 때문에 김응룡 감독이 한걸음 물러난 것이다. 그래도 당시로서는 최고 대우 계약이었다.

1997년을 끝으로 이종범은 선동열과 마찬가지로 일본 프로야구 주니치에 입단하며 빠졌다. 게다가 1997년부터 시작된 'IMF 관리체제'는 짠돌이 구단 해태를 더욱 힘들게 했다. 결국 해태는 1998년 61승 1무 64패로 5위에 그쳤다. 1998년 6월 7일 김응룡 감독은 프로 최초 1000승 위업을 달성했다.

자금난에 허덕이던 해태는 1999년에는 임창용마저 삼성으로 트레이드해 보내고 김상진이 위암 말기 판정을 받고 투병 끝에 사망하는 등 최악의 상황이 계속 겹치면서 승률 0.465로 7위까지 내려와야 했다.

1999년 시즌이 끝난 후 김응룡 감독은 삼성의 제의를 뿌리치고 계약기간 1년, 총액 2억 원에 해태와 재계약했다. 그것이 해태와의 마지막 계약이었다.

2000년 해태는 구단 역사상 최하 승률(0.442)을 기록하며 6위로 시즌을 마감했다. 2000년 김응룡 감독은 시드니 올림픽 국가대표 감독으로 출전하여 동메달을 획득했다. 2001년 8월 1일 해태 타이거즈란 이름은 역사의 뒤안길로 사라지고 KIA 타이거즈로 재탄생하였다.

우승 청부사로 삼성맨이 되다

1년 전 김응룡 감독이 삼성으로 가는 것이 거의 확실해 보였다. 그런데 해태 팬들이 선수 팔기도 모자라 감독마저 판다고 구단을 비판하는 바람에 1년 더 해태 감독을 맡았다. 결국 2000년 10월 30일 삼성 감독에 취임하게 되었다.

이때 해태 팬들은 김응룡 감독의 삼성행에 대해 더는 뭐라 말할 수 없었다. 1년 전에 갔으면 배신이었지만, 어려운 팀을 1년 더 이끌어 주었으니까 말이다.

김응룡 감독은 처음 구단을 옮기면서 삼성의 기업 문화에 적응하려고 노력했다. 김응룡 스타일의 야구를 해야만 삼성이 우승할 수 있다는 여론이 팽배했지만, 김응룡 감독은 해태에서 했던 것처럼 선수들을 훈련시키지는 않았다. 좀 더 훈련 양을 늘린 것이다.

해태 시절 워낙 성격이 불 같고 성적도 좋았기 때문에 거의 구단의 간섭을 받지 않았다. 삼성에 와서도 김응룡 감독은 간섭을 받지 않았다. 김응룡 감독의 스타일 때문이기도 하지만, 구단 프런트와의 관계도 원만했기 때문이다.

김응룡 감독은 해태 시절 5번이나 퇴장을 당했지만, 삼성 감독 시절에는 단 한 번도 퇴장 당한 일이 없을 정도로 삼성 기업 문화에 녹아들려고 노력했다. 그만큼 참느라 속앓이도 많이 했다는 뜻이 된다.

우선 김응룡 감독은 모래알 팀으로 불리던 삼성 선수단을 뭉치게 하였다. 해태가 9번이나 우승을 차지할 수 있었던 원동력이 바로 팀 워크였기 때문이다. 그러면서 선수들의 승부근성을 키우려고 노력했다.

해태가 9번 우승을 차지한 데는 한국시리즈 우승을 하면 우승 보너스를 받을 수 있다는 메리트가 크게 작용했다. 다른 구단에 비해 연봉이 상대적으로 적은 해태 선수들은 한국시리즈 우승을 해야만 돈을 더 벌 수 있기 때문에 팀이 이기는 데 전력을 다했다.

하지만 부자 구단 삼성 선수들은 해태 선수들과 달랐다. 특히 스타플레이어는 더 심했다. 이에 대해 김응룡 감독은 "내가 10년만 일찍 삼성에 왔어도 선수들을 두들겨서 강철을 만들었을 텐데 말이야."라고 말했다.

김응룡 감독은 부상 선수들에 대해서 분명하게 선을 그었다. 잔부상 정도는 참고 뛸 수 있어야 진정한 프로라고 강조했다. 조금 아프다고 퍼지면 성적은 언제 올리고 돈은 언제 버느냐는 것이었다. 프로는 돈으로 모든 것을 말하니까 당연했다.

2001년 삼성은 김응룡 감독 지휘 하에 한국시리즈에 직행했으니 우승은 따 놓은 당상처럼 여겨졌다. 하지만 미러클 두산, 뚝심의 두산이 모두의 예상을 깨고 우승을 차지했다. 김응룡 감독으로선 처음으로 한국시리즈에서 패하는 아픔을 맛보았던 것이다.

"삼성의 한국시리즈 저주가 코끼리의 카리스마를 이겼다."라는 말까지 들어야 했던 김응룡 감독은 2002년 시즌을 앞두고 SK와 현금이 포함된 6 대 2 초대형 트레이드를 단행했다. 이는 김응룡 감독이 잘 써먹는 방법으로 선수단을 장악하려는 것이었다.

과거 해태 시절 항명했던 선수들을 모두 트레이드로 내보냈듯이 김응룡 감독은 삼성의 팀 분위기를 바꿔 놓기 위해서 대형 트레이드를 성사시킬 수밖에 없었다. 그리고 선수협 문제로 갈 곳이 애매했던 LG 소속 양준혁을 삼성으로 다시 불렀다.

김응룡 감독이 오면서 2001년 롯데에서 데려온 마해영을 포함해 양준혁, 브리또, 이승엽, 김한수, 강동우, 박한이까지 삼성은 무시무시한 타선을 구축할 수 있었다. 그에 비해 마운드는 다소 약해 보였지만 임창용, 엘비라, 마무리 노장진 등이 버티고 있었다.

 삼성이 LG에 시리즈 전적 3승 2패로 한 경기 앞선 상황에서 치러진 2002년 한국시리즈 6차전은 9회 말 삼성의 마지막 공격전까지 6대 9로 삼성이 3점 차로 뒤지고 있었다.

 선두타자 김재걸의 중견수 키를 넘기며 펜스를 맞춘 2루타와 강동우의 삼진에 이어 브리또의 볼넷으로 만든 1사 1, 2루 상황에서 다음 타석은 시리즈 들어 20타수 2안타로 극심한 타격 부진에 빠져 있던 이승엽이었다.

 김응룡 감독은 어떤 망설임도 없었다. 후에 밝힌 바도 있지만, 이승엽이라는 대타자를 믿을 수밖에 없었고 그만한 선수도 없었기 때문에 이승엽을 내보냈다.

 이승엽은 보란 듯이 LG 이상훈의 2구째 슬라이더를 받아쳐 우측 담장을 넘어가는 동점 쓰리런포를 쏘아 올렸다. LG의 수호신 야생마 이상훈은 고개를 떨구었고 이승엽은 포효하며 그라운드를 돌았다.

 그러나 아직 경기는 끝나지 않았다. 시리즈를 가져오기 위해선 한 점이 더 필요했다. 다음 타석은 시리즈에서 가장 좋은 타격감을 자랑하던 마해영이었다. LG는 이상훈을 내리고 최원호로 교체했다. 5차전에서 마해영이 이상훈을 상대로 홈런을 쳤기 때문에 LG로선 어쩔 수 없는 선택이었겠지만 마해영은 자신감이 넘쳤고, 바깥쪽 공만 노리고 타석에 들어섰다.

 역시나 최원호는 몸 쪽 승부가 아닌 바깥쪽 꽉 찬 직구를 던졌고 먹이를 노리는 맹수 마해영은 놓치지 않고 결대로 밀어 쳤다. 타구는 우측 담장을 넘어 쭉쭉 뻗어 갔다. 이렇게 이승엽과 마해영의 홈런은 한국시리즈 역사상 최초로 시리즈를 끝내는 백 투 백 홈런이 되었다.

삼성이 8번 한국시리즈 도전 만에 감격스러운 첫 우승을 차지하는 순간이었다. 김응룡 감독은 개인 통산 10번째 우승을 달성하는 순간이었다. 삼성 팬들은 모두가 얼싸안고 울었다. TV를 시청하던 팬들도 펄쩍펄쩍 뛰면서 우승의 기쁨을 누렸다.

야구인 최초로 구단 사장으로 승진

김응룡 감독은 우승 청부사로 삼성에 와서 그토록 바라던 한국시리즈 우승을 삼성 팬들에게 선물했다. 삼성 팬들은 번번이 우승 문턱에서 김응룡 감독의 벽을 넘지 못했기 때문에 오히려 김응룡 감독에 대한 믿음이 강했다. 그것이 현실로 나타나자 기쁨이 두 배가 되었다.

당시 삼성의 전력이 최강이었다고 하더라도 선수 누구보다 김응룡 감독에게 보내는 신뢰가 컸다. 김응룡 감독 스스로 "나는 운이 좋은 감독"이라고 말하곤 하지만 결코 운만으로 10번의 우승을 달성할 수는 없었을 것이다.

김응룡 감독은 선수가 아닌 감독이 우승에 미치는 영향이 얼마나 큰지에 대해 스스로 증명해 보인 감독이었다. 해태 시절부터 2002년 삼성까지 김응룡 사단이 최강 멤버로 구성되었다는 이유로 10번 우승 업적을 깎아내려선 절대로 안 된다.

감독으로서 능력은 둘째로 치더라도 다른 감독에게는 없는 그 무언가가 있었다. 그것이 카리스마든, 운이든, 독특한 성격이든 김응룡 감독은 팀을 한데 뭉치게 하는 특별한 능력을 갖춘 감독이었다.

2003년 삼성은 정규시즌 3위로 준플레이오프에 진출해 SK에 힘 한번 써보지 못하고 시즌을 마감해야 했다. 이에 대해 시즌 56홈런으로 최다 홈런 신기록을 달성한 이승엽에게 스포트라이트가 집중되다 보니 어쩔 수 없이 팀 분위기가 가라앉을 수밖에 없었다고 보는 사람들이 많다. 다른 선수들이 상대적 박탈감을 느꼈다면 당연해 보인다.

2003년 시즌이 끝나자 이승엽은 일본 프로야구 행을 택했다. 마해영은 FA로 타 팀으로 이적했다. 타격의 팀 삼성은 한꺼번에 주포 두 명을 잃은 셈이었다.

김응룡 감독은 애제자 선동열을 수석코치로 불러들이면서 삼성의 팀 컬러를 바꾸려고 했다. 이때 이미 감독직에서 은퇴를 결심하고 있었던 것 같다.

마지막이 될 2004년 시즌 김응룡 감독의 삼성은 서서히 타격의 팀에서 투수력의 팀으로 변모해 갔다. 정규시즌이 끝난 후 배영수는 17승을 거두며 공동 다승왕에 올랐고, 권혁, 권오준이 가세하고 임창용이 버티고 있던 삼성의 불펜진은 리그 최강이 되어 가고 있었다.

하지만 병역 비리 파동으로 삼성은 투수 오상민, 윤성환, 정현욱, 백업 포수 현재윤을 잃었다. 그 여파로 현대에 정규시즌 1위 자리를 내줄 수밖에 없었다.

플레이오프에서 두산을 꺾고 한국시리즈에 진출한 삼성과 현대의 2004년 한국시리즈는 세 차례 무승부 경기가 펼쳐지면서 9차전까지 가는 혈전이 벌어졌다. 결과는 4승 3무 2패로 현대의 우승으로 끝났다.

빗속의 혈투, 배영수의 비공인 10이닝 노히트 노런이 생생하게 기억에 남아 있는 2004년 한국시리즈가 끝나자 삼성은 선동열 수석코치를 제12대 감독으로 임명하고, 야구인 출신으로는 사상 최초로 김응룡 감독을 구단 사장으로 승진시켰다.

김응룡 사장은 더는 프런트의 간섭이란 단어가 나오지 않도록 현장 중심으로 구단을 이끌었다. 그렇게 삼성구단은 야구를 위한 구단으로 이미지를 바꾸었다.

선동열 감독은 김응룡 감독 못지않은 권한을 가지고 팀을 이끌며 2004년, 2005년 2년 연속 한국시리즈 우승을 달성했다. 초보 감독으로서는 최초의 성과였다.

삼성구단의 팀 문화는 2010년 말 김응룡 사장이 사장직에서 물러나고 김인 사장이 새로 취임하면서도 지속되었다. 팀의 프랜차이즈 스타 출신 류중일 감독을 새로 감독으로 임명하면서도 주위의 우려와 달리 프런트의 현장 간섭은 없었다.

오히려 현장과 프런트는 합심하여 2011년 정규시즌, 한국시리즈는 물론 아시아시리즈 제패까지 사상 최초로 트리플크라운 우승이라는 금자탑을 쌓아올렸다. 그 뒤에는 물론 김응룡 고문이 있었다.

최고라는 찬사가 아깝지 않은 감독

김응룡 감독의 프로야구 개념은 확고했다. 프로는 돈으로 모든 것을 말해준다는 것. 그래서 남에게 의존하지 말고 스스로 최고 연봉을 받는 선수가 되라고 선수들을 채찍질했다.

김응룡 감독은 프로 최초로 자율 야구를 도입한 감독이었고, 그러한 방식은 먹혀들었다. 그러면서 특유의 카리스마를 내세워 선수단을 장악했고, 프런트의 간섭을 받지 않고 소신껏 김응룡표 야구를 구현했다.

김응룡 감독이 언제나 강한 것은 아니었다. 강하면 부러진다는 사실을 잘 알고 있었던지라 경기장 밖에서는 한없이 부드러웠다.

이러한 김응룡 감독의 양면성은 더욱 선수들을 꼼짝하지 못하게 했고 오직 그라운드 안에서 야구만 생각하며 최고를 향해 달려갈 수 있도록 하는 초석이 되었다.

이종범과 선동열이 음반을 내는 외도를 하자 주저 없이 "미친 짓이다."라고 말하면서도 뒤에서는 아무도 모르게 음반을 수십 장 사줄 정도로 따뜻한 마음씨를 가진 감독이었던 것이다.

한편 그는 프로 최초 퇴장 감독이었다. 더그아웃에서 기물을 파손하던 모습마저 미화할 생각은 없다.

하지만 통산 1476승 1138패 65무의 성적을 남기고 전무후무한 한국시리즈 10회 우승을 달성했다는 점에서 '진정한 프로'라는 최고의 찬사를 받아 마땅하다.

아버지와 함께 평안도에서 내려와 정착하였기 때문에 연고가 전혀 없었으니 스스로 삶을 이겨낼 수밖에 없었을 것이다. 야구가 인생의 전부일 수밖에 없는 이유이기도 하다.

그러한 이유로 김응룡 감독의 야구는 독단적이고 오직 이기기 위한 야구로 비쳐질 수도 있다. 하지만 그것은 곧 우리나라 프로야구가 프로답게 발전할 수 있었던 밑바탕이었다고 생각한다.

김응룡 감독은 이렇게 말한다. "나는 최초로 연습생 신화를 쓴 야
구선수였다."

글. 황청룡

김재박

| 명감독이 된 명선수 |

김재박 감독은 선수로서, 감독으로서, 한국 프로야구사에서 빼놓을 수 없는 인물이다. 지난 시즌 올스타전 즈음 발표된 프로야구 30년 레전드에서도 김재박 감독은 유격수 부문에 이름을 올렸다. 선수 시절 김재박 감독은 당시 한국 야구 수준을 한 단계 이상 뛰어넘은 수비력을 선보였다. 심지어 LG 감독 재임 시절이던 09년 시즌 종료 후 잠실에서 펼쳐진 러브 페스티벌 행사에서 유격수로 출전하여 만 55세의 나이에도 병살 플레이를 부드럽게 연결하여 팬들의 박수를 받기도 하였다.

물론 김재박 감독이 수비 하나만 가지고 유명해진 것은 아니었다. 그는 말 그대로 공–수–주를 두루 갖춘 만능 플레이어였다. 또한 82년 세계 야구 선수권 결승전에서 '캥거루 번트'라 불리는 절묘한 번트로 역전의 발판을 놓았던 것처럼 야구 센스 또한 누구보다 출중한 선수였다. 현역 시절 상대 선수가 헷갈리도록 현혹하는 수비 동작이나 주루 능력은 그만이 할 수 있는 플레이였다.

김재박 감독은 82년 세계 선수권이 끝난 후 그해 시즌 말미에 MBC 청룡에 합류했지만, 실제로 본격적인 선수 생활을 시작한 시즌은 83년부터였다. 즉, 김재박 감독은 만 29세부터 실질적인 프로

생활을 시작한 셈이다. 만약 한국 프로야구가 조금만 더 일찍 출범하여 김재박 감독이 여타 선수들처럼 대졸 직후 프로에서 뛰었다면 그의 족적은 더욱 크고 화려했을 것이다. 더구나 당시만 해도 지금처럼 선수 관리가 체계적이지 못할 때라 현역 선수 생활을 30대 중반까지 가져가는 선수도 드물었다. 그의 프로 데뷔 시점이 20대 후반이라 통산 기록에서 확연하게 두드러지는 면이 선명하지 않고, 당시 야구를 접하지 못한 세대들에게 피부로 느껴지지 않을 뿐이지, 동시대 선수들의 기량과 비교해보면 그의 출중한 야구 센스와 스타성은 따를 자가 거의 없었다. 워낙 다재다능한 능력 덕에 프로야구 내야수로는 보기 드물게 연장 승부에서 투수와 포수로도 출전하여 팀의 빈자리를 막은 적도 있었다.

야구 센스, 스타성, 리더십을 갖춘 지도자

LG의 전신인 MBC 청룡의 프랜차이즈 선수로 출발한 김재박 감독은 현역 시절부터 야구 센스와 스타성, 리더십 등에서 빠지는 것이 없었기에 자연스럽게 미래의 LG 감독으로 평가받기에 충분했다. 하지만 김재박 감독은 91년 시즌을 마치고 태평양으로 이적했다. 구단 내부의 세대교체 움직임과 여러 복잡한 사정이 얽힌 결과였다. 태평양으로 이적한 김재박 감독은 1년간 선수 생활을 연장한 후 은퇴했고, 은퇴 이후 곧바로 태평양에서 코치로 지도자 생활을 시작하였다. 93년부터 95년까지 태평양에서 3년간 코치 생활을 하던 중, 95년 시즌을 마치고 현대가 태평양을 인수하였다. 이후 새로 출범한 현대 유니콘스는 이미 코치로 활동 중이던 김재박 감독을 창단 감독으로 선임했다. 만 42세라는, 감독으로는 비교적 젊은 나이에 감독 생활을 시작한 것이다.

김재박 감독은 현대와 LG, 두 구단에서 감독을 역임했다. 따라서 김재박 감독의 재임 기간은 현대 시절과 LG 시절로 크게 구분해야겠지만, 현대 시절은 다시 전반기(90년대)와 후반기(2000년대 이후)로 구분할 필요가 있다. 이는 현대 유니콘스 구단의 운영이 현대 그룹의 사정과 전혀 무관치 않기 때문이다. 또한 LG 시절은 현대 시절과는 엄연히 다른 환경과 분위기였으므로 당연히 구분해서 파악할 필요가 있다. 이를 도표로 간략히 정리하면 다음과 같다.

구분	기간	특징
현대 시절 전반기	1996년 ~ 1999년	① 현대의 투자 지원 건실 ② 현대의 자금력을 이용한 트레이드로 지속적인 전력 증강 (우승 1회)
현대 시절 후반기	2000년 ~ 2006년	① 현대의 자금 지원 약화 ② 지속적인 선수 이탈 ③ 기존 자원의 양성과 재발견 및 실속형 트레이드를 통해 꾸준히 좋은 성적 유지 (우승 3회)
LG 시절	2007년 ~ 2009년	① 구단의 적극 지원과 소극 지원의 혼재 ② 트레이드의 연이은 실패 ③ 신진 선수의 전력화 실패 ④ 재임 기간 포스트 시즌 진출 전무

김재박 감독의 감독 생활에 대한 정리 및 평가는 대략 이와 같은 시기 구분에 따라 진행하는 것이 적합하다고 본다.

김재박 감독은 감독 생활을 시작하던 해부터 행운이 어느 정도 함께했다. 기존의 태평양에서 현대로 유니폼을 갈아입으면서 선수단 자체도 새로운 기대와 의욕이 있었고, 무엇보다 96년의 특수한 상황이 김재박 감독의 감독 데뷔에 수월함을 더해 주었기 때문이다.

애초에 96년 시즌을 앞두고 현대의 전력에 대한 평가는 그리 높은 편이 아니었다. 투수력은 나쁘지 않다는 이야기를 들었지만, 타격이 너무 약하기 때문에 4위 이상의 성적은 어려울 거란 예상이 대체적인 평이었다.

하지만 96년은 조금 독특한 시즌이었다. 전년도 1~3위 팀이 모두 5위 이하로 추락한 시즌이었기 때문이다. 95년 우승팀이던 OB(두산)는 최하위로, 95년 3위였던 LG는 7위, 95년 준우승 팀 롯데는 5위로 시즌을 마쳤다. OB는 주축 선수들의 부상 이탈이 많아 우승 이듬해 최하위라는 이색적인 기록을 남겼고, LG는 95년 말에 터진 임선동 파동으로 팀 분위기가 어수선했다. 여기에 95년부터 지적된 투수진의 노쇠화도 한몫 거들었다. 롯데는 개막 직전까지만 해도 투타 모두 가장 안정적이라는 평을 받았지만, 막상 뚜껑을 열어본 결과는 예상에 미치지 못하는 전력이었다. 전년도 상위 팀들의 동반 몰락은 자연히 다른 팀에게 기회로 작용하였다. 물론 전년도 하위 팀이던 현대와 쌍방울의 분발은 자체적인 역량 강화를 우선적인 원인으로 꼽아야겠지만, 이와 같은 주변 요건도 전혀 배제할 수 없었다.

현대 피닉스의 등장

한편, 96년 시즌과 김재박 감독의 첫출발을 살펴보기 위해서는 그 무렵 아마 야구에 등장했던 현대 피닉스라는 팀에 대한 이해가 필요하다. 원래 현대는 9구단을 창단하여 프로 진입을 모색하려 하였다. 하지만 기존의 8개 구단으로 시즌 운영과 흥행에 아쉬운 점을 느끼지 못했던 기존 구단들은 현대의 프로야구 참여 움직임에 시큰둥한 반응이었다. 무엇보다 당시만 해도 국내 최고의 자금력을 가진 현대 그룹이 프로야구판에 뛰어든다는 점에 대해 다른 구단들의 견제 심리도 작용하였다.

사정이 이렇게 되자, 현대 측에서는 새로운 리그의 창설도 모색할 수 있다는 의사를 밝히며, 기존 구단들을 압박하기 위해 현대 피닉스라는 실업야구단을 창단하여 당해년도 대졸 선수에 대해 싹쓸이 스카우트를 시작하였다(지금은 프로야구 신인 지명이 고졸 위주로 전환되었지만, 당시만 해도 고졸 야구선수 대부분이 대학에 진학했고, 이 때문에 프로 구단들의 신인 지명은 대졸 선수가 핵심이었다). 현대가 기존의 시장가를 상회하는 금액으로 대졸 선수를 스카우트하면서 프로 구단들도 신인 선수 계약금을 올리기 시작했고, 이유야 어찌되었든 당시의 대졸 신인들은 현대 피닉스의 등장으로 금전적인 면에서는 어느 정도 혜택을 볼 수 있었다. 이런 과정에서 대졸 대어급이던 박재홍과 문동환 같은 선수들이 현대 피닉스와 계약을 맺었고, 훗날 이들은 현대 유니콘스 입단과 트레이드를 통해 현대의 전력 강화에 중요한 역할을 하였다.

무엇보다 96년 현대에서 가장 주목할 선수는 박재홍이었다. 연대 시절부터 '리틀 쿠바'라 불릴 정도로 탁월한 타격 기량을 인정받은 박재홍은 선동열, 이종범과 함께 광주일고가 낳은 야구 천재라 할 수 있는 선수였다. 애초에 박재홍은 고교 졸업 당시 해태가 지명한 선수였지만, 실업야구 현대 피닉스는 그 당시만 해도 장안을 놀라게 할 4억 3천이란 금액으로 박재홍과 계약을 맺었다. (92학번인 박재홍보다 1년 빠른 91학번인 심재학이 95년 LG에 입단하면서 받은 2억 3천이 당시로는 신인 최고 대우였음을 감안하면 박재홍의 계약 금액은 무척이나 파격적인 액수였다.) 현대 피닉스와 현대 유니콘스는 현대가의 일원이기는 했지만, 엄연히 한쪽은 아마였고 한쪽은 프로였기 때문에 박재홍이 현대 피닉스와 계약했다고 해서 현대 유니폼을 입고 프로 무대에 입성할 수는 없었다.

그러던 차에 현대는 태평양을 인수하며 9구단으로의 창단이 아닌 기존 구단의 인수를 통해 프로 참여를 현실화하였다. 현대 피닉스가 기존 프로 구단을 압박하기 위해 2년 동안 시도하던 대졸 유망주의 저인망식 싹쓸이는 현대의 프로 참여와 함께 자연스럽게 중지되었고, 이에 따라 박재홍 역시 기존의 지명 구단인 해태와 다시 협상하게 되었다. 하지만 박재홍과 해태의 협상 과정은 원만히 해결되지 못했고, 이에 현대 유니콘스는 이 틈을 파고들어 박재홍(해태의 지명권)과 최상덕(태평양 소속)의 트레이드를 시도하여 박재홍에게 현대 유니폼을 입혔다.

한국 프로야구 최초로 지명권과 기존 선수의 트레이드가 이루어진 이 트레이드는 현대가 박재홍을 빼가기 위한 사전 정지 작업 끝의 결과라는 평이 많았지만, 어쨌건 현대 입장에서는 그만큼 박재홍의 가치와 파괴력을 사전에 읽은 셈이라고 볼 수 있다.

1년 차 감독의 성공적인 출발

박재홍의 현대 입단은 현대에게 큰 힘이 되었다. 현대의 전신인 태평양이 2년 전 탄탄한 마운드의 힘으로 한국시리즈까지 올라갔기 때문에 투수 자원은 어느 정도 갖춰진 편이었다. 하지만 94년 준우승 당시에도 문제로 지적받은 타격에서는 부족한 점이 많았다. 당초 김재박 감독은 박재홍의 호타준족을 살려 1번 타자로 배치할 생각을 갖고 있었다. 박재홍은 1번 타자의 요소를 두루 갖춘 선수였지만, 정작 1번 타자로 뛰기에는 그의 공격력이 생각보다 훨씬 파괴적이었다. 그리하여 박재홍은 시즌 개막 후 얼마 지나지 않아 3번 타자에 배치되었다. 박재홍은 데뷔 첫해였던 96년에 한국 프로야구 사상 첫 30-30 클럽에 가입하며 현대 타선을 이끌었고, 현대는 이런 요인에 힘입어 정규 시즌 4위로 포스트 시즌에 진출하였다. 시즌 전 현대가 상위권 후보로 평가받지 못했다는 점, 김재박 감독의 데뷔 첫해라는 점을 감안하면 분명 의미 있는 성과였다. 박재홍은 새 단장한 현대와 감독 1년 차였던 김재박 감독의 성공적인 출발에 큰 역할을 한 셈이었다.

정규 리그를 4위로 마친 현대는 준PO에서 한화를 2승 무패로 격파하고 PO에서 96년 또 다른 돌풍의 팀이었던 쌍방울에게 1,2차전을 내리 졌으나 3,4,5차전을 모두 승리하는 리버스 스윕(reverse-sweep)에 성공하며 한국시리즈까지 올라갔다. 한국시리즈에서는 해태에게 패퇴하며 준우승에 머물렀지만 4차전에서 정명원의 노히트 노런으로 2승 2패까지 맞서는 등 전체적인 현대의 전력이나 준PO

와 PO를 거치며 파생한 투수진의 피로도 등을 감안할 때 선전한 시리즈였다. 만년 하위 팀 태평양을 인수하여 프로야구의 첫걸음을 시작한 현대 입장에서나, 이를 지휘한 김재박 감독이나 모두 성공적인 96년 시즌이었다.

2년 차 감독의 시련

97년 시즌 시작을 앞두고도 현대는 프로야구계를 놀라게 한 트레이드를 성사시켰다. 아마야구 현대 피닉스 소속이던 문동환의 롯데 입단 대가로 롯데의 전준호를 데려왔기 때문이다. 애초에 문동환은 롯데의 1차 지명 선수였기 때문에 롯데 입단에 아무런 제약이 없는 선수였다. 그러니 이 트레이드는 롯데 입단 예정인 선수와 롯데의 기존 선수가 서로 트레이드 대상이 된 셈이라, 어딘가 이상했다. 문동환은 현대 피닉스와 계약했던 계약금을 롯데가 보전하면 롯데에 자연스럽게 입단할 수 있었지만, 롯데와 문동환 사이에 계약금 문제로 이견이 생기며 입단이 미뤄지다 결국 현대 유니콘스가 이 틈을 파고들어 전준호를 확보한 셈이다. 96년에 현대가 준우승까지 하며 성공적인 시즌을 보냈지만 여전히 현대의 선수층이 그리 두터운 편은 아니었고, 타격의 약점 역시 그리 개선된 것은 아니었다. 이 때문에 자금력이 풍부했던 현대는 선수 확보에 대한 갈증을 여전히 느꼈고, 결국은 97년에도 아마야구 현대 피닉스를 매개체로 한 트레이드를 다시 성사시켰다. 이 트레이드는 롯데 팬들에게 분노와 공분을 샀지만, 기존의 발상을 뛰어넘은 현대 측의 움직임은 결국 현대의 전력 보강으로 이어졌다.

전준호의 합류로 현대는 1번 타자 문제를 말끔히 해소할 것으로 기대했다. 하지만 실제 결과는 처음 계획처럼 나오지는 않았다. 97년 전준호는 갑작스런 트레이드의 충격 탓인지 극히 저조한 모습으로 일관했다. 96년 '박재홍 효과'에 이어 '전준호 효과'를 내심 기대했던 현대로서는 당황스런 일이었음에 분명하다.

97년의 현대는 96년에 비해 운이 따르지 않은 편이었다. 전준호의 예상치 못한 부진은 트레이드로 인한 충격 탓이라 하더라도, 투타 전반에 걸쳐 부상자가 많이 나왔고 주축 선수들의 성적도 전년도와는 달리 급강하하는 경우가 많았다. (이런 면에서 김재박 감독은 발전형 감독이라고 볼 수 있다. 97년 시즌만 해도 주축 선수들의 부진이 겹친 상황에서 속수무책이었지만 2000년대 이후에는 이런 상황에서도 나름대로 팀을 수습하여 시즌을 끌고 갔기 때문이다.) 96년의 현대는 상당수 선수들이 좋은 성적을 기록한 반면, 97년의 현대는 선수 대다수가 좋지 않은 성적을 기록하였다. 96년 고졸 신인으로 입단하여 2할 8푼대 타율로 시즌을 보낸 박진만은 97년에 1할 8푼대로 시즌을 마쳤다. 20개 안팎의 홈런으로 4번 타자 역할을 했던 김경기 역시 97년에는 2할 5푼대 타율에 6홈런-35타점의 극히 저조한 성적으로 시즌을 마쳤다. 96년 현대 돌풍의 진원지이자 타선의 핵이었던 박재홍도 부상으로 적지 않은 경기를 결장하며 현대는 타선에서 아무런 힘도 쓰지 못하고 한 시즌을 보낼 수밖에 없었다.

투수진 역시 악재가 많았다. 96년부터 본격적인 에이스로 자리매김한 정민태는 나름대로 분전했지만, 13승 13패라는 성적은 전년도에 비해 에이스 역할로는 부족한 성적이었다. 마무리 투수로 가장 안정적이던 정명원의 97년은 대단히 좋지 않았다. 마무리 투수로 항상 1점대 방어율을 유지했지만 97년에는 3점대 중반의 방어율에 패전만 10패였다(선발 등판이 몇 차례 포함되어 있기는 하였다). 위재영 역시 부상과 부진이 겹치며 전년도에 비해 성적이 하락하였다. 투수력이 강점이었던 현대에게 투수진 붕괴는 치명적인 결과를 초래할 수밖에 없었다.

김재박 감독은 감독 1년 차에 외부의 호조건(전년도 1~3위 팀들의 동반 몰락)과 트레이드 성공작인 박재홍, 내부 선수들의 분발이 겹치며 성공적인 시즌을 보냈지만, 2년 차는 내외적으로 여건이 좋지 않았다. 96년에 어수선한 팀 분위기로 자멸했던 LG가 97년에 다시 분발했고, 94년부터 3년간 포스트 시즌에 탈락했던 삼성이 어느 정도 정비하여 97년부터 강팀의 반열에 다시금 이름을 올렸다. 박재홍과 달리 전준호는 이적 첫해 극심한 부진을 겪었고, 지난해에 생애 최고 시즌을 보낸 상당수 선수들이 97년에는 대체로 부진한 모습을 보였다. 감독 2년 차이던 김재박 감독에게는 혹독한 시련의 시즌이었다. 막강한 재력으로 새 단장하면서 산뜻하게 96년 시즌을 보냈지만, 97년의 모습은 만년 하위 팀이던 삼미-청보-태평양 시절과 별반 다를 바 없었다.

현대 프런트의 지속적인 지원과 첫 우승

98년 시즌을 앞두고 프로야구계를 경악케 만든 사건이 벌어졌다. 현대가 쌍방울의 박경완을 당시로는 모두가 놀랄 9억이란 거금으로 현대 유니폼을 입힌 것이다. 아이러니하게도 현대를 전신으로 하는 넥센이 여러 사정으로 인해 현금 트레이드를 근자에 종종 단행했지만, 당시만 하더라도 팀의 핵심 선수를 현금 트레이드 한다는 건 상상하기 어려울 때였다. 선수층이 두텁지 못하고 선수 저변이 넓지 못한 한국 프로야구에서 선수는 돈과 쉽게 바꿀 수 없는 해당 구단의 절대 자산이나 마찬가지였고, 그렇기 때문에 현금 트레이드로 다른 팀의 주축 선수를 끌어들인 사례에 대해 야구계와 팬들의 논란도 많았다. 물론 쌍방울의 자금난이 아니었다면 불가능한 트레이드였겠지만, 96년 태평양 인수 이후부터 '특별한' 트레이드를 많이 성사시킨 현대라는 점에서 박경완의 경우는 적지 않은 문제 제기를 받을 수밖에 없었다.

여하간 박경완의 합류로 98년의 현대는 상승세를 타기 시작하였다. 트레이드 첫해에 부진했던 전준호도 98년에는 고공비행을 했다. 현대는 투타의 균형이 딱딱 맞아 들어갔다. 프로 입단부터 현대의 간판타자가 된 박재홍은 98년에 30홈런-30도루에 복귀했고, 외국인 선수 스콧 쿨바도 26홈런으로 타선의 파괴력을 더했다. 선발 다섯 명이 모두 두 자릿수 승수를 기록할 정도로 막강한 투수력이 기본이었기에 현대의 정규 시즌 독주는 전혀 놀랄 일이 아니었다.

다만 한국시리즈를 앞두고 변수가 생겼다. 한국시리즈 상대로 올라온 LG가 정규 시즌에서 현대에게 11승 7패로 강세를 보였기 때문이다. 정규 시즌 막판 페이스가 떨어진 에이스 정민태는 LG에게 그리 강하지 않았고, 한국시리즈를 앞두고 박재홍이 발목에 부상을 입은 점도 현대에게는 약간의 불안 요소였다. 하지만 한국시리즈를 앞두고 김재박 감독을 비롯한 코치진은 현대 선수단에게 본인들이 최강 전력임을 주지시키며 자신감을 불어 넣었고, 부상으로 한국시리즈 출전이 모호했던 박재홍은 테이핑을 하고 지명 타자로 1차전에 출전했다. 또한 막상 시리즈 뚜껑을 열어본 결과, 정규 시즌 종료 후 한 달가량 푹 쉬면서 재충전을 한 정민태의 공은 LG 타자들이 당해낼 재주가 없을 정도였다. 1차전에서 경기 중반 150km/h까지 찍었던 정민태는 시리즈가 끝날 때까지 구위를 그대로 유지하며 LG 타선을 완벽하게 봉쇄했고, 결국 소속팀의 첫 번째 우승을 견인하였다.

98년 현대의 우승은 정민태를 비롯한 막강한 투수진에 더하여 타선까지 강해지면서 성취한 첫 우승이었다. 하지만 그 과정을 보면 현대 프런트의 꾸준한 전력 보강 작업이 3년의 시간이 걸친 끝에 열매를 맺었다고 볼 수도 있다. 이전까지 현대는 투수력은 나쁘지 않은 편이었지만 타선은 무척 약한 팀이었다. 하지만 98년의 현대는 투수력뿐 아니라 타력에서도 상대를 압도하는 팀이었다. 당시 타선의 주축 선수들은 전준호-이명수-박재홍-쿨바-김경기-박경완-이승용과 같은 선수들이었다. 하지만 이 선수들 중 오리지널 현대 출신은 김경기와 이승용뿐이었다. 전준호는 롯데에서 데려온 선수이고, 박재홍은 해태의 지명 선수였지만 최상덕과 맞바꾸어 입단한 케이스였다. 박경완은 쌍방울의 주전 포수였고, 이명수는 OB 출신, 쿨바는 외국인 선수였다. 물론 외국인 선수는 다른 팀도 마찬가지로 보유하고는 있었다. 하지만 현대의 외국인 선수는 다른 팀과 달리 첫해부터 성공작이었다. 여하간 현대 타선은 외인 선수들이 많았다.

이는 현대 프런트가 전면에 나서 다른 팀에서 지속적으로 좋은 선수를 수혈한 덕이었다.

금력(金力)을 동원한 현대의 트레이드는 타 구단 야구팬들에게 그리 좋은 반응을 얻지는 못했다. 오히려 현대에 대한 비판의 목소리도 높았다. 하지만 남들이 생각하지 못한 방법을 찾아낸 현대 프런트의 실행력은 분명 팀을 강하게 한 원동력이었다. 또한 현대의 선수 보강 방식은 이후 비슷한 재력을 가진 삼성에게도 어느 정도 영향을 끼쳤다. 삼성 역시 이듬해부터 쌍방울과 해태를 대상으로 핵심 선수를 취하는 트레이드를 시도했기 때문이다.

김재박 감독은 현대 프런트의 강력한 지원을 등에 업고 감독 초기부터 순탄하게 감독직을 시작했고, 결국 3년 만에 상대를 압도하는 전력으로 우승까지 이끌어냈다. 너무나 당연한 이야기지만 감독의 힘으로만 팀을 강하게 만들기는 무척 어렵다. 마찬가지로 프런트가 아무리 의욕적이라 해도 감독과 호흡이 맞지 않으면 역시나 팀은 엉뚱한 방향으로 갈 수밖에 없다. 이런 점에서 현대는 감독과 프런트의 호흡이 잘 맞은 팀이었다. 달리 말하면 김재박 감독은 현대 프런트와 힘을 합쳐 감독과 프런트의 협조적인 공생 관계로 강한 팀을 만드는 하나의 롤모델을 만들기 시작했다는 의미이다.

부침의 반복

이상하게도 현대는 96년부터 짝수 해와 홀수 해에 번갈아 가며 부침을 반복하기 시작했다. 98년에 압도적인 전력으로 우승했지만, 무슨 징크스처럼 99년에는 다시 추락하기 시작했다.

물론 여기에는 이유가 있었다. 우선 투수진에서 균열이 생겼다. 위재영이 부상으로 이탈했고, 김수경은 2년 차 징크스에 시달렸다. 97년 3.50의 방어율을 제외하고는 거의 매년 1점대 방어율을 기록하던 정명원이 99년에는 방어율이 4점대로 치솟으며 노쇠화 기미를 나타냈다. 투수 놀음이라는 야구에서 주축 투수들의 부상과 집단 난조는 당연히 팀 성적 하락과 맞물릴 수밖에 없었다.

그 무렵 한국 프로야구는 90년대 중반부터 불기 시작한 아마 유망주들의 외국행 바람으로 좋은 투수의 유입이 크게 감소하고 있었다. 이런 흐름은 2~3년이 지나자 프로야구 무대에 그대로 반영되기 시작하였다. 99년에 나타난 사상 유래 없는 타고투저 시즌이 바로 그것이다. 타고투저 시즌인 탓에 현대뿐 아니라 어느 팀이나 투수진의 성적은 좋지 않았다. 하지만 현대는 20승을 올린 정민태를 제외하고는 전체적으로 투수진 대부분이 전년도에 비해 낙폭이 큰 모습으로 시즌을 보냈다. 타격은 그리 나쁘지 않았지만, 타고투저 시즌이라 모든 팀이 다 잘 치는 시즌이었기에 현대의 타격은 투수력의 난조를 보완할 수 있는 여지가 거의 없었다.

결국 현대는 전체 5위(매직리그 3위)에 그치며 전년도 우승팀에서 곧바로 포스트 시즌 탈락 팀으로 추락하고 말았다. 감독 데뷔 3년 만에 우승기를 쟁취하며 순항하던 김재박 감독은 격년제로 또다시 실패를 맛보았다.

'왕자의 난'으로 달라진 환경

앞서 구분한 바와 같이 2000년 시즌부터는 김재박 감독의 현대 시절 후반기로 분류할 수 있다. 이는 현대 그룹의 사정과 관련하여 현대 프런트의 지원 범위가 크게 달라졌기 때문이다. 99년 이전의 현대는 프런트가 마음만 먹으면 팀에 필요한 선수를 귀신처럼 타 구단에서 수혈해 오곤 하였다. 김재박 감독은 이처럼 프런트가 확보한 선수를 바탕으로 자신의 야구를 만들어 나갈 수 있었다.

하지만 2000년 시즌부터는 상황이 크게 달라졌다. 수원 구장에서의 임시 정착이야 애초에 서울로 연고 이전할 목적에서 나온 선택이었지만, 더 큰 문제는 현대 그룹의 경영권 승계와 관련한 급격한 환경 변화였다. 이른바 '왕자의 난' 사건. 이로 인해 현대의 계열사가 분리되면서 현대 유니콘스의 위치가 애매해지기 시작했다. 현대 유니콘스의 최대 주주인 하이닉스가 채권단으로 넘어가면서 현대 구단은 모그룹을 통해 지원금을 받지 못하는 상황으로 바뀌었다. 태평양을 인수하여 프로야구에 참여한 이후 가장 탄탄한 재정적 지원을 받는 구단이던 현대는 이 무렵부터 공격적인 투자는 고사하고 기본적인 자금만 운용해야 하는 구단으로 바뀐 것이다. 처음에는 현대가(家)의 지원으로 구단 운영 자체에는 큰 문제가 없었지만 06년 시즌을 마치고는 현대가의 지원마저 더 이상 기대하기 어려운 실정이 되었다.

이와 같은 변화는 김재박 감독에게 지금까지와 다른 생존 조건을 요구하기 시작하였다. 그동안 프런트의 아낌없는 지원과 과감한 결단으로 우수한 선수를 쉽게 확보하여 선수단을 지휘했다면, 이제부터는 제한된 지원 속에 기존의 자원을 잘 활용하여 팀 전력을 유지 또는 상승시켜야 하는 과제가 생겼기 때문이다. 물론 과제가 여기서만 끝나지는 않았다. 99년 시즌을 마치고 도입된 FA 제도는 김재박 감독에게 새로운 과제마저 안겨주었다.

만약 현대 그룹이 분리되지 않았다면, 그래서 현대 유니콘스가 현대 그룹의 막강한 자금 지원을 계속 받을 수 있었다면 FA 제도는 현대에게 무척이나 유리한 제도가 되었을 가능성이 높다. 특히나 현대 프런트는 어느 구단의 프런트보다 더 기민하고 실행력이 높은 집단이었다. 하지만 정작 FA로 외부 선수를 더 쉽게 끌어들일 시기가 시작되자 현대 그룹이 갈라지는 사태가 벌어졌다. 결국 현대 유니콘스는 FA 영입이 아니라 FA 선수를 타 구단에 빼앗기는 상황에 직면하였다. 이는 곧 김재박 감독에게 기존 자원의 활용에 그치지 않고, 전력 누수에 대한 대책까지 함께 요구하기 시작한 셈이다. 바꾸어 말하면 김재박 감독은 프런트의 지원에 대한 기대보다 자신의 역량만으로 기존 선수단의 전력을 최대한 활용하고, 이와 동시에 FA로 빠져나가는 누수 전력까지 팀 내 자체적인 인력풀에서 채워나가야 했다는 의미이다.

최강의 위용을 다시 찾다

2000년 시즌을 앞두고 현대는 어수선한 상황에서 시즌을 시작했다. 연고지 이전이 바로 그것. 당시 쌍방울을 해체하고 재창단 형태로

프로야구에 참여한 SK와 서울 연고를 두고 논쟁을 벌인 끝에, 현대
는 추후 서울로 연고지 이전을 전제하며 수원으로 가고, SK가 현대
의 연고지를 이어받게 되었다.

인천 팬들의 반발을 뒤로 하고 수원으로 임시 거처를 잡은 현대.
이로 인해 관중도 크게 감소하고 연고지가 모호한 상태로 시즌을 시
작했지만, 현대의 전력은 타 팀과 경쟁 자체가 필요 없을 정도였다.
정민태야 98년부터 리그 지배력을 갖기 시작한 투수였고, 이에 더하
여 LG에서 이적한 임선동이 2000년 시즌에 에이스급 활약을 펼치기
시작했다. 정민태-임선동, 두 투수만으로도 다른 팀의 에이스를 압
도했지만, 김수경까지 2년 차 징크스를 털어내고 에이스 대열에 합
류하였다. 결국 이들 세 명이 18승으로 전무후무한 동일 구단 소속
의 공동 다승왕에 올랐다. (85년 삼성의 김일융과 김시진이 25승으로 같
은 팀 소속으로 공동 다승왕에 오른 사례가 있지만, 같은 팀의 세 투수가 공
동 다승왕에 오른 건 처음이었다.)

132경기에서 무려 91승이나 올린 현대는 시즌 내내 압도적인 페
이스를 보인 끝에 정규 시즌 전체 1위로 시즌을 마쳤다. 플레이오프
에서 삼성을 시리즈 전적 4 대 0으로 완파하고 한국시리즈에서도 두
산을 상대로 시리즈 전적 3 대 0으로 앞서며 완벽한 우승을 눈앞에
두기까지 하였다. 하지만 한국시리즈 4차전부터 두산에게 반격을 허
용하며 시리즈 전적 3 대 3까지 몰리며 약간 위기에 몰리기도 하였
다. 하지만 7차전에서 6 대 2로 승리하며 이변 없이 한국시리즈 우
승을 완성하였다.

물론 2000년 시즌은 김재박 감독이 '왕자의 난'으로 인한 직접적

인 영향권에 빠진 시즌이라 보기는 어렵다. 또한 이때의 현대 전력은 워낙에 강했다. 시기적으로는 현대 시절 후반기에 해당하지만, 흐름의 연속선상에서 볼 때 전체적인 팀의 전력이나 분위기는 90년대 중후반의 모습이었다. 하지만 2000년은 프런트와 선수단 모두 막강하던 시절의 마지막 문을 닫는 시점이었다. 이듬해부터 현대는 자신들의 프런트가 프로야구 전체를 주무르던 시절의 팀이 아닌, 선수단 자체의 힘 위주로 타 구단과 경쟁해야 하는 새로운 환경에 놓이게 되었다.

악조건에서도 흔들리지 않는 저력

2001년 시즌을 앞두고 그동안 팀의 변함없는 에이스로 활동하던 정민태가 일본 요미우리로 이적하였다. 정민태의 이적과 함께 다른 투수들도 전년도에 비하면 활약 정도가 조금 떨어졌다. 하지만 현대는 이런 전력 감소 요인에도 불구하고 2위라는 성적으로 정규 시즌을 마쳤다. 비록 플레이오프에서 타격이 달아오르던 두산에게 일격을 맞고 한국시리즈 진출에는 실패했지만, 에이스 정민태의 이적을 생각하면 전체적으로 볼 때 괜찮은 성적이었다. 예전처럼 모그룹의 자금 지원을 제대로 받을 수 없는 환경이었음에도 선수단이 이에 영향받지 않고 좋은 성적으로 시즌을 마쳤기에 01년의 현대는 비교적 성공적인 시즌을 보냈다고 할 수 있다.

2002년에는 타 구단으로 이적한 선수가 특별히 없었지만 01년에 14승을 올린 임선동이 8승에 그치고, 지난 2년 동안 마무리에서 좋은 활약을 한 위재영이 선발 복귀 이후 부진하면서 01년에 비해 전력이 조금 더 처진 모습이었다. 하지만 대졸 신인 조용준이 마무리보직을 성공적으로 맡으면서 전체 3위로 시즌을 마칠 수 있었다. 하지만 준플레이오프에서 LG를 상대로 시리즈 전적 0 대 2로 패퇴하며 01년과 마찬가지로 포스트 시즌에서는 조기에 탈락했다.

2003년을 앞두고 정민태가 복귀하였다. 하지만 주전 포수였던 박경완의 이적이라는 악재를 안고 시즌을 시작해야만 했다. 02년 시즌을 마치고 FA가 된 박경완은 SK로 이적하였다. 공수 겸비한 정상급 포수 박경완의 이적은 현대에게 무척이나 부담이 될 수밖에 없었다. 박경완은 현대의 투수 왕국 구축에도 적지 않은 힘을 보탰기 때문이다. 그렇지만 현대는 7월부터 삼성과 1위 경쟁을 한 끝에 시즌 막판 KIA의 추격을 따돌리고 정규 시즌을 1위로 마쳤다. 그리고는 박경완이 이적한 SK를 한국시리즈에서 상대하여 4승 3패로 꺾고 통산 세 번째 우승을 차지하였다. 현대는 해태 이후 세 번째 우승을 달성한 첫 번째 팀이 되었다.

현대는 시즌 시작 전 전문가들로부터 높은 평가를 받지 못하였다. 01년과 02년을 거치며 성적이 조금씩 내려가고 있었고, 에이스 정민태가 복귀했지만 주전 포수 박경완의 이적을 비롯하여 전력 감소 요인이 계속 생기고 있었기 때문이다. 간판 타자였던 박재홍은 10억의 현금을 더한 정성훈과의 트레이드를 통해 이미 KIA로 떠났다. 예전처럼 막강한 자금력으로 타 구단의 능력 있는 선수를 확보할 때와 반대로 기존의 좋은 선수를 놓치는 상황에 놓였지만, 현대는 주어진 열악한 환경에서 새로운 생존력을 보이기 시작하였다.

박경완이 떠난 자리를 보완하기 위해 영입한 노장 김동수는 3할대의 불방망이를 휘두르며 박경완의 공백을 완전히 메웠다. 김동수 또한 투수 리드를 비롯한 포수 수비에서는 정상을 다투던 포수였기에 타격이 살아나자 대단히 무서운 포수가 되었다. KIA에서 이적한 정성훈 역시 3할 4푼대 고타율을 기록하며 공수에서 맹활약하였다. 박경완과 박재홍이 떠난 자리가 더 단단해진 것이다. 결국 현대는 시즌 전에 발생한 전력 누수를 새로운 대체 자원의 재발견을 통해 더 단단하게 메우면서 에이스 정민태의 활약과 함께 우승이란 최상의 결과를 만들어내었다.

03년 시즌을 마치고 박종호가 FA 계약을 통해 삼성으로 이적하였다. 전년도 박경완에 이어 이번에는 주전 2루수가 이적한 것이다. 지난해와 마찬가지로 주축 선수의 이탈과 함께 04년 시즌을 맞이했지만 현대의 저력은 여전하였다. 외국인 선수의 부도율이 어느 팀보다 낮았던 현대는 04년에도 외국인 투수 피어리가 시즌 중 부상에도 불구하고 16승으로 에이스 역할을 하며 팀의 마운드를 이끌었다. 비록 에이스 정민태가 04년부터 부상과 노쇠화 조짐을 보이며 부진에 빠졌지만, 피어리의 활약과 신인 오재영(10승) 및 기존의 주축 투수였던 김수경(10승)이 선발진을 이끌고, 조용준이 마무리 투수로 맹활약하며 역시나 정규 리그 2연패에 성공하였다. 한국시리즈에서는 9차전까지 가는 사상 초유의 '장기전'을 펼쳤지만 8차전에서 에이스 피어리가 부상으로 1회에 조기 강판되었음에도 8차전과 9차전을 모두 승리하며 한국시리즈 2연패에 성공하였다. 한국시리즈 2연패 또한 해태 왕조 이후 현대가 처음이었다. 매년 주축 선수들의 이적으로 전력이 약해질 법도 하였건만, 현대는 좀처럼 흔들리지 않았다.

끝없는 선수 이탈로 인한 한계 봉착과 새로운 재기

04년 시즌을 마치고 나서 현대는 이전과는 차원이 다른 선수 이탈을 경험해야 했다. 심정수와 박진만이 나란히 이적했기 때문이다. 더구나 이들 두 명은 바로 04년에 우승을 놓고 경쟁하던 삼성으로 함께 이적하였다. 제아무리 현대의 저력이 빼어나고, 김재박 감독의 위기 대처 능력이 축적되었다 하더라도 매년 곶감 빠지듯 빠져 나가는 전력 손실을 감수하기에는 한계가 있을 수밖에 없었다.

결국 현대는 05년에 7위라는 초라한 성적으로 시즌을 마쳤다. 시즌 초반에는 4위권을 유지하기도 했지만 전력 누수로 인한 전력 약화를 극복하기에는 버거운 면이 있었다. 특히 수비의 핵인 박진만의 이적은 현대에게 큰 부담이 되었다. 여름 이후 현대가 무너진 이유 중에는 내야진의 불안정도 어느 정도 원인으로 작용하였고, 이는 박진만의 이적과 무관하지 않았다. 전력 약화 속에 김재박 감독은 더 이상 손을 쓰지 못하고 하위권 성적을 받아들일 수밖에 없었다.

그렇지만 06년에 현대는 다시 일어섰다. 소속팀 FA를 지킬 수도 없고, 외부 FA는 더욱 영입하기 어려운 현대였기에 수년간에 걸친 지속적인 전력 누수를 감안하여 전문가들은 이제 현대를 더 이상 강팀으로 생각하지 않고 있었다. 이 때문에 시즌 전 현대는 꼴찌 후보로 거론되기도 하였다. 하지만 00년대 이후 현대는 전력 누수에 대비하는 내성이 길러진 팀이었다. 시즌 초반만 해도 부진한 페이스를 보였지만, 한 달가량 지나면서 현대는 다시 치고 올라가기 시작하였다. 수년 동안 빠져 나간 선수들도 많았지만, 그 자리는 어느새 새로운 선수나 노장들이 분발하여 지키고 있었다. 현대는 1위 팀 삼성을 위협하며 2위로 정규 시즌을 마쳤다. 비록 플레이오프에서 1차전 압승의 분위기를 살리지 못하고 시리즈 전적 1 대 3으로 한화에게 패퇴하며 시즌을 마감했지만, 텃밭을 다시 일구어 좋은 결실을 맺은 시즌이었음은 분명하다. 이로 인해 김재박 감독의 지도력이 더욱 인정받았음은 말할 나위도 없다.

김재박 감독은 현대 시절 초반 프런트의 지원을 많이 받았고, 그만큼 프런트와 좋은 호흡을 유지하며 상생 관계를 통해 팀을 강하게 만든 감독이었다.

90년대 중반 현대 프런트를 언급할 때 함께 언급되는 인물은 김용휘 단장이다. 김용휘 단장은 현대 농구단과 배구단에서 활동하며 나름대로 스포츠 구단의 운영 노하우를 쌓은 인물이었다. 이후 현대에서 단장을 거쳐 사장까지 승진하는 동안 김용휘 단장은 김재박 감독에게 많은 도움을 주었다. 태평양을 인수하여 프로야구 무대에 등장할 당시 현대의 선수층은 두텁지 못했지만, 빠른 시간 안에 현대가 강팀의 반열에 올라 한국 프로야구의 주도권을 잡은 이면에는 김용휘 단장을 중심으로 한 현대 프런트의 앞서가는 행보가 큰 역할을 하였다.

전반적으로 현대는 프로 참가 직후 트레이드를 통해 전력을 많이 끌어올린 팀이었다. 물론 이러한 트레이드의 이면에는 현대의 재력이 숨어 있었다. 하지만 현대는 모그룹의 지원이 크게 감소한 2000

년대 이후에도 실속 있는 트레이드로 전력을 계속 강화해 나갔다.

96년 팀 창단과 동시에 트레이드를 통해 현대 유니폼을 입힌 박재홍을 03년 시즌을 앞두고 트레이드한 사례가 대표적이다. 조금 더 직설적으로 표현하면 현대에서 잘 활용한 선수였지만, FA가 다가오고 예전보다 활약의 정도가 떨어지자 가치가 크게 떨어지기 직전에 재빨리 정성훈과 트레이드 했다는 의미이다. 정성훈은 현대 이적과 동시에 3할 4푼대 타율로 맹활약했고, 이후 한국의 대표적인 3루수로 정착하며 현대의 03년, 04년 우승에 크게 기여하였다.

이듬해인 04년 시즌을 앞두고는 권준헌과 송지만을 맞트레이드 하였다. 송지만은 현대 이적 이후 중심 타자로 오랜 기간 활약하였고, 예전처럼 자금력을 동원한 트레이드는 아니었지만 정성훈의 사례처럼 실속 있는 트레이드로 현대의 전력 증강에 크게 기여하였다.

프론트와 감독의 성공적인 공생

전반적으로 현대는 트레이드를 통해 영입한 선수가 많았음에도 클럽 하우스 분위기가 좋은 팀이었다. 일부 구단의 경우 외부 선수 영입이 많을 경우, 팀의 융화력이나 2군 선수들의 의욕 상실 등을 이유로 부정적인 평가를 받는 경우도 있다. 현대는 창단 첫해부터 외부 영입 선수들이 많은 팀이었다. 그렇지만 현대가 외부 영입 선수들로 팀워크가 떨어졌다는 이야기를 들은 적이 없는 것 같다. 오히려 현대는 가족적인 분위기가 장점이었고, 2000년대 이후 외부적인 어려움이 증가했음에도 일체감으로 뭉쳐 위기를 극복하는 원동력으로 삼기도 하였다. (물론 외부 지원이 감소하고 관중이 적은 수원에 머물면서 선수단이 더 뭉치는 면이 있었던 것도 사실이다.) 또한 외부에서 영입한 선수였던 전준호와 송지만, 김동수와 같은 선수들은 선수단 내에서 정신적 지주 역할을 하기도 하였다. 외부 영입 선수들이 많았지만, 그렇다고 현대의 2군 선수들이 1군으로 오르지 못한 것도 아니었다. 현대는 외부 선수 영입과 전력 증강, 그리고 선수 양성으로 이어지는 선순환 구조가 잘 형성된 팀이었다. 이는 곧 김재박 감독이 다양한 출신의 팀원들을 하나로 엮어 모두를 잘 아울러 팀을 이끌었다고 볼 수 있는 부분이다.

현대는 다른 팀에서 부진했거나 활약이 미비했던 선수들의 가능성을 재발견하고 재기를 이끌어내는 능력도 탁월하였다. 98년 시즌 중반 최창호와 트레이드한 박종호는 95년 플레이오프에서 손목에 중상을 입고 재기 여부가 불투명한 상태였다. 수비와 주루를 비롯하여 타격에서도 다재다능한 선수였지만 LG측에서는 최소한 타격에서는 더 이상 부상 이전의 모습을 기대하기 어렵다고 판단해 노장 투수 최창호와 트레이드 하였다. 하지만 박종호는 현대 이적 2년 만인 2000년 시즌에 타격왕까지 차지하며 현대 우승의 주역 중 한 명으로 떠올랐다.

비슷한 사례가 또 있다. 95년 시즌을 마치고 국내 야구계는 임선동 파동으로 불리는 한일 구단 간의 스카우트 분쟁으로 떠들썩하였다. 이 때문에 임선동은 대졸 직후인 96년에 프로 유니폼을 입지 못하였다. 하지만 현대는 이미 아마추어 현대 피닉스를 통해 임선동이 대학 4학년이던 95년에 당시로는 상상도 할 수 없던 7억이란 금액으로 임선동의 마음을 잡은 상태였다. 이후 LG와 법정 공방을 벌이던 임선동은 법원의 중재 권고에 따라 LG에 2년 뒤 이적 가능을 전제로 입단하였다. 하지만 LG에는 마음이 없는 터라 입단 첫해인 97년에는 11승을 하였지만, 98년에는 태업 의혹까지 받으며 크게 부진한 모습을 보인 끝에 98년 시즌을 마치고 현대로 이적하였다. 임선동은 현대 이적 후 99년에는 이렇다 할 모습을 보이지 못했지만, 타고난 신체 조건과 재능을 살려 2000년 시즌 재기에 성공하였다. 임선동은 2000년 시즌에 18승으로 공동 다승왕에 오르며 현대의 우승에 기여하였고, 01년에도 14승으로 에이스 정민태가 빠진 마운드에서 중심 역할을 하였다.

현대의 실속 있는 트레이드와 선수 재발견은 여기서 그치지 않았다. 03년을 앞두고 박경완이 SK로 이적했지만, 그 공백을 삼성에서 이적한 김동수가 완벽하게 메웠다. 현대 이적 당시 김동수는 프로 14년 차로 이미 만 35세의 나이였지만, 삼성 시절 백업으로 밀리기까지 하면서 주춤했던 김동수의 방망이는 현대 이적 이후 나이를 잊은 듯 오히려 더 맹위를 떨치기 시작하였다.

이보다 앞선 2000년 시즌을 앞두고는 최원호와 심재학의 트레이드가 있었다. 심재학은 고대 시절부터 거포로 평가받던 선수로 95년 LG의 1차 지명을 통해 프로에 입단한 선수였다. 하지만 LG 시절 타자로는 기대에 부흥하지 못하였고 투수력에 부족함을 느낀 LG는 그에게 투수 전향을 권유하여 99년에는 투수로 뛰었다. 하지만 뒤늦은 투수 전향에서 심재학은 성공하지 못했고, 시즌 중반 이후 아예 전력에서 배제된 끝에 시즌 종료 이후 최원호와 맞트레이드를 통해 현대로 이적하였다. 현대로 이적한 심재학은 타자로 전향하였고, 현대는 2000년 시즌 종료 후 심재학을 트레이드 카드로 활용하여 선수협 사태를 통해 두산 구단과 불편한 관계에 놓인 심정수를 영입하였다. 이후 심정수는 이승엽과 자웅을 겨루는 국내의 대표적인 거포로 자리매김하였고, 심정수의 핵타격은 현대의 강타선 구축에 큰 힘이 되었다.

현대는 이처럼 트레이드가 활발한 팀이었다. 2000년대 이전까지는 자금력에 바탕을 둔 트레이드였다면, 2000년대 이후의 트레이드는 자금력과 관계없이 실속 있는 트레이드가 주를 이루었다. 현대 프런트는 활발한 트레이드로 선수 자원을 두텁게 다졌고, 김재박 감독은 이런 선수들을 적재적소에 활용하여 팀의 전력을 더욱 강하게 만들었다.

물론 김재박 감독의 현대가 트레이드를 통한 외부 선수 영입에만 의존한 것은 아니었다. 현대는 창단 직후부터 박진만과 같은 신인 선수를 중용하여 스타로 키워냈으며, 이후 김수경, 조용준처럼 자체 선수 중에서도 정상급 선수들을 꾸준히 양성하였다. 이와 동시에 현대는 외국인 선수를 가장 잘 선발하는 팀 중에 하나였다. 결국 트레이드를 통한 전력 보강, 자체 선수 양성, 외국인 선수 수급, 이렇게 삼박자가 균형을 이루며 김재박 감독 시절의 현대는 4회 우승이라는 훌륭한 성과를 이끌어냈다. 이로 인해 김재박 감독은 한국 프로야구의 대표적인 명장 중 한 명으로 자리매김할 수 있었다.

'그분이 돌아왔어요'

2006년 시즌. LG는 팀 창단 이후 처음으로 최종 성적을 최하위로 마감하는 수모를 겪었다. 04년부터 지휘봉을 잡은 이순철 감독의 지도력에 회의감을 느낀 LG 구단에서는 시즌 도중 이순철 감독을 해임했지만, '꼴찌 추락'의 참담한 사태를 면하기는 어려웠다. 이순철 감독 해임 이후 양승호 감독 대행이 팀을 이끌었지만, 정황상 LG는 새로운 감독으로 거물 인사 영입을 염두에 두고 있음이 분명하였다.

때마침 현대의 김재박 감독 임기가 06년 시즌을 끝으로 만료되었다. 김재박 감독이 현역 시절 LG의 프랜차이즈 스타였다는 점은 어지간한 프로야구 팬이라면 누구나 아는 사실이었고, 현대 시절을 통해 검증된 김재박 감독의 지도력에는 이견이 있을 수 없었다. 하지만 김재박 감독이 LG를 떠날 당시 형성된 서로간의 불편한 감정이 걸림돌이었다. 그렇지만 목마른 자가 우물을 파는 법이라 했던가? LG 구단은 말 그대로 '목마른 자'의 입장이었다. 03년부터 4년 연속 포스트 시즌 진출에 실패하고 급기야 06년에는 최하위까지 내려앉은 탓에 감독 영입을 놓고 과거지사를 잴 여유가 없었다. 결국 LG 구단은 김재박 감독에게 당시로는 감독 최고 대우를 하였고, 91년 시즌을 마치고 LG를 떠났던 김재박 감독은 15년 만에 LG로 복귀하였다.

김재박 감독의 LG 복귀는 LG 팬들에게 가뭄의 단비와 같은 반가운 소식이었다. 하지만 이러한 기대감이 단순히 김재박 감독의 부임 하나만으로 생겨난 것은 아니었다. 당시 LG 프런트에서는 김재박 감독뿐 아니라 '김재박 사단'을 거의 대부분 '모셔 왔기' 때문이다. 현대 시절 김재박 감독의 측근이던 정진호 코치를 비롯하여 김용달 타격 코치도 함께 LG로 이적하였다. 더불어 현대 프런트 인사들 중에서도 상당수가 김재박 감독을 따라 LG로 옮겨 왔다. 말하자면 LG 구단에서는 김재박 감독을 중심으로 그를 보필하던 코치진을 함께 영입하여 선수단을 지도하고, 현대 시절 좋은 성과를 낸 현대 프런트 인사들의 영입을 통해 현대에서 성공했던 신인 지명이나 해외 선수 스카우트와 같은 노하우까지 함께 이식하려 했던 것이다. 그 시점에서 보면 LG 구단의 이와 같은 움직임은 상당히 환영할 만한 조치였다. 당연히 팬들의 기대감이 높아질 수밖에 없었다.

LG 구단 또한 김재박 감독 영입에 따른 기대감을 숨기지 않았다. 프로야구 개막 무렵 LG는 올림픽대로와 같은 서울지역 간선도로에 '그분이 돌아왔어요'란 타이틀로 김재박 감독의 등장을 알리는 현수막을 걸기도 하였다. 07년에 프로야구 관중이 400만에 이르면서 프로야구 인기가 많이 회복되기 시작하여 지금은 다시금 국민 스포츠로 자리매김하는 중이지만, 06년 시즌이 끝날 때만 해도 프로야구 인기는 침체를 벗어나지 못하고 있었다(06년 전체 관중은 대략 304만 명). 프로야구 선수 이름도 제대로 모르는 젊은층이 적지 않던 시절에 서울의 주요 간선도로와 대로변에 김재박 감독의 복귀를 알리는 현수막을 걸었다는 점은 그만큼 구단에서도 김재박 감독의 영입 효과를 많이 기대했음을 의미한다.

07년 프로야구는 토요일이 아닌 금요일 야간 경기로 개막전을 가졌다. 평일 개막전이었음에도 잠실에는 매진에 가까운 관중이 운집

하였다. 이날 경기에서 LG는 KIA를 1 대 0으로 꺾고 7년 만에 개막전 승리를 기록하였다. 김재박 감독의 LG 감독 데뷔전은 비교적 성공적으로 시작된 셈이다.

구단의 지원과 성적의 상관관계

김재박 감독의 현대 시절은 2000년을 기점으로 구단 지원이 튼튼했던 시기와 그렇지 않았던 시기로 나눠진다. 이에 반해 LG 시절은 구단의 적극적인 지원과 소극적인 지원이 혼재해 있다고 볼 수 있다. 바꾸어 말하면 LG 감독 부임 첫해인 07년에는 프런트의 지원이 많았다. 그러다가 부임 2년 차인 08년에는 프런트의 지원이 별로 없었다. 다시 09년에는 프런트의 지원이 크게 늘었다. 하지만 결과적으로 재임 기간의 성적은 별로 좋지 않았다. 굳이 나누자면 구단 지원이 좋았던 시즌인 07년과 09년의 성적은 각각 5위와 7위로, 구단 지원이 별로 없었던 08년 8위에 비해 성적이 조금 나았을 뿐이다. 하지만 현대 시절 쌓았던 김재박 감독의 명성을 감안하면 5위와 7위라는 성적 역시 저조했음이 분명하다.

07년 김재박 감독의 부임과 함께 LG는 FA로 박명환을 영입하였다. 두산 시절 부상으로 부진했던 시즌도 있었지만, 구위나 경력으로 볼 때 박명환은 능력 있는 선발 투수였다. 물론 LG는 06년 시즌을 마치고 이병규가 일본으로 진출하면서 가뜩이나 허약하던 타선에 구멍이 더 커지기는 하였다. 하지만 박명환이 FA로 합류하고, 봉중근이 국내로 복귀하여 입단했기 때문에 전체적으로는 마이너스보다 플러스 요인을 더 안고 LG 감독직을 시작했다고 볼 수 있다. 물론 06년 최하위로 처졌던 팀이었기 때문에 전체적인 전력을 놓고 볼 때, 포스트 시즌 진출을 위해서는 부족한 면이 있었다.

어쨌거나 07년의 LG는 전반적인 전력에 비하면 비교적 선전하며 시즌을 꾸려 나갔다. 박명환을 제외하고는 확실한 선발 투수가 부족하고, 노장 최동수와 이종열이 상위 타순에 포진할 정도였지만 전반기를 4위로 마쳤으며 9월 초까지 5할 승률을 유지하였다. 하지만 거기까지였다. 9월 초 수비진의 잇단 실책으로 몇 경기를 놓친 후 LG는 5할 승률 미만으로 처졌고, 이후 4위 추격의 동력은 상실한 상태였다. 시즌 종료 시점까지 최선을 다했지만 승패 마진을 −4(58승 6무 62패)로 마치며 03년 이후 가장 나은 승률로 시즌을 마쳤다는 점에 위안을 삼아야 했다.

07년에 비교적 선전하며 시즌을 마친 후 김재박 감독은 여기서 조금만 더 노력하면 이제 포스트 시즌에 복귀할 수 있겠다는 생각을 하였다. 하지만 08년을 앞두고 LG 프런트는 전년도와 달리 별다른 지원을 하지 않았다. FA 영입에 나서지도 않았고, 오히려 김재박 감독에게 있는 선수를 잘 활용해 달라고 주문하였다.

08년 시즌 LG는 06년 이후 불과 2년 만에 최하위로 다시 추락하였다. 김재박 감독 입장에서는 감독 생활 이후 첫 꼴찌의 시련이었다. LG의 선수 구성이 별로 좋은 편이 아니었고 프런트의 지원이 없었던 시즌이기는 했지만, 가진 전력을 비교적 잘 활용하던 김재박 감독이 난관을 헤쳐 나가리란 기대도 있었다. 하지만 정작 뚜껑을 열어본 결과 그의 시즌 운용 능력은 약한 전력을 만회하기에 무용지

물이었다. 지난 해 에이스 역할을 했던 박명환이 시즌 초에 부상으로 이탈하고 마무리로 활약했던 우규민이 부진에 빠지자 팀은 추풍낙엽처럼 쓰러지기 시작하였다. 봉중근과 옥스프링이 선발진에서 분전했지만 LG는 결국 승률 4할에도 미치지 못하며 상위팀들의 승수 쌓기 팀으로 전락한 가운데 시즌 내내 허약한 모습으로 일관하며 치욕적인 08년 시즌을 마쳤다. 사정이 이렇게 되자 김재박 감독의 시즌 운용 능력에 대해 재평가해야 하지 않느냐는 LG 팬들의 의견이 08년을 기점으로 고개를 들기 시작하였다.

08년 시즌을 마치고 LG 프런트는 다시금 선수단 지원을 강화하였다. 김재박 감독에게 마이더스의 손을 기대하며 마냥 지켜볼 수는 없었기 때문이다. 과거의 FA 영입 실패에 너무 얽매이지 말아야 한다는 구단 측의 판단도 공격적인 선수 영입에 다시금 불을 지폈다. 이로 인해 LG는 09년 시즌을 앞두고 이진영과 정성훈을 FA로 영입하였다. 김재박 감독의 요청에 따라 간이 펜스까지 설치하였다. 투수력에는 여전히 물음표가 붙었지만 타격에서는 분명히 경쟁력이 생겼다. 09년의 LG는 FA 영입 효과와 팀 분위기 상승으로 5월 초반 8연승까지 달리며 상위권으로 도약하기까지 하였다.

하지만 09년의 LG는 운이 별로 따르지 않았다. 오히려 악재만 이어졌다. 08년 최악의 팀 전력에도 두 자리 승수를 거두며 선발진의 중심으로 활약했던 봉중근과 옥스프링이 있었지만, 옥스프링은 부상으로 한 경기도 뛰지 못했다. 결국 LG는 대체 외국인 선수를 선발하였다. 하지만 옥스프링의 대체 선수로 온 릭 바우어는 부진한 투구의 연속이었고, 그나마 2군에 다녀온 이후 감을 좀 잡을 만하자 연습 도중 손가락 골절상을 입고 다시 미국으로 돌아가고 말았다. 프런트에서는 아직 시즌을 포기하기 이르다는 생각에 존슨이란 외국인 투수를 재영입하였다. 외국인 선수만 두 차례 교체했지만 이 선수 역시 이렇다 할 활약 없이 시즌을 마쳐야 했다. 08년 어깨 수술 이후 09년 복귀를 기대했던 박명환은 5월 중순 복귀하여 나름대로 재기 가능성을 보였지만, 복귀 후 세 번째 등판 경기 만에 부상이 도져 결국 전력에서 이탈하고 말았다. 6월 초순까지 6승으로 순항하던 심수창은 이후 단 1승도 추가하지 못하며 난조를 거듭했고, 정재복, 최원호, 이범준과 같은 투수들이 선발진의 구멍을 메우기에는 역부족이었다.

투수뿐 아니라 포수 쪽에서도 사단이 나기는 마찬가지였다. 06년 시즌을 마치고 은퇴했던 김정민은 08년에 현역으로 복귀한 후, 09년에 새로운 전성기를 맞으며 LG의 상승세를 주도했다. 하지만 5월 중순 광주 구장에서 불의의 아킬레스건 부상을 당한 이후 그대로 시즌 아웃 되고 말았다.

09년의 LG는 08년에 비해 전력은 나아진 듯 보였지만, 타격을 제외하고는 최하위를 기록했던 08년에 비해 별로 나아진 면이 없었다. 08년에 부진했던 마무리 우규민은 09년에도 블론 세이브를 이어간 끝에 전력의 중심에서 배제되었고, 이로 인해 마무리 투수의 공석은 2년째 이어질 수밖에 없었다. 선발진에서는 봉중근 한 명만 제 역할을 하면서 봉중근과 옥스프링 두 명이 뛰던 08년보다도 사정이 더 나빠졌다. 결국 08년과 별 차이 없었던 투수력은 밑 빠진 독에 물 붓기와 다름없는 셈이 되었고, 09년 LG의 최종 성적은 최하위였던 08

년보다 겨우 한 계단 오른 7위였다.

　LG와의 계약 마지막 해였던 3년 차에 프런트에서는 나름대로 지원을 많이 했지만 성적은 별반 달라지지 않았다. 김재박 감독이 LG의 프랜차이즈 스타 출신 감독이란 점은 있었지만 구단에서 김재박 감독과 재계약할 명분은 없었다. 김재박 감독에 대한 LG 팬들의 불만도 커진 상태였고, 구단 내부에서도 새로운 감독을 찾는 쪽으로 방향을 정하였다.

　5위-8위-7위. 임기 3년 내 우승을 목표로 한다고 취임 소감을 밝힌 김재박 감독이었지만, 재임 기간 내내 저조한 성적 끝에 LG와의 재계약에도 실패하고 LG를 떠나고 말았다. 09년 시즌을 마친 다음 날 LG는 박종훈 감독과의 신임 감독 계약을 발표했고, 김재박 감독은 조용히 떠나야만 했다.

LG에서 실패한 이유 하나

김재박 감독이 LG 감독으로 부임할 당시 그가 3년 뒤 참담한 실패만 남기고 떠날 줄은 아무도 몰랐다. 현대에서 그토록 성공적인 실적을 일궈낸 김재박 감독이 LG에서 이렇다 할 실적 없이 떠난 점에 대해서는 LG 팬들 사이에서도 의견이 분분할 수밖에 없었다. 김재박 감독이 LG에서 실패한 이유 중에는 역시나 자체 선수 양성이 미미했던 점을 우선적으로 꼽아야 할 듯하다.

　현대 시절 김재박 감독은 선수의 잠재력을 잘 발견하여 1군 전력화시킨 감독이었다. 90년대 중후반 현대의 공격적인 프런트가 우수한 선수를 끊임없이 영입하면서 전력이 강해졌지만, 2000년대 이후의 현대는 좋은 선수를 스스로 양성하여 1군 전력에 계속 조달하던 팀이었다. 어찌 보면 '화수분 야구'의 원조는 현대였던 셈이다. LG에서는 김재박 감독에게 이런 면에 대해서도 기대를 많이 가졌다.

김재박 감독의 부임과 함께 LG에는 김상현이 상무 생활을 마치고 복귀하였다. 김상현은 상무 입대 이전부터 만만치 않은 배팅 파워를 선보이며 미래의 LG 중심 타자로 기대를 모은 선수였다. 다만 김상현은 상무 입대 이전부터 3루 수비가 불안한 점이 약점이었고, 이 때문에 상무에서는 외야수로 많이 뛰기도 하였다. 하지만 김재박 감독은 김상현의 공격 잠재력을 높이 평가했고, 이 때문에 그를 주전 3루수로 낙점하며 중심 타자로 양성하고자 하였다.

07년 시즌 개막 후 김상현은 주전 3루수로 나서며 주로 6~7번 타순으로 출장하기 시작하였다. 당초 김재박 감독 구상은 김상현이 6~7번에서 부담 없이 타격을 하게 한 후 어느 정도 적응되면 5번 타순 정도로 전진 배치할 예정이었다. 김상현은 5월까지 2할 8푼 안팎의 타율을 유지했고, 대구에서 한 경기 두 개의 홈런을 치는 등 어느 정도 1군 주전으로 안착하는 듯한 모습이었다. 하지만 여름 이후 페이스가 떨어지기 시작했고 결국 시즌 초반 5개였던 홈런 숫자는 9월에 가서야 두 개를 추가해 7개로 마감하였다.

하지만 07년만 해도 김상현에 대해서는 실질적인 풀타임 첫해라는 점 때문에 시즌 초반의 페이스를 잃었다는 의견이 많았다. 김상현은 분명 거포의 소질이 있는 선수였다. 이 때문에 08년에도 김상현은 주전 3루수로 시즌을 시작하였다. 하지만 08년에는 시즌 초반 극심한 부진에 시달리며 타율 2할도 제대로 넘기지 못하였다. 2군까지 다녀왔지만 여름까지도 부진을 이어가다가 가을에 접어들며 약간의 상승세로 시즌을 마쳤다. 결국 이 정도로는 미래를 담보하기 어렵다는 판단으로 09년 정성훈의 영입과 함께 김재박 감독은 김상현을 전력 외로 분류하는 인상이었다.

김상현과 마찬가지로 이성열 또한 김재박 감독의 기대를 받은 선수였다. 이성열 역시 타고난 배팅 파워가 있었기 때문에 LG 구단 차원에서도 양성해야 할 선수임에는 분명했다. 07년부터 이성열을 자주 기용하며 가능성을 타진하던 김재박 감독은 08년 시즌을 앞두고는 이성열에게 4번 타자 프로젝트라는 명칭까지 붙이며 높은 기대감을 표시하였다.

선구안이 좋지 않고 삼진이 많은 타자의 경우 도루 능력이 좋은 1번 타자 뒤에 배치하여 타격감을 돕는 경우가 종종 있다. 이는 발 빠른 1번 타자가 출루할 경우 1루 주자의 도루를 의식하여 직구 승부가 많아지는 현상을 활용하려는 목적 때문이다. 이성열도 이러한 이유 때문인지 거포 양성을 목표로 했음에도 시즌 초에는 2번 타순으로 많이 출장하였다. 하지만 그의 장타력은 고사하고 엄청난 삼진 비율 자체가 개선되지 않았다. 당연히 이성열의 타격 성적은 이렇다 할 면이 없었다. 이에 김재박 감독은 더 이상 기다리지 못하고 그에 대한 기대를 포기하며 트레이드를 단행하였다.

앞에서 언급한 김상현과 이성열 외에도 LG에는 박병호와 정의윤이라는 좋은 타자 재목이 또 있었다. 다만 박병호는 06년 시즌을 마치고 상무에 입대했기 때문에 박병호는 김재박 감독의 임기 마지막 해인 09년에야 팀에 다시 합류하였다. 반면 정의윤은 박병호와 달리 병역 문제를 조금 유보한 상태라 김재박 사단 합류와 함께 지도를 받을 수 있는 위치에 있었다.

입단 2년 차였던 정의윤은 06년 시즌 여름 이후부터 시즌 종료 시점까지 결코 짧지 않은 기간 동안 3할이 훨씬 넘는 페이스를 보이며 시즌을 마쳤다. 이후 곧바로 김재박 사단과 만났기에 07년 시즌을 앞두고 정의윤에 대한 기대는 당연히 클 수밖에 없었다. 하지만 정의윤은 동계 훈련 기간 동안 부상으로 조기에 귀국하였고, 이후 김재박 감독에게 신임을 얻지 못하였다. 정의윤은 07년 시즌을 2할 8푼으로 마쳤고, 김상현과 이성열에 비하면 실전에서 더 나은 모습을 보이기는 하였다. 하지만 전반적으로 꾸준한 모습이 부족하였고, 김재박 감독의 신임을 충분히 얻지 못한 탓인지 출장 빈도가 그리 높지는 않았다. 이런 분위기는 08년에도 이어졌다. 김재박 감독은 08년을 준비하며 이성열에 대해서는 4번 타자 프로젝트까지 언급했지만 정의윤에 대해서는 별다른 언급이 없었다. 08년 시즌 초반 정의윤의 타격 성적은 매우 부진했고 간헐적인 출장 끝에 결국 상무 입대를 결정하며 전력 외로 빠져나갔다. 어쨌거나 정의윤 역시 김재박 감독 체제에서 별다른 성장세를 보이지 못한 셈이다.

김재박 감독의 임기 마지막 해였던 09년, 박병호가 상무 생활을 마치고 복귀하였다. 박병호는 1차 지명자라는 점과 평소 성실한 훈련 태도로 인해 LG 팬들의 기대도 다른 유망주들에 비해 더 높은 선수였다. 지난 2년간 김상현과 이성열을 통해 거포 육성을 모색했던 김재박 감독이 박병호의 잠재력을 그냥 지나칠 리 없었다.

　김재박 감독은 09년 개막전부터 박병호를 주전으로 출장시키며 그의 장타력을 살리려고 노력하였다. 하지만 상무 입대 전과 마찬가지로 박병호는 홈런 이전에 타율 2할을 넘지 못했다. 결국 개막 이후 대략 2주 정도 지난 시점에서 김재박 감독은 박병호를 스타팅에서 제외하기 시작하였다. 때마침 노장 최동수의 페이스가 좋았던 터라 주전 1루수는 그대로 최동수의 몫이 되고 말았다. 팀의 미래를 위해 박병호를 양성할 필요는 분명 있었지만, 그렇다고 3할 안팎의 타율을 기록 중인 최동수를 벤치에 앉힐 수는 없는 노릇이어다. 지명 타자 자리에는 LG 역사상 최고의 외국인 타자였던 페타지니가 버티고 있었기에 박병호가 뛸 자리는 더욱 없었다. 결국 박병호는 다시 2군으로 내려갔다.

　이후 박병호는 최동수가 부상으로 빠진 시점에 다시 1군에 콜업되었다. 박병호는 1군 복귀 첫 경기에서 히어로즈의 이현승을 상대로 두 개의 홈런을 치며 LG 팬들을 설레게 하였다. 박병호는 한동안 심심찮게 홈런을 치며 이전보다 나아진 모습을 보였지만 상승세를 오래 이어가지는 못했고, 09년 역시 1할대 타율로 시즌을 마쳤다. 박병호가 아무리 방망이에 맞추기만 하면 펜스를 넘기는 힘의 소유자라 하더라도 기본 타율이 너무 낮은 상태에서 주전 기용은 무리였다. 박병호 역시 김재박 감독 시절에 1군 전력화에는 실패한 선수였다.

　이들뿐 아니라 LG에는 팬들 사이에서 '작뱅'으로 불리는 이병규(24번)도 있었다. 이병규는 08년 2군에서 4할이 넘는 타율을 기록하며 잠재력을 보였지만 김재박 감독은 이병규의 기용에 소극적이었다. 이는 김재박 감독 특유의 주전 선수를 위주로 한 선수기용과 민는 선수만 믿는 성향이 작용한 탓도 있었던 것으로 보인다. 김재박 감독의 LG 재임 시절 LG 팬들이 항상 아쉽게 생각했던 부분이 검증된 주전 선수 위주의 선수단 운용이었다. 나름대로 유망주에 대해서도 육성 의지가 없었던 것은 아니지만 양성의 대상으로 삼고 기회를 부여한 선수는 제한적이었다. 물론 국내 프로야구의 경우 1군과 2군의 수준 차이가 너무 크고, 2군에서 날아다닌 선수라 하더라도 정작 1군에서는 이렇다 할 활약을 보이지 못하는 경우도 많은 실정이다. 또한 현장의 감독이 선수를 판단하는 시각은 분명히 팬들의 시각보다 더 정확하기 마련이다. 하지만 이병규의 경우 08년부터 이미 가능성을 드러냈음에도 김재박 감독은 그의 발탁에 소극적이었다. 결국 이병규는 박종훈 감독이 부임하고 나서야 1군의 실질 전력으로 발탁되었다.

그나마 김재박 감독 시절 타자 쪽에서 유망주 꼬리표를 뗀 선수는 대졸 7년 차인 안치용이었다. 하지만 안치용은 김재박 감독이 가능성을 타진하여 1군 전력화를 목표로 기용했다기보다는 주전 외야수 박용택의 부상으로 땜질용으로 기용했다가 자리를 찾은 케이스였다. 하지만 안치용은 정작 팀이 재도약을 노리던 09년에는 이렇다 할 활약을 보이지 못하는 통에 역시나 팀 전력 증강에는 기여도가 떨어질 수밖에 없었다.

투수 쪽에서도 1군 전력화에 성공한 선수는 거의 없었다. 06년 시즌, LG는 최하위를 기록했지만 선발진에서는 심수창과 정재복, 구원진에서는 우규민이 가능성을 보이기 시작하였다. 하지만 우규민이 07년 30세이브를 기록한 점을 제외하고는 김재박 감독 시절 크게 발전하는 모습을 보인 선수가 없었다. 06년 10승을 기록했던 심수창은 07년 개막 3차전에 선발로 등판하여 비교적 무난한 투구를 하였으나, 김재박 감독은 불펜 강화를 목적으로 그를 계투조로 보직 변경하였다. 하지만 심수창은 갑작스런 보직 변경에 제대로 적응하지 못했고, 09년 초반 6승으로 상승세를 탄 점을 제외하고는 대체로 부진한 모습으로 일관하였다. 정재복의 경우 07년 여름 이후 좋은 모습을 보이기 시작하며 08년 초반에 불펜진에서 든든한 역할을 하였지만, 지나치게 잦은 등판으로 구위가 떨어지기 시작했으며, 09년 이후에는 구위 저하와 부상이 겹치면서 이렇다 할 모습을 보이지 못하였다.

08년 시즌을 앞두고는 이형종, 정찬헌, 이범준과 같은 재능 있는 투수들이 많이 입단하였다. 부상을 안고 들어온 이형종은 2군에 머물렀지만, 정찬헌과 이범준은 입단 1년 차부터 김재박 감독이 꾸준히 등판시키며 1군 전력으로 활용하고자 하였다. 정찬헌과 이범준 모두 간헐적인 가능성을 보이기는 하였지만 다른 팀의 유망주처럼 1군 무대에서 확실하게 치고 나가지는 못하였다. 그나마 입단 2년 차에 괜찮은 구위를 보이던 정찬헌은 08년의 정재복처럼 불펜진을 혼자 책임지다 여름 이후 부상으로 전력에서 이탈하고 말았다.

젊은 선수를 양성하고 활용하는 데는 별다른 성과가 없었지만 중고참 선수들의 재발견은 어느 정도 있었다. 07년 개막전에 선발 1루수로 출전한 선수는 06년에 가능성을 보인 최길성이었다. 하지만 얼마 지나지 않아 김재박 감독은 최길성을 2군으로 보내고 노장 최동수를 1루수로 기용하기 시작하였다. 최동수는 그 시즌에 규정 타석을 채우며 3할이 넘는 타율로 대기만성형 선수의 이미지를 심으며 성공적인 시즌을 보냈다. 이종열 역시 같은 시즌에 공수에서 팀에 요긴한 역할을 하였다. 마운드에서는 김민기가 부족한 감은 있었지만 나름대로 불펜진에 힘을 보탰다. 하지만 신진급 선수들의 수혈이 받쳐주지 못한 상황에서 이런 노장 선수들의 재발견만으로는 팀 전력을 지속적으로 상승시키기에 역부족이었다. 그나마 김재박 감독의 부임 첫해인 07년에는 노장 선수 중에 이런 식으로 능력을 재발견하여 전력에 활용하는 선수가 있었지만, 08년부터는 이런 사례마저 별로 나타나지 않았다. 그 와중에 신인급 선수 양성에 실패를 거듭했고, 이는 결국 부임 2년 차와 3년 차의 성적이 최하위 전력을 물려받은 부임 1년 차보다 더 좋지 않게 나오는 결과를 빚고 말았다.

LG에서 실패한 이유 둘

원래 현대 시절부터 김재박 감독의 트레이드는 대체로 성공적인 경우가 많았다. 트레이드를 항상 감독의 입맛에 맞춰 한다고 볼 수는 없지만, 어느 정도 감독의 의중이 반영된다고 볼 때 트레이드 과정이나 성과는 감독과 연결하여 평가 가능한 면이 있다. 제한된 선수 자원 활용에는 한계가 있기 마련이므로 트레이드를 통해 필요 전력을 충원하는 방법은 시즌 운용을 위해 필요하기 마련이다. 다만, 프로라는 점에서 결과에 따른 냉정한 평가는 반드시 뒤따라야 한다.

LG 감독으로 부임한 첫해, 김재박 감독은 최길성과 최만호를 롯데에 보내고 손인호, 박석민을 받았다. 이들의 트레이드 시점은 여름이었고, 대부분의 감독이 그러하듯 김재박 감독 역시 트레이드 직후 이들을 곧바로 1군에 등록하여 실전에 기용하기 시작하였다.

이때까지만 해도 김재박 감독의 선수 감별안이나 트레이드는 비교적 괜찮은 평을 받을 만했다. 최만호야 이미 노장이었지만, 최길성은 06년 시즌 LG에서 나름대로 가능성을 보인 타자였다. 그렇기 때문에 김재박 감독과 그의 사단이 함께 부임하면서 최길성은 기대를 할 만한 선수였다. 실제로 최길성은 07년 개막전에 선발 1루수로 출전하여 2안타를 기록하기도 하였다. 하지만 얼마 지나지 않아 최길성은 2군으로 내려갔고 최동수가 주전 1루수로 안착하였다. 이후 최길성은 간헐적으로 1군 무대에 등장하기는 하였지만 주로 2군에 머무는 경우가 많았고, 롯데로 트레이드 된 이후에도 뚜렷한 모습을 보이지는 못하였다.

하지만 LG로 이적한 손인호와 박석민은 나름대로 자기 역할을 하였다. 특히 손인호는 LG 이적 직후 롯데 시절과는 완전히 다른 모습을 보이며 타격에서 좋은 모습을 보이기 시작하였다. 박석민 역시 07년 후반기에 합류한 직후 LG 마운드에 어느 정도 보탬이 된 것은 사실이었다. 부임 1년 차의 트레이드는 어느 정도 실속이 있었다.

하지만 부임 2년 차인 08년부터의 트레이드는 실패를 넘어 재앙에 가까웠다.

김재박 감독이 부임 2년 차부터 단행한 트레이드는 기본적으로 성급했다. 본인이 전략적으로 양성하여 팀의 중심으로 삼고자 했던 선수가 기대에 미치지 못할 경우 쉽게 포기하는 인상을 남겼기 때문이다.

김재박 감독이 LG 감독으로 재임하던 기간 동안 항상 듣던 말이 검증된 선수 위주의 시즌 운용이었다. 이런 경향 탓에 뚜껑을 제대로 열어보지 못한 선수보다는 과거에 어느 정도 성적을 냈던 선수나 기본 기량에 대해 검증 가능한 선수를 선호하는 면이 있었다. 트레이드에서도 이런 모습이 나타났다. 이렇다 보니 부임 2년 차부터는 젊은 유망주를 쉽게 포기하고 어느 정도 중견 선수를 받아 오는 경우가 많았다. 아무래도 부임 2년 차부터는 성적으로 결과를 내야 한다는 부담이 어느 정도 작용한 때문인 듯하다.

08년 6월 LG는 이성열과 최승환을 두산으로 보내고, 두산에서 이재영과 김용의를 받았다. 이성열은 08년 시즌을 앞두고 4번 타자 프로젝트라는 이름까지 붙여가며 김재박 감독이 팀의 중심 타자로 키우려고 했던 선수였다. 하지만 전략적으로 육성하겠다는 이성열은 시즌 개막 이후 불과 두 달 만에 트레이드 되고 말았다. 또한 은퇴했던 김정민이 복귀할 정도로 백업 포수가 부족한 팀 현실에도 불구하고 백업 포수로 부족함이 없던 최승환을 쉽게 보낸 점은 많은 이들의 고개를 갸우뚱하게 만들었다.

아마도 당시의 트레이드를 통해 김재박 감독은 두산 시절 불펜진에서 강한 임팩트를 보였던 이재영에게 거는 기대가 컸던 모양이다. 실제로 김재박 감독은 이재영의 이적과 동시에 곧장 선발로 기용하기도 하였다. 물론 이재영과 함께 김용의라는 발 빠른 내야수를 함께 받았지만, 김재박 감독이 전력에 당장 활용하고자 했던 선수는 군 입대 이전 불펜 투수로 좋은 구위를 보였던 이재영이었을 가능성이 높다. 이재영은 08년 후반기부터 다소 안정되는 면을 보이기 시작하였다. 이후 09년 6월부터 두 달 정도는 마무리 투수로 좋은 모습을 보이기도 하였다. 하지만 이재영의 LG 시절 활약은 09년 두 달이 전부였다. 반면 두산으로 이적한 이성열의 경우, 08년과 09년에는 그리 뚜렷한 모습을 보이지 못했지만, 10년 시즌 24홈런을 기록하며 거포의 가능성을 어느 정도 드러냈다. 이재영에 초점을 맞춘 트레이드였지만, 이재영은 LG에서 '반짝' 활약만 한 이후 SK로 떠났고, 이성열은 여전히 두산의 1군 선수로 뛰고 있다. 결과적으로 이 트레이드는 두산으로 크게 기운 트레이드로 결론 내릴 수밖에 없다.

09년에는 김상현과 박기남을 KIA로 보내고, 강철민을 받았다. 김재박 감독 자신이 전략적으로 공을 들이던 유망주 타자를 포기하고 투수를 데려왔다는 점에서 08년의 이성열 트레이드와 성격이 비슷한 트레이드였다. 물론 09년의 트레이드는 정성훈의 FA 입단으로 김상현이 주전에서 밀린 상태였고, 이 때문에 잉여 자원이 된 김상현을 트레이드 카드로 활용하여 부족한 투수력을 보강하기 위한 조치였다. 따라서 애초의 의도만 놓고 보자면 이 트레이드의 시도가 좋지 않았다고 보기는 어렵다. 더구나 전년도에 거포 육성을 포기하고 트레이드한 이성열이 이때만 해도 LG 시절과 별 차이가 없었기 때문에 김상현 트레이드를 통한 부메랑 효과도 당시에는 미처 생각하지 못했을 수도 있다.

하지만 이는 LG 측과 김재박 감독의 명백한 오판이었다. 김상현은 KIA로 이적과 동시에 잠재력을 폭발시키며 KIA의 우승을 이끌고 MVP까지 수상하였다. 하지만 이보다 더 큰 문제는 트레이드로 받은 선수였다. 강철민이 트레이드 당시부터 부상이 있다는 점을 LG에서도 알고 있었다. 다만 강철민의 부상이 거의 회복되었고 구위도 아주 좋아졌다는 불확실한 정보만 믿고 덥석 트레이드를 시도한 점이 문제였다. 물론 이런 트레이드를 시도한 이면에는 김상현이 2할 5푼 이상 치기는 어려울 것이라는 내부적인 판단도 한몫했을 가능성이 높다. 하지만 김재박 감독이 현대 감독으로 있던 시절, LG는 내야수 박종호의 재기가 어려울 거란 막연한 판단으로 은퇴 시점이 다가오는 최창호와 트레이드 하여 훗날 크게 손해를 보았던 기억이 있었다. 김재박 감독이 현대 시절 LG의 악수(惡手)를 보고도 정작 LG 감독으로 부임하여 비슷한 악수를 범했다는 건 무척이나 아이러니한 일이다.

결과적으로 김재박 감독 시절의 트레이드는 미래 가치를 포기하고 당장의 성적을 위해 현재 가치를 선택한 트레이드가 대부분이었다. 하지만 대부분이 기대에 미치지 못했고, 시간이 지난 지금 시점에서 볼 때, 전력 강화는 고사하고 오히려 타 구단에만 도움을 준 셈이 되고 말았다. 이처럼 어처구니없는 트레이드 실패로 인한 후유증은 아직도 LG 구단에 부담으로 남아 있기도 하다. 김재박 감독이 LG에서 재계약에 실패한 이유 중에는 성적 부진뿐 아니라 트레이드 실패에 대한 책임도 어느 정도 포함되었을 가능성이 높다.

김재박 감독과 LG 구단의 불편한 진실

LG가 김재박 감독을 영입한 배경에는 그동안 검증된 시즌 운영 능력뿐 아니라, 현대 시절 가용 자원의 활용 폭을 넓히고 유망주를 발굴한 경력을 높이 산 이유도 분명히 있었을 것이다. 이 때문에 LG는 현대 감독으로 내부 승격한 김시진 투수 코치를 제외하고는 현대의 코치진 대부분을 김재박 감독과 함께 영입하였다. 김재박 사단을 그대로 LG에 옮겨 온 것이다.

하지만 김재박 감독 부임 기간 동안 현대 시절과 비교해 투수와 타자 모두 이렇다 할 성장세를 보인 선수도 없었고 팀의 주축으로 자리 잡은 선수 또한 거의 없는 실정이다. 그나마 이대형만 1군 전력화되었을 뿐이다.

물론 전술한 바와 같이 07년 부임 이후 노장 선수들의 재발견에는 성과가 있었다. 최동수, 이종열의 07년 활약을 비롯하여, 은퇴했던 김정민 코치가 현역으로 복귀하여 은퇴 이전보다 더 좋은 평가를 받기도 하였다. 하지만 30대 중반을 넘긴 선수로 팀을 재편성하기에는 한계가 있을 수밖에 없었다. 타 구단에서 지속적으로 젊은 선수들을 스타급 선수로 배출하는 모습과 비교하면 젊은 선수 양성에는 실패하고 30대 중반의 노장 선수들에게서 가능성을 찾는 모습 자체가 초라해 보이기까지 한 것 또한 사실이다.

젊은 선수 양성에서 실적을 내지 못한 건 김재박 감독의 실패라고 볼 수 있지만, 조금 더 포괄적인 측면에서 접근할 필요도 있다. 고질적인 문제로 지적받은 LG의 선수 양성 시스템이 부실한 탓도 배제할 수 없기 때문이다. 하지만 김재박 감독이 자신의 사단을 대부분 이끌고 LG 감독으로 부임했고, 선수단 운용의 큰 틀을 감독이 직접 짠다는 점에서 김재박 감독은 유망주 육성의 부진에 대한 책임에서 자유롭기는 어렵다.

　LG는 김재박 감독 영입 당시 그를 보좌할 코치진뿐 아니라 프런트 직원들도 상당수 함께 영입하며 현대 프런트를 LG 프런트에 이식하고자 하였다. 현장에서 좋은 평가를 받은 현대 프런트를 함께 이식하여 구단 운영에 내실을 다지기 위함이었다. 실제로 LG는 이후 신인 지명과 외국인 선수 수급에서 이전보다는 개선된 모습을 보여주었다. 08년 이후 LG의 신인 지명은 비교적 괜찮은 평가를 받고 있으며, 실패를 거듭하던 외국인 선수 스카우트 역시 이 무렵을 기점으로 부도율을 크게 낮추고 실질적인 전력 증강에 도움이 되는 선수들을 제대로 뽑고 있다.

　한편으로 생각하면 LG 구단은 내부적으로 김재박 감독 체제를 길게 가져갈 생각을 가지고 있었던 듯 싶다. 그렇기에 김재박 사단을 영입하면서 현대 프런트 인사들도 상당수 함께 영입한 것으로 보인다. 하지만 김재박 감독은 LG 감독으로 재임하는 동안 저조한 성적에서 벗어나지 못했고, LG와의 인연은 더 이상 이어가지 못했다. 김재박 감독 체제의 장기간 유지를 염두에 두고 프런트까지 새판을 짰던 LG 구단 입장에서는 여러 면에서 애초 구상이 틀어지고 만 셈이다.

　현대에서 옮겨 온 프런트 직원들에 대해서는 팬들 사이에 다양한 평가가 혼재하고 있다. 이들이 오면서 LG가 신인 지명이나 외국인 선수 스카우트에서 나아진 면은 분명히 있다. 하지만 한편으로는 이들이 구단 운영에 마냥 좋은 역할만 하고 있지 않다는 시각 또한 존재하고 있으며, 실제로 일부 인사들이 구단 운영에 불필요한 역할을 하면서 정치 세력화되었다는 지적도 있다. 김재박 감독과 해피엔딩을 만들지 못한 LG 구단의 불편한 진실 중 하나이다.

늦게나마 명감독에게 박수를

프로야구 출범 무렵 현역 선수였던 김재박 감독은 야구를 좋아하는 많은 아이들의 우상이었다. 또한 현역 시절의 김재박 감독은 청룡 시대를 거친 LG 팬들에게 자랑거리 중 하나였다. 성공적인 현역 생활을 마친 김재박 감독은 감독으로도 비교적 성공하였다. 하지만 안타깝게도 감독으로서의 성공은 프랜차이즈 팀인 LG가 아니라 현대에서였다. 오히려 LG 감독으로는 참담한 실패만 남겼다. 이후 감독직에서 물러난 지 2년 이상 지났지만 여전히 타 구단의 부름을 받지 못하고 있다.

명선수가 언제나 명감독이 되는 것은 아니고, 명감독이라 하여 언제나 좋은 성적만 남기기는 어렵다. 하지만 김재박 감독은 명선수이면서 비교적 명감독의 반열에 오른 인물이었다. 그렇지만 LG 시절의 저조한 성적으로 인해 그의 감독 경력에는 적지 않은 흠집이 생기고 말았다. 물론 LG에서도 감독으로 성공해 LG 팬들의 추억을 되살리고, LG에서 오래 동안 감독 생활을 이어가며 LG의 프랜차이즈 스타로 다시금 남았으면 더 좋았을 것이다. 하지만 세상일이란 언제나 마음대로 되지 않기 마련이다.

김재박 감독이 LG에서 실적이 좋지 않았다고 하여 그의 감독 경력 전체를 폄하할 필요는 없다. 그는 4회 우승의 족적을 남겼고, 현대 시절 감독과 프런트의 성공적인 공생 모델을 제시하였으며, 구단의 지원이 끊어진 이후에도 팀이 자생력을 갖추는 모습을 보여준 감독이었다. 비록 LG에서는 팬들의 기대에 부응하지 못했지만, 현대에서의 대성공만으로도 김재박 감독은 좋은 평가를 받을 자격이 충분하다고 본다.

앞으로 김재박 감독의 현장 복귀는 장담하기 어렵다. 이미 새로운 감독들이 프로야구판에 많이 등장했고, 이들 중 상당수가 자신의 색깔을 드러내며 프로야구를 풍성하게 하고 있기 때문이다. 어제의 명장이 언제나 오늘의 명장이 될 수는 없는 일이고, 새로운 명장은 늘 나오기 마련이다.

하지만 지나간 명장에 대해 지나치게 박한 평가를 할 필요는 없다. 사회 각 분야에서 전임자에 대한 예우가 필요하듯, 프로야구에서도 지나간 명장의 공로에 대해서는 분명히 인정하고 넘어갈 필요가 있다. 현역 선수와 감독을 모두 거치며 프로야구계에 크게 기여한 김재박 감독에게 조금 늦은 감이 있지만 아낌없는 박수를 보낸다.

글. 남재호

김성근

| 생각하는 야구란 무엇인가 |

2011년 프로야구가 끝나고 SK 팬들이 가장 안타까워한 것은 준우승보다 더 이상 김성근 감독을 볼 수 없다는 것이었다.

인천은 야구를 제일 처음 받아들였고 아마야구를 이끌었지만 프로에선 꼴찌를 도맡아 해왔다. 그런 인천 팀을 최초로 4강에 올려놓고, 2007년부터 1-1-2-1이라는 성적으로 SK 왕조를 이끈 주역은 김성근 감독이다. 그러고 보면 괜히 '인천 예수'라는 별명이 붙은 게 아니다.

한 직종에 20년 이상 종사하면 장인이라고 부른다. 김성근 감독은 50년 이상 야구의 길을 걸었고 야구의 신이 되었다.

야구는 참 특이한 스포츠다. 축구나 농구, 배구와 달리 감독도 선수들과 같이 유니폼을 입는다. 감독이나 코치가 경기장에 들어가서 투수도 교체하고, 항의도 하는 등 경기에 직접 관여하기도 하지만 더 중요한 이유는 감독도 경기에 직접 참여하기 때문이다.

경기 시간이 3시간이라고 할 때 직접 던지고 치는 시간은 길어야 한 시간 정도에 불과하다. 나머지는 감독, 코치, 선수들이 치열하게 사인을 주고받으면서 작전을 짜는 시간이다. 이 작전의 80% 이상은 감독에게서 나온다.

한번은 무사 1루 상황에서 1루 주자가 갑자기 2루로 뛰더니 죽어버렸다. 김성근 감독이 어이가 없어서 "너 왜 뛰었냐?"라고 묻자, "감독님께서 코를 만지셔서 도루 사인인 줄 알았습니다."라고 하더란다. 생각해보니 그때 코가 가려워서 무심코 긁었는데 사인으로 보였다니, 감독은 아차 했다.

야구에서 감독의 역할을 보여주는 대표적인 사례다.

게다가 감독은 투수 교체도 직접 지시한다. 야구에서 가장 어려운 일이 투수 교체다. 투수 교체란 것이 결과론이기에 잘해야 본전이고 잘못되면 감독이 모든 비난을 받는다.

2010년 한국시리즈 4차전으로 돌아가보자.

"그때 글로버가 4회까지 호투했어. 그런데 5회 올라와서 투구하는 걸 보니 승리투수가 되려는 욕심이 보여요. 그래서 불안하다고 생각했는데, 아니나 다를까 막 흔들려요. 그래서 전병두를 교체했는데 공이 높아요. 그래서 전병두도 1회만 던지고 내려갔다고. 그런데 이게 잘못이었어요. 정우람을 올렸는데 손톱이 안 좋아서 그런지 공이 자꾸 높아요. 전병두를 빨리 내려버려서 이승호, 송은범도 덩달아 빨리 올라와버렸어요. 그런데 송은범도 어깨가 아파서 못 던지겠대요. 이거 완전 비상이에요. 그래서 어쩔 수 없이 김광현이 올라왔어요. 판단 미스 하나로 우리는 총력전이 돼버렸어요. 그때 졌으면 5차전이 없었겠죠. 지금 생각하면 아찔해요. 그런데 밖에서는 내가 편하게 앉아 있는 줄 알지.(웃음)"

선수들은 몸으로 경기를 하지만 감독은 더그아웃에서 머리로 경기에 참가한다. 잉글랜드의 명문 축구팀인 맨체스터 유나이티드의 감독인 퍼거슨 경은 축구감독에 대해 이렇게 말했다.

"축구경기의 99%는 선수들이 한다. 감독은 1%의 역할만 할 뿐이다. 하지만 그 1%가 없다면 100%가 될 수 없다."

하지만 야구는 선수들과 감독이 같이 한다. 그래서 미국에서는 마에스트로, 해군제독과 함께 남자가 할 수 있는 명예로운 직업으로 프로야구 감독을 꼽나 보다.

지옥훈련? 그냥 쉬는 게 나아

김성근의 야구 하면 떠오르는 것이 바로 '지옥훈련'이다. 김성근식 야구는 강한 훈련을 바탕으로 하는 야구다. SK가 좋은 성적을 올리다 보니 현재 프로야구는 김성근식 훈련야구로 가고 있다. 그런데 이런 현상에 대해서 김성근 감독은 부정적이다.

"지옥훈련? 그냥 쉬는 게 나아."

지옥훈련에 부정적인 사람이 자신의 팀은 지옥훈련을 시킨다니 참 아이러니하다. 그런데 여기엔 분명한 차이가 있다.

"훈련할 때는 마음가짐이 중요하다. 이건 노동이냐 일이냐의 차이다. 시간을 길게 했다고 베스트가 아니다. 베팅을 1,000개 한다고 했을 때, SK는 100%로 한다. 다른 팀은 60~70% 정도다. 즉 시간은 흘러가는데 남는 게 없다. 이게 차이다."

실제로 서울의 모 팀은 2005년부터 매년 지옥훈련을 실시했다. 하지만 지금까지 가을야구는 해보지 못했다. 왜 그럴까? SK 야구는 무식하게 훈련만 하는 야구가 아니라 생각하는 야구다. 공을 던지고 잡을 때마다 집중하고 생각하고 연구한다. 실제 경기를 봐도 가장 짜임새 있고 창의적으로 플레이하는 팀이 SK다.

'1%의 영감이 없으면 99%의 노력도 소용없다'고 했던 에디슨의 말을 '천재는 1%의 영감과 99%의 노력으로 이뤄진다'라고 잘못 전달했던 기자의 실수와 같다. 일에는 노력도 중요하지만 어떤 생각을 가지고 하느냐가 더 중요하다는 의미다.

SK는 시즌 중에는 팀 미팅을 자주 하지 않는다. 하지만 동계훈련 기간에는 매일 팀 미팅을 갖는다. 훈련이 끝나면 30분 정도 김성근 감독이 직접 강연을 하는데, 일종의 정신교육인 셈이다. 강연의 내용은 바로 '야구와 인생'이다.

김 감독이 선수들을 만나면 가장 먼저 묻는 질문이 있다.

"너에게 야구란 무엇이냐?"

"제 인생의 전부입니다."

"전부라면 왜 최선을 다하지 않는가? 전부라는 건 바로 자기 생명이다. 생명을 걸고 무조건 앞으로 나가라. 네 움직임 하나에 너와 관련된 모든 사람들이 울고 웃는다. 야구나 인생이나 일구이무(一球二無)다. 공 한 개에 최선을 다해라. 다음은 없다."

이렇게 말하면 감동을 받고 우는 선수들도 있다고 한다. 선수들은 그때 야구가 뭔지, 자기가 무엇을 해야 하는지를 느낀다. 그러고 나면 쓸데없는 생각을 안 한다. 동계훈련에서 하는 미팅은 야구를 떠나서 인생을 다시 생각하는 계기가 되는 시간이며, 이것이 야구에 대한 열정과 훈련의 집중으로 이어진다.

이것이 바로 김성근표 미팅인 것이다.

"리더는 방향 설정을 해주는 사람이지 끌고 가는 사람이 아니다."

머리가 아니라 몸이 반응해야 한다

잦은 미팅으로 선수들에게 방향을 정해주고, 야구에 대한 열정을 심어준 후에야 본격적인 훈련이 시작된다. 이때부터 훈련은 지옥 그 자체다. 다른 팀과 차이가 있다면 SK는 100% 집중력으로 훈련에 임한다는 것이다. 펑고를 받다가 기절하고 깨어나면 어김없이 공이 날아온다. 그리고 수없이 배트를 휘두르고 또 휘두른다. 그러면 김성근 감독이 묻는다.

"무엇을 느꼈느냐?"

어리둥절해 하면 차가운 한마디가 날아온다.

"계속 쳐라."

몇 시간째 펑고를 받아낸 김강민. 드디어 마지막 공을 잡았다. 이때 김성근 감독은 홈 플레이트에 박스를 세워놓고 이렇게 말한다.

"여기에 공을 집어넣어라. 못 넣으면 처음부터 다시 한다."

김강민 선수는 생명의 위협을 느꼈단다. 그래서였을까? 최고의 집중력을 보이며 홈으로 송구한다. 그야말로 일구이무다. 결국 공은 박스 안에 들어갔고 훈련은 마무리됐다. 선수들은 훈련하면서 수백 번씩 절벽 아래로 떨어진다. 그리고 다시 올라온다. 이것이 김성근표 지옥훈련이다.

"훈련이나 시합이나 집중력을 유지하는 것이 가장 중요하다. 그런 와중에 반복훈련을 해야만 몸이 반응할 수 있다.”

이것이 김성근의 야구이며 다른 팀과 다른 점이다. 이렇게 훈련했는데 진다면 얼마나 억울하겠는가.

2007년 SK 야구는 강해졌다. 선수들도 독기를 품고 달려들었다. 설사 크게 지고 있더라도 악착같이 달려들었다. 왜 그러냐고 묻자 SK 선수들의 대답이 걸작이다. 훈련한 것을 생각하면 억울해서 질 수가 없단다. 끝까지 달려드니 포기란 있을 수가 없다. 포기하지 않고 달려드는 근성은 억울함에서 나왔다.

“프로는 억울해야 해요. 억울하다는 건 최선을 다했다는 거예요. 최선을 다하면 결과는 따라와요.”

“마음이 중요하다. 100%를 해야만 효과가 있다. 그 집중력이 경기에 나오는 것이다.”

야구는 사람이 하는 거야, 그러니까 포기하지 마

SK는 프로야구 30년 사상 최초로 5회 연속 한국시리즈에 진출한 강팀이다. 하지만 2007년 시작은 정말 미약했다. SK 감독으로 내정된 후 김성근 감독은 정장을 입은 채로 선수들이 훈련하는 곳으로 갔다. 그리고 선수들을 보면서 말했다.

“야구 참 못한다.”

선수들을 처음 본 날, 김 감독의 마음은 착잡했다.

“쌍방울, 태평양, LG, SK 감독으로 처음 간 날에는 하기 싫었어요. 계약 파기하고 싶었어요. 선수들이 형편없었죠. SK도 2006년 가을에

야구장에서 봤는데, 첫 주에 고대구장에서 했어요. 그런데 선수들 중에 나보고 인사하는 사람이 없어. 진짜 큰일 났다 싶었어요."

국내 최고의 수비력을 보여주고 있는 정근우, 최정, 박재상, 김강민, 조동화도 2007년 당시에는 프로선수가 아니라는 말을 들어야만 했다.

하지만 김성근 감독에겐 절대 변하지 않는 믿음이 있었다.

"사람이란 잠재의식만 있으면 잠재능력을 얼마든지 개발할 수 있다. 한계를 짓지 마라. 노력하면 다 이룰 수 있다."

"보통 선수는 안 된다는 생각을 먼저 하기 때문에 안 되는 것이다. 더 나은 선수는 안 되는 게 있으면 그걸 고치겠다는 열정이 있다. 고치겠다고 마음먹으면 달라질 수 있다."

그렇기에 선수들을 평등하게 대한다. 실제로 2007년 SK는 모든 것을 0에서 시작했다. 2006년 후반기부터 두각을 나타냈던 박재상 선수. 2007년부터는 주전으로 뛸 수 있겠다는 기대감에 잔뜩 고무되어 있었다. 그런데 김성근 감독이 부임 뒤 한 첫마디로 그 기대가 산산이 깨져버렸다.

"이제 처음부터 다시 시작한다."

순간 하늘이 노래졌단다. 주전이 아닌 선수도 이 정도니, 주전들은 어땠을까? 그래서 처음엔 고참 선수들과의 마찰도 있었다. 박재홍 선수는 인사도 안 했단다. 하지만 김성근 감독의 한결 같은 모습에 모두 마음을 모아서 훈련했고 우승을 이뤄냈다.

야구와 인생에 대해서 생각하고 목표를 정한다. 선수들은 그 목표를 위해 최선을 다하고 감독은 선수들에게 기회를 준다. 그것이 반복되면서 선수들은 다양한 상황에 대처할 수 있게 됐고, 지금의 SK 야구가 완성됐다.

김성근 감독의 말을 직접 들어보자.

"자기가 눈으로 보고, 듣고, 자신의 프레임에 얼마나 집어넣느냐 그리고 상대방에게 어떻게 맞춰나가느냐가 중요하다. SK 선수들은 이걸 할 줄 안다."

"내가 아이들에게 알려주고 싶은 것은 너희들이 포기하지 않으면 나도 포기하지 않겠다, 이것이다."

"야구는 하드웨어도 중요하지만 소프트웨어도 중요하다."

"기회는 언젠가 분명히 온다. 내 것을 확실히 만들어놓고 기다리고 있어야 한다. 처음 가졌던 목표를 마무리 지어 놓지 않으면 기회가 왔을 때 허둥댈 수밖에 없다. 연습 양이 많다고 만족하지 말라. 양이 문제가 아니라 그 속에서 내 것을 찾고 만드는 것이 중요하다.

한 번 포기하면 포기도 버릇이 된다. 할 수 있을지 걱정하지 말고, 된다고 마음먹고 부딪쳐라."

하나의 가능성을 찾는다. 지푸라기라도 잡자

김성근 감독이 야신으로 불리는 이유는 약팀을 강팀으로 만들었기 때문이다. 그래서 책 제목도 《꼴찌를 일등으로》이다.

그렇다면 어떻게 꼴찌를 일등으로 만들었을까? 그것은 바로 절박함이다. 그래서 그는 상식이라는 말을 싫어한다.

"나는 상식 속에서 노는 사람들이 싫어요. 상식으로 노는 사람은 상식 속의 결론밖에 없어요. 그러면 세상에 못 이겨요. 비상식에서 놀아야지. 비상식은 위험하고 실패하는 거예요. 계속 실패하면서 느끼고, 벼랑 끝으로 몰아요. 그러면 방법이 나와요.”

큰 이승호 선수가 LG에서 SK로 왔을 때 폼이 무너진 상태였다. 특히 공에 힘이 많이 떨어져 있었다. 그때 우연히 테니스 경기를 보다가 방법이 떠올랐다. 테니스에서 서브를 할 때 선수들은 무릎을 사용한다. 이것을 투구할 때 적용하면 되겠다 싶어서 큰 이승호, 가토쿠라 켄, 작은 이승호, 이재영, 전준호, 김광현에게 무릎을 쓰게 했다. 결과는 대성공이었다.

“끈기와 집념과 신념만 있으면 충분하다. 생각하는 대로 인생이 이뤄진다. 죽고 사는 건 자신의 마음속에 있다. 극복해야 새로운 길이 열린다.”

“재능이나 지식이 없어도 내가 가진 걸 잘 활용하면 성공할 수 있다. 실패가 많을수록 강하다. 고민을 이겨내야 한다. 집념을 갖고 할 수 있다고 믿어라.”

그래서 김성근 감독은 항상 공부하고 연구한다. 김성근 감독의 유일한 취미는 잠이다. 나머지는 야구 생각뿐이다.

이런 김성근 감독에게도 한 가지 고민이 있다. 자신이 너무 모른다는 것이다.

“상식은 가르칠 수 있다고 생각한다. 하지만 상식이라는 건 편견일 수 있다. 그래서 책을 읽는다. 일본 야구, 메이저 야구도 본다. 안 되고 되고가 아니라 어떻게 하면 베스트로 할지를 고민한다. 이걸로 됐다는 하나도 없다. 그래서 선수가 괴롭다.”

평고를 칠 때도 선수들이 잡기 힘든 곳으로 치려고 노력하는 감독. 평고를 치기 위해 꾸준히 웨이트 트레이닝을 하는 감독. 이 노력은 고스란히 선수들에게 전달되고, 그것이 팀의 힘이 된다.

"야구는 타자가 3할을 치면 잘하는 거예요. 그러면 좋아해요. 나머지 7할은 어디 갔나 싶어요. 나는 그 7할을 쫓아요. 그래서 비난도 많이 받고, 고생도 많이 했어요. 하지만 나는 그냥 내 길을 가요. 그러다가 다시 3할을 치더라도 그건 성공한 거예요. 내용 있는 3할이니까. 감독은 항상 공부하고 바빠야 돼요. 그래야 선수들한테 뭐라도 하나 줄 수 있어요. 결국 지도자는 고민이 깊어야 해요."

"소극적으로 생각하면 발전할 수 없다. 시행착오를 겪어야 앞으로 나아갈 수 있다. 떨어지면 언제든 올라가면 된다. 떨어졌다고 좌절하거나 잘할 수 있을까 의문을 갖지 말고 왜 떨어졌는지부터 생각하라. 불가능은 마음속에 있는 것이다. 안 되면 원점으로 돌아가서 왜? 하고 묻는 일부터 다시 시작하라. 그러면 성공할 수 있다."

재미있는 야구가 뭐야?

혹자는 SK 야구가 재미없고, 투수들을 너무 혹사시킨다고 한다. 이에 대해 2010년 10월 24일 '라디오볼'에서 한 이야기가 있다. 박동희 기자는 SK 자료를 보면서 "선발, 중간, 마무리가 확실하고 투수들의 등판 일이 정확한 유일한 팀이다. 오해와 편견이 있는 게 이상하다."라고 말한다.

이어서 재미있는 야구에 대해서 토론이 벌어졌다. 재미있는 야구에 대한 김성근 감독의 반응은 이랬다.

"SK 야구는 재미없다? 그 뜻이 뭐지? 나는 모르겠다. 그런 건 SK가 높은 데 있기 때문이다. SK 야구는 높은 곳에 있어야 한다. 아니 다른 팀이 SK보다 높은 데 있으면 된다. 우리가 쫓아가면 된다. 높으니까 내려오라? 발상이 가난하다. 기업은 높은 기업을 따라가는데 왜 야구는 내려오라고 하는가? 이해가 안 간다. 이건 약자의 발상이다."

그러면서 2007년 두산의 예를 든다.

"2007년 5월에 두산의 김경문 감독이 SK의 빠른 야구를 배우겠다고 했어요. 그래서 두산이 엄청 빨라졌어. 결국 한국시리즈에서 우리가 두산의 빠른 야구에 당해서 2연패를 했어요.

우리도 그런 두산을 보고 배웠다고. 결국 우리가 그 어려움을 극복하고 우승을 했어요. 그렇게 서로 발전해가는 거예요."

또 어떤 이는 SK가 스몰볼을 하기 때문에 재미없다고 한다. 김성근 감독은 2007년부터 경질 전까지 6할 2푼 2리라는 경이적인 승률을 기록했다. 5년 동안 3번의 장타율 1위와 2번의 팀 홈런과 타율 1위를 기록했다. 스몰볼 하는 팀이 이 정도라면 다른 팀의 야구는 무슨 야구인가? 오히려 반문하고 싶다.

SK가 독주를 해서 프로야구가 재미없다고 한다. 하지만 5년 동안 SK뿐만 아니라 프로야구 관중 자체가 폭발적으로 증가했다. 2008년 베이징올림픽 우승과 2009년 WBC 준우승 때문이라고? 그 우승에 SK가 큰 공헌을 한 것은 자명한 사실이다. 2007년 이후에 한국 프로야구는 빨라졌고, 다양한 작전을 수행하며 좀 더 정교해졌다. 힘과 기교를 갖춘 한국만의 야구 스타일을 갖춘 것이다.

SK 야구는 SK 야구일 뿐이다. 재미있는 야구? 팬들이 즐기면 재미있는 야구다. 실제로 SK 팬은 많이 늘었고 즐기게 되었다. 그렇게 본다면 SK 야구는 SK 나름대로 성공했다고 생각한다. 프로야구 8개 팀은 자신만의 색깔을 가지고 있다. 자신만의 색을 잘 살리는 팀들이 하는 야구가 재미있는 야구가 아닐까?

감독은 엄한 아버지 같아야 한다

김성근 감독은 할아버지처럼 오냐 오냐 하는 스타일을 싫어한다.

"아버지는 자식을 혼내지만 잘되게 하려고 혼내는 거지 화를 풀려고 혼내는 게 아니다. 감독은 선수들의 아버지다. 선수들이 잘되게 이끄는 게 감독의 역할이라고 생각한다."

그래서 선수들에게 매우 엄격하다. 엄격함에는 몇 가지 원칙이 있다.

선수들을 모두 평등하게 대한다

열 손가락 깨물어 안 아픈 손가락 없듯이 선수들 모두가 김 감독에게는 소중하다. 그래서 모두를 평등하게 대하려고 노력한다. 특히 선수들을 비롯해서 코치, 프런트와는 식사도 함께하지 않는다. 선수들과 식사를 하게 되면 같이 식사를 한 선수는 괜한 자신감을, 함께하지 못한 선수는 괜한 상실감을 느낄 수 있기 때문이다. 용병들에게도 가차없다. 가토쿠라를 교체했을 때 마운드를 발로 차는 것을 보고 바로 2군으로 보내버린 일화나, 불만을 표시했다가 벌금을 물리자 시즌 내내 봐달라고 김성근 감독을 쫓아다닌 글로버 이야기는 유명하다.

하지만 평등에는 한 가지 조건이 있다.

"기회는 감독이 주는 것이 아니고 선수들이 잡는 것이기에 받아들이지 않는 선수를 바꿀 수는 없다는 거다. 즉 스스로 변하려고 노력할 것!"

모든 비난은 감독이 받는다

감독은 선수들의 아버지다. 아버지는 자식을 위해 비난도 감수한다. 2007년 김성근 감독 부임 이후 SK 관련 기사에 김성근 감독을 비난하는 글은 있지만 선수를 비난하는 글은 거의 없다. 경기 패배에도 언제나 자신의 판단 착오를 자책하며 모든 잘못을 자기 탓으로 돌린다.

"우승을 했어도 가장 못한 사람은 김성근이다."

2007년 윤길현 사건에서도 김성근 감독은 자신의 부덕함을 탓하며 머리를 조아리고 사과했다.

"모든 비난은 내가 받아요. 사람들이 비난해도 난 연연하지 않아요. 비난은 가슴으로 받아요. 등으로 받으면 피하는 거예요. 절대 피하면 안 돼요. 그냥 내 길을 가면 되는 거예요. 결국 진실은 통하게 되어 있고, 내가 그렇게 해야 선수들이 믿고 따라와요."

감독은 당당해야 한다

남 앞에 서려면 당당해야 한다고 강조하는 김성근 감독.

"아부해서 살아남는 것은 살아남는 게 아니다. 우직하게 자기가 하고자 하는 일을 해야 한다. 거북이는 느리지만 한 걸음 한 걸음 가지 않나. 아부를 안 해서 자주 잘렸다."

"아부하면 내 뒤에 있는 선수, 코치들을 못 가르친다. 선수들이 의지할 곳을 잃어버린다. 라인을 그려버렸기에 그 라인 안으로 못 들어온다."

"코치, 감독이 살려고 해선 안 된다. 하고 싶은 말 다 했다. 자리에 연연하지 않는다. 남한테 부탁하지 않는다. 프라이드를 가져야 한다. 살아남기 위해 감독을 하느냐 일을 하기 위해 감독을 하느냐. 나는 일을 했다."

김성근 감독이 SK를 떠나며 선수들에게 마지막 한 말은?

"나중에 맥주나 한잔 하자."

별말 아닌 것 같지만 엄청난 의미가 숨어 있다. 평소 선수들과 식사도 같이 하지 않는 감독이 같이 술을 먹자니. 이제는 감독과 선수가 아니니 편하게 대해주고 싶다는 진심이 담긴 말이다.

세심하게 보는 것이 애정이다

선수들도 알고 있다. 김성근 감독의 별명 중에 '잠자리 눈'이 있다. 잠자리 눈처럼 사방을 다 본다는 데서 나온 말이다. 선수들을 관찰하고 변화가 있으면 이에 따라 대응하는 것이 김성근식 애정이다.

아마야구에서 최고 에이스였던 김성근 감독은 혹사와 잘못된 몸

관리로 일찍 현역생활을 마무리했다. 그래서 그는 1984년에 우리나라 최초로 마무리 투수라는 보직을 만든다. 당시 OB의 에이스였던 윤석환 선수를 마무리로 돌린 것이다. 또 최초로 2군 제도를 도입함으로써 선수 육성에도 힘을 쏟았다.

"세밀하게 보고 엄격하게 적용하는 것. 이게 진정한 아버지의 마음이다."

그리고 선수들을 위해 가슴으로 운다.

"박경완이가 다리가 안 좋아서 절뚝거리면서 뛰어요. 그러면 열심히 안 뛴다고 집에 가라고 해요. 박경완이는 열심히 하려고 하는데 나는 더 다그치죠. 그렇게 말하고 나중에 혼자서 가슴으로 울어요. 나는 참 나쁜 놈이구나 하면서 울어요."

김성근 감독은 선수들을 혹독하게 대하지만 바라는 건 딱 하나다. 선수들이 프라이드를 가지고 살아가는 것이다.

"태평양, 쌍방울, SK 하면 공통점이 있어요. 그게 뭐냐? 프라이드예요. 집에 갈 때 유니폼 입고 갈 수 있는 팀을 만들라고, 그게 남자가 해야 하는 일이라고 강조해요. SK에 있을 때도 문학구장 만원 한 번 만들어보자. 만원 구장에서 야구 한번 해보자고 해요. 어마어마한 연습도 있었지만, 프라이드를 갖는 것이 굉장히 중요하지 않나 싶어요. 돈이나 다른 건 얼마든지 만들 수가 있어요. 하지만 자기 프라이드는 만들기 쉽지 않아요."

우리가 어릴 때 아버지는 슈퍼맨이었다. 김성근 감독은 남들 앞에서 절대 약한 모습을 보이지 않는다. 선수들이 기댈 곳이 자기밖에 없기에 절대 약해지지 않으리라 다짐했고 그 약속을 지키고 있다.

"숲이 아닌 나무를 볼 때도 필요하다. 인간에 대한 작은 예의. 나중에 큰 힘을 발휘한다."

데이터 야구란 무엇인가

사전에서 데이터를 찾아보면 다음과 같이 나온다.

1. 이론을 세우는 데 기초가 되는 사실. 또는 바탕이 되는 자료.
2. 관찰이나 실험, 조사로 얻은 사실이나 정보. '자료'로 순화.

김성근의 야구를 데이터 야구라고 한다. 김성근 감독은 경기 중에 열심히 적는다. 흔히 '데스노트'라고 불리는 이 노트에는 경기의 모든 상황이 기록된다. 그래서 김성근의 야구는 확률에 기초한 피도 눈물도 없는 야구라고 생각하는 사람들이 있다. 그런데 김성근표 데이터 야구는 조금 다르다. 그냥 그때그때 다르다.

데이터 야구의 시작은 역시 데이터다. 사람들은 좋은 기록을 데이터의 기준으로 본다. 하지만 김성근 감독은 최악의 상황을 그 팀의 전력으로 본다. 여기에 차이가 있다. 최악의 상황에서 최선의 결과를 찾는 것이 데이터 야구다.

"모든 마이너스의 합이 그 팀의 전력이다."

"위기가 오면 이미 늦은 거다. 그래서 준비가 중요하다. 2년 전에 스프링캠프 예약을 하는 팀이 SK다. 최악을 상정해서 준비하니 위기가 안 온다."

2007년 이후 별다른 전력 보강은커녕 전력 이탈만 있었던 SK가 1-

1-2-1을 할 수 있었던 건 바로 최악의 상황을 대비한 준비에 있다.

김성근 감독은 시즌 전에 승수를 본다. 자신들의 선발 로테이션과 상대팀의 투수 로테이션을 가상으로 돌려본다. 거기서 일주일에 3승, 5승…. 이런 식으로 승수를 계산한다. 거기서 투수 로테이션을 미리 짜고 시즌을 준비하는 것이다. 물론 예상처럼 시즌이 흘러가지 않는다. 하지만 거의 비슷하게 맞아 들어간다. 김성근 야구의 전력은 항상 최악의 상황을 계산한 전력이기 때문이다.

시즌 전에 승수를 계산한다는 것은 많은 장점이 있다. SK는 이길 경기에는 총력전을 하고, 분위기가 기울었다면 다음 수를 생각한다. 그렇다고 포기는 아니다. 승부가 결정된 상황에서 투수 교체를 한다는 것은 내일을 보는 것이다. SK는 항상 다음을 준비한다.

김성근 감독은 항상 선수들을 유심히 살핀다. 야구는 사람이 하는 것이다. 거기서 나온 데이터니 사람에 따라 달라질 수밖에 없다. 그래서 선수들의 강, 약점을 파악하는 것은 기본이다. 당연히 작전도 그때마다 다르다.

"미국에선 초구든 쓰리 볼이든 무조건 치라고 해요. 하지만 이건 3할을 치는 타자에게 해당되는 말이에요. 1할을 치는 선수는 쓰리 볼이면 걸어 나가는 게 나아요. 초구 공략이 유리하다고 하지만 이것도 투수에 따라 달라요. 제구가 좋고 초구를 스트라이크 던진다면 당연히 초구 공략이 좋아요. 하지만 제구가 나쁘다면?"

그런데 이런 데이터는 무시하고 그냥 확률이 이렇다고 하면서 적용하는 사람들이 많다. 실제로 2011년 플레이오프에서 롯데가 많이 보여준 장면이다. 찬스마다 초구를 공략한 롯데는 결국 득점과 연결시키지 못하면서 SK에게 패했다. SK 선수들은 롯데 선수들이 초구를 좋아하는 것을 알고 유인구성 변화구로 유인했다. 여기에 롯데 선수들이 걸려든 것이다.

SK의 데이터 야구가 빛을 발한 것은 2010년 한국시리즈다. 삼성의 경기를 분석한 SK의 전력 분석팀은 정근우, 김강민이 수비의 핵이 돼야 한다고 말했다. 그러면서 정근우와 김강민 중심으로 수비 연습을 했다.

한국시리즈 1차전에서 삼성 선수들은 김광현의 호투에 기가 눌렸다. 플레이오프 MVP 박한이가 타석에 들어섰다. 박한이가 친 공은 완벽한 안타성 타구였다. 그런데 김강민은 서서 그 공을 잡아버렸다. 박한이 선수는 아쉽게 고개를 떨구어야만 했다. 타격감이 절정이었던 삼성 타자들은 이 수비를 보고 타격 폼을 수정하게 된다. 그러면서 타격감이 떨어지게 되고 결국 SK의 완승으로 한국시리즈는 끝났다.

2011년 준플레이오프 2차전도 마찬가지.

2 대 1 상황에서 7회 말 SK 공격. 기아의 로페즈는 연습 투구에서 슬라이더만 던졌다. 이를 본 SK 코치진은 슬라이더 각이 예리하지 못함을 보고 슬라이더를 노린다면 큰 것이 나올 수 있겠다는 생각을 한다. 그리고 안치용 대타 출동! 결국 동점 홈런! 이 홈런이 SK를 승리로 이끌었고 결국 SK는 기아, 롯데를 꺾고 한국시리즈에 진출했다.

이렇게 데이터를 중시하지만 데이터와 상반되게 움직이는 것이 하나 있다. 그것은 바로 번트! 메이저리그에서 조사한 결과 무사 1루 상황에서 번트보다는 강공이 득점할 확률이 더 높다고 나왔다. 하지만 김성근 감독은 번트를 댄다.

"투수 뒤에 주자가 있다는 건 엄청난 부담이에요. 안타 하나에 실점을 할 수도 있고, 신경이 쓰여요. 그렇게 되면 집중력을 떨어뜨릴 수 있고 투구에도 영향을 미쳐요. 우린 그걸 노리는 거예요."

야구에서 데이터라는 것도 결국은 사람에게서 나온 것이다. 사람은 기계와 다르다. 실수도 하고 편차도 심하다. 그렇기에 데이터라는 것도 당연히 상황마다 사람마다 달라질 수밖에 없는 것이다.

최고의 선은 물과 같다

김성근 야구는 한마디로 상선약수(常善若水)다.

"최상의 선은 물과 같다."

물은 자유롭다. 김성근의 야구도 자유롭다. 특별한 틀이 없다. 하지만 사람들은 김성근의 야구는 딱딱하다고 한다. 잘 몰라서 하는 말이다.

"물이라고 하는 거는, 그릇에 따라 움직여요. 모양에 따라 다 달라요. 그게 인생이라고 봐요. 대응 능력이에요. 내가 태평양, 쌍방울, LG, SK에 있을 때 매번 다 달랐어요.

태평양 갔을 때는 젊은 투수 3명이 있었어요. 정명원, 최창호, 박정현. 애네들 1승도 안 한 투수들이에요. 내가 가서 3명 가지고 40승 했어요. 그리고 양상문, 임호균 같은 고참들이 24승 했어요. 고참들은 삼성, 해태 보면 주눅이 드는데 젊은 애들은 안 그래요. 겁이 없어요. 그래서 막 덤비는 거예요. 그래서 젊은 선수들 위주로 야구 했어요.

쌍방울 갔을 때는 선발투수 승률이 3할 2푼 정도 돼요. 이거 꼴찌는 맡아 둔 거예요. 3년 정도의 데이터를 봐요. 계속 보다 보니 중간투수로 해야겠다는 생각이 들었어요. 그래서 쌍방울이 벌떼야구를 한 거예요. 그 당시 김현욱이 20승 했어요. (당시 김현욱은 157.2이닝 20승 2패 6세이브 평균자책점은 1.88, Whip는 1도 안 되는 괴물 스탯을 찍는다.) 그리고 쌍방울의 기록을 보니 8, 9회에 잘 뒤집혀요. 대신에 1회에 찬스는 많이 왔는데 살리지를 못했어요. 그래서 번트야구, 소총야구 만들어낸 거예요.

또 SK에 갔을 때는 소위 말해서 핵심 멤버가 없었어요. 모든 조직이라고 하면 중심이 되는 사람이 있어야 하는데 SK는 없었어요. 특히 4번이 없어서 고민이 많았어요. 그럼 야구를 어떻게 하나? 그래서 만든 게 전원야구예요." (2009년 SK는 정근우만 홈런 9개를 쳤을 뿐 주전 8명은 두 자릿수 홈런을 기록했다. 그러면서 타율, 장타율, 홈런 1위를 기록했다.)

CEO들이 가장 존경하는 리더는 바로 조조다. 조조는 당시에 혁명적인 리더였다. 재능만 보고 사람을 뽑았고, 실용주의자였다. 김성근도 실용주의자다.

2001 시즌 3관왕(다승, 구원, 승률)을 달성한 LG의 신윤호 선수. 빠른 직구를 가지고 있었지만 제구가 안 좋았다. 이런 경우는 구속을 줄이고 제구를 잡으라고 지시하는 코치들이 많다. 하지만 김성근은 달랐다. 공이 빠르니 슬라이더(고속 슬라이더)를 많이 던지라고 지시했다. 슬라이더로 스트라이크 잡고 직구로 유인구를 던지면서 신윤

호 선수는 3관왕이라는 위업을 달성했다.

상황에 따라 최선의 대안을 찾아서 실행에 옮기는 것. 그것이 김성근의 실용주의다.

"나는 십 원짜리, 백 원짜리 야구라는 말을 많이 해요. 쌍방울에 있을 때 쌍방울은 5000원짜리 밥 먹을 때 현대는 2만 원짜리 밥 먹었어요. 우리는 여관에서 자는데 현대는 호텔에서 잤다고. 그래서 선수들이 현대만 보면 와~ 해요. 기 싸움에서 지니까 절대 못 이겨요.

나는 혼자 연구했어요. 10원짜리로 만 원짜리 야구 이기려고 노력했어요. 그래서 내가 가진 거에서 최선의 결과를 얻으려고 하다 보니 여기까지 온 거예요. 30%만 가지고 있으면 30%를 하면 돼요. 100% 하려고 하면 오히려 독이 돼요. 그러니까 자연스럽게 틀이 없어지는 거예요. 지난번에 어떤 기자가 SK처럼 중간에 좌완투수를 5명이나 쓰는 팀이 없다고 해요. 그래서 나는 당연하다고 했어요. 왜냐? 우린 좌완밖에 없으니까.(웃음) 좋은 우완 있으면 우완 썼을 거예요. 그게 SK 야구고, 김성근 야구예요. SK 보고 선발을 빨리 내린다고 하는데, 나도 선발 오래 쓰고 싶어요. 선발이 9회까지 던지면 편해요. 그런데 그게 힘들어요. 그래서 바꿔요. 무슨 식이 중요한 게 아니에요. 성공한 사람들의 여러 노하우를 내 경험과 더하면 했어요."

"리더가 생각을 바꾸면 낭비되는 자원을 줄일 수 있다. 아주 도드라진 장점이 있다면 그걸 살리는 게 우선이다."

"열린 마음으로 바라보며 얻을 것은 얻고 버릴 것은 버리면 된다."

"내가 내 속에서 벗어나지 못하면 늘 하던 대로만 할 수밖에 없다. 한걸음 벗어나서 옆에서 나를 지켜본다는 생각으로 승부에 임하니 판단의 폭이 넓어지더라."

의지만 있으면 잠재력을 얼마든지 개발할 수 있다는 것이 SK 야구였고 김 감독의 지도 원천이었다.

"하나도 놓치지 않겠다는 생각으로 하루하루를 준비하면 시간이 흐른 뒤 누구보다 많은 것을 얻을 수 있을 것이다."

"절대 리더가 먼저 포기하면 안 된다. 할 수 있을 만큼 기회를 주고 될 수 있도록 돕는 것이 리더가 할 일이다."

안 지는 야구란 무엇인가

SK 야구는 탄탄하다. 2007년부터 2010년까지 방어율 1위, 2011 시즌에는 2위를 기록했다. 방어율이 낮다는 것은 투수력이 좋다는 뜻이다. 그런데 SK는 볼넷이 많다. 실제 경기를 보면 불안할 때가 많다. SK의 진정한 강함은 투수력도 투수력이지만 수비에서 나온다. 수비에서 안타가 되는 것을 아웃으로 잡아내는 것보다 실수를 줄이는 것이 더 중요하다.

"야구에서 완성은 있을 수 없어요. 그냥 완성을 위해 나가는 거예요. 2007년에 SK에 갔을 때 이길 수 있는 팀을 만들자고 했어요. 그게 되니까 2년 후부터는 지지 않는 팀을 만들려고 하고 있어요. 지지 않는 팀은 완전해야 해요. 그런데 SK는 빈틈 투성이예요. 그래서 결과는 믿으면 안 돼요. 3 대 0으로 이겨도 어떻게 이겼느냐가 중요해요. 우리가 못해도 상대가 더 못해서 이길 수 있어요. 1년에 우리가 상대를 완벽하게 제압하는 경기가 몇 경기가 되나 싶어요. 어떤 상황에서도 상대를 제압할 수 있어야 해요. 현재 SK는 50%도 안 돼요."

그러면서 선수들에게 정신무장을 강조한다.

"선수들에게 자만하지 말고, 착각하지 말라고 해요. 자신감은 노력에서 나오지만 자만은 태만에서 나와요. 높은 곳에 있을수록 더 자신을 낮춰야 해요. 승부란 건 종이 한 장 차이예요. 승부라고 하는 건 냉혹해요. 그래서 최선을 다해야 해요."

"마음을 약하게 먹는다면 SK만큼 약한 팀도 없다. 하지만 강한 마음으로 단결한다면 SK가 가장 강하다. 이게 SK 야구다."

노장들이 설 자리를 열어줘야 한다

김성근 감독이 가장 상대하기 싫었던 팀은 어디였을까? 2009년에는 한화였고, 2010년에는 넥센이었다.

"2009년에 한화랑만 하면 너무 힘이 들었어요. 상대팀을 보면 별거 아닌데, 우리가 뭔가를 하려고 하면 이미 눈치 채고 대비하고 있어요. 시합 끝나고 나면 김인식 감독한테 전화가 와요. 전화해서 형이 이렇게 하려고 했지? 그래서 내가 이렇게 준비했어, 그래요. 그러면 나는 맞다. 내가 그래서 힘들었다고 해요. 오래 한 감독들은 자신만의 노하우가 있어요. 그런데 그런 걸 너무 등한시해요. 선수들과 젊은 감독들이 배워야 하는데 그런 기회가 없어요."

실제로 2011년은 감독 수난의 해였다. 2명만 빼고 6명의 감독이 교체됐다. 그리고 2011년에는 젊은 감독들뿐이다.

최근에 야구를 보면서 느낀 점은 감독들이 승부를 못 건다는 것이다. 승부란 경험이다. 미야모토 무사시도 싸우면서 느끼고 인생을 배웠다. 이런 경험은 혼자서 익히기는 어렵다. 연륜 있는 감독들의 모습을 보면서 빨리 배울 수 있고, 더 발전할 수 있다.

젊은 감독들은 패기와 열정은 있을지언정 노련미가 떨어진다. 또 자신만의 야구관을 확립하기가 어렵다. 머릿속으로 생각한 야구와 실제로 선수들, 팀이 하는 야구는 다르다. 야신이라 불리는 김성근 감독도 야구를 한 지 30년이 넘어서야 그것을 깨달았다.

김성근 감독이 우리에게 바라는 것

"나는 굵고 짧은 삶을 모토로 살았는데, 여러분도 그렇게 살아야 한다고 생각해요. 그리고 살면서 남 탓은 절대로 하면 안 돼요. 무언가 잘못되면 무조건 자신을 탓하세요. 그래야 길이 보이고 발전할 수 있어요. 그리고 모든 일은 즐겁게 하세요. 즐겁지 않으면 즐겁게 만들어야 해요. 나는 야구장 가는 게 즐거워요. 야구가 좋아요. 여러분도 그렇게 해야 해요. 마지막으로 안 된다고 생각하지 말고 일단 해보세요. 하면 뭔가가 나와요. 거기서 얻는 게 많아요. 실제로 나는 2002년에 많이 배웠어요. 조급하게 투수 운영해서 우리가 졌어요. 나 때문에 진 거예요. 그래서 나는 선발투수는 무조건 4일 이상 쉬게 해요. 그때는 졌지만 SK 와서는 많이 이겼어요. 마지막으로 사람들이 세상에 당당하게 맞섰으면 좋겠어요. 생각의 차이에 따라 세상은 달라 보여요. 한계를 그으면 거기까지밖에 발전하지 못해요. 누가 뭐라 하던 신경 쓰지 말고 높은 목표를 향해 나가세요. 항상 벼랑 끝에 서 있다고 생각하고 하면 안 될 일이 없어요."

김성근 감독은 자신만의 길을 갔다. 무수히 잘리고도 살아남을 수 있었던 건 자신만의 길을 개척해서 갔기 때문이다.

시대는 빠르게 변하고 있다. 우리의 인생은 태풍과도 같다. 태풍의 주위는 비바람이 몰아치지만 태풍의 눈은 고요하다. 태풍은 시대의 흐름이다. 그 흐름을 제대로 따라 갈 수 있다면 편안하게 살 수 있다. 하지만 태풍의 움직임을 어떻게 예측할 수 있겠는가. 그래서 김성근 감독의 리더십이 더 빛을 발한다.

미래를 알 수 없기에 최악의 상황을 미리 준비한다. 자연스레 최선을 다하게 되고 집중한다. 그러니까 위기가 안 온다. 세상에 정답은 없다. 이것이 정답이다. 그래서 틀에 얽매이지 않는다. 자유롭게 생각하고 최선의 방법을 찾기 위해 연구하고 공부한다.

김성근 감독이 걸어 온 길이 뒤를 따라가는 모든 사람들에게 길잡이가 되었으면 좋겠다.

글. 강정수

자료 출처

김성근 지음, 《꼴찌를 일등으로》, 자음과 모음, 2009
정철우 지음, 《리더 김성근의 9회 말 리더십》, 비전코리아, 2008
2010년 10월 24일 네이버 라디오볼
2010년 11월 9일 '김승우의 승승장구' 39회
2011년 10월 성균관대 강연회

김인식

| 야구도 결국 사람이 하는 것 |

2009년 제2회 WBC(월드 베이스볼 클래식) 야구 결승전. 결승에서 만난 운명의 라이벌 한국과 일본은 각각 봉중근, 이와쿠마를 선발투수로 내세우며 물러설 수 없는 한판 대결을 벌이게 된다. 한국팀은 3회 초 1사 1, 3루 상황에서 오가사와라에게 우전안타를 맞고 0 대 1로 끌려갔으나 5회 추신수의 솔로홈런으로 동점을 만들었고 다시 두 점을 준 다음에도 대타 이대호의 희생플라이로 2 대 3으로 따라가는 끈질긴 승부를 벌였다. 그리고 9회 말 한국의 마지막 공격, 2사 1, 2루 상황에서 터진 이범호의 극적인 동점타로 승부는 다시 원점으로 돌아갔다.

  운명의 연장 10회 초. 2사 2, 3루의 위기 상황에서 한국의 마무리 투수 임창용은 일본의 최고 타자 스즈키 이치로를 맞이했다. 이전까지 이치로는 5타수 3안타의 좋은 타격감을 가지고 있었고, 클러치 능력 역시 발군이어서 1루가 비어 있는 상황이라면 고의사구로 거르는 것이 정석이었다. 어찌된 일인지 포수 강민호는 일어서지 않았고, 볼카운트는 2-1로 투수에게 유리한 상황에서 임창용은 유인구를 계속 던졌다. 파울로 계속 커트를 하던 이치로는 2 대 2 상황에서 가운데로 몰린 실투를 놓치지 않았고 2타점 중전안타를 만들어냈다. 이 점수는 그대로 결승점이 되어 한국은 일본에 우승을 내주고 말았다.

지금도 수많은 야구팬들이 안타까워하는, 누가 봐도 무모했던 임창용의 정면 승부는 사실 사인 미스가 원인이었다. 경기 후 한국 대표팀의 김인식 감독은 공식 인터뷰에서 "이치로를 거르라는 사인을 냈다. 포수는 인지했는데 투수에게 전달이 잘 안 된 것 같다. 아직 투수에게 물어보지 않아 정확한 이유를 모르겠다."라고 밝혔다. 그리고 당시 배터리인 임창용과 강민호를 불러 다시 확인한 결과도 마찬가지였다. 김 감독의 사인이 임창용에게 정확하게 전달이 되지 않은 것이었다. 최고 명승부의 승패를 가른, 한국 대표팀 그리고 야구팬들에게는 잊을 수 없는 통한의 사인 미스였다. 많은 국민들에게 감동을 안긴 김인식 호의 '위대한 도전'이 막을 내린 순간이기도 했다.

유일한 '국민 감독' 김인식

한국 프로야구사를 빛낸 수많은 명감독이 있지만 '국민 감독'이라는 호칭을 받은 감독은 김인식이 유일하다. KBO 최다 우승을 일궈낸 김응룡도, '야신'이라고 불리는 김성근도, '현대 왕조'를 이끌었던 김재박도, 베이징 올림픽 금메달을 따낸 김경문도 '국민 감독'으로 불리지는 못했다. 최다 우승팀 감독도 아니고 왕조를 만든 것도 아닌 김인식이 '국민 감독'으로 불리는 이유는 무엇일까? 연원은 2006년 그리고 2009년 두 번의 WBC 대회였다. 이 두 대회에서 국가대표팀 감독을 맡으며 4강과 준우승을 만들어낸 김인식은 '김인식 리더십'을 회자시키며 '국민 감독'으로 불리는 영광을 얻었다. 두 대회에서 과연 무슨 일이 있었던 걸까?

2006년 시작된 WBC는 메이저리그가 야구의 저변을 넓히기 위해 메이저리그 선수노조와 협의를 거쳐 국제야구연맹(IBAF)과 함께 추진한 프로야구 국가대항전이다. 애초 2005년 3월 1회 개최를 추진했으나 한국과 일본의 반대로 무산될 위기에 처했다가 한국과 일본에 대한 수익금 분배 비율을 높이고 스폰서 계약 체결도 각국의 권리를 존중한다는 조건으로 다시 협상을 하여 성사됐다. 2006년 3월 3일, 일본 도쿄돔에서 아시아 예선을 시작으로 막을 올리게 될 제1회 대회에는 한국을 비롯하여 일본, 중국, 대만, 미국, 캐나다, 멕시코, 남아프리카공화국, 푸에르토리코, 쿠바, 파나마, 네덜란드, 도미니카공화국, 베네수엘라, 호주, 이탈리아 등 총 16개국이 참가한 명실공히 '야구 월드컵'이었다. 그리고 한국야구위원회는 2005년 11월 2일, 이사 간담회에서 8개 구단 사장들의 만장일치로 대표팀 감독에 김인식 한화 이글스 감독을 선임하게 된다.

제1회 대회를 앞두고 화제가 되었던 것은 일본의 최고 타자 스즈키 이치로의 발언이었다. 아시아 예선 1라운드가 시작되기 전 이치로는 "대전 상대가 향후 30년은 일본을 이기기 힘들겠구나 하는 생각이 들 만한 내용으로 이기고 싶다."라는 인터뷰를 했는데 이것이 '한국 야구가 일본에 비해 30년은 낮은 수준'이라고 해석되면서 논란이 된 것이다. 결과적으로 이 발언은 한국 선수들을 더욱 자극하는 계기가 됐다.

(후일 대회가 끝난 후 김인식 감독은 한 방송 프로그램에서 이치로에게 일침을 놓았다. "이치로는 일본의 이치로가 아니다. 이치로가 최다 안타 기

록을 세울 때는 우리나라를 비롯해 대만, 태국 같은 데서도 이치로를 응원했다. 그런데 이치로는 자신을 일본 선수로만 인식하고 있는 것 같다. 그런 면에서 야구에서는 성공하고 있지만 인생에서 성공할 수 있을까 그런 의문점이 남는다.")

각국의 쟁쟁한 프로야구 선수들이 총출동한 만큼 한국 대표팀의 성적을 예측하기는 대단히 어려웠다. 당시 한국 대표팀은 박찬호, 서재응, 김병현, 최희섭, 봉중근, 김선우, 이승엽, 이병규 등 해외파가 대거 참여하고 이종범, 구대성, 박진만, 김재걸, 송지만, 김민재 등 국내 베테랑 선수들이 받치는 라인업으로 구성되었다. 무엇보다 중요한 것은 이 스타 선수들을 하나로 묶는 감독의 리더십이었다. 김인식 감독은 이와 관련해 "선수들이 내 생각보다 훨씬 잘 뭉쳤다."라고 선수들에게 공을 돌렸으나 감독의 적절한 리더십이 없었다면 당연히 쉽지 않은 일이었다.

3위라는 호성적으로 대회를 마친 김인식 감독에게 가장 인상적인 경기는 역시나 일본과 치른 두 번의 경기였다. 하나는 2006년 3월 5일 도쿄돔에서 열린 아시아 예선 3번째 경기. 소위 '도쿄돔 대첩'으로 불리는 경기로 당시 한국팀은 8회까지 1 대 2로 끌려가고 있었다. 7회 말, 우익수 이진영의 그림 같은 수비로 위기를 넘긴 한국팀은 운명의 8회를 맞이하게 된다. (한일전은 8회에 극적인 드라마가 자주 펼쳐진다.) 승리에 쐐기를 박기 위해 일본은 당시 최고의 마무리 투수 이시이를 내세웠지만 부진하던 이승엽이 통렬한 역전 투런 홈런을 치면서 승부는 단숨에 뒤집어졌다. 이어 나온 박찬호는 메이저리거다운 침착함으로 경기를 매듭지었다.

두 번째는 미국 애너하임에서 열린 본선 경기. 역시 일본과의 대결이었다. 선발투수 박찬호와 와타나베의 팽팽한 투수전으로 7회까지 0 대 0으로 진행되던 경기는 역시나 운명의 8회에 갈렸다. '도쿄돔 대첩'의 히어로가 이승엽이었다면 '애너하임 대전'의 주인공은 '바람의 아들' 이종범이었다. 김민재와 이병규의 볼넷과 안타, 상대 송구 실책으로 만들어진 8회 초 2사 2, 3루 상황. 다급해진 일본은 자국 리그 최고의 투수 후지카와 큐지를 등판시켰고 타석에는 이종범이 들어섰다. 여기서 이종범은 최고의 두뇌 플레이를 하게 되는데, 본인의 파울 볼에 발을 맞은 척한 것이다. 타자가 발에 순간통증이 있을 경우 빠른 직구 대응에 어려움이 있으므로 후지카와는 지체 없이 직구를 던졌고 이를 노리고 있던 이종범의 배트에 정확히 맞았다. 결과는 2타점 2루타. 이 한 방으로 이종범은 일본에서의 아픈 기억도 모조리 날려버릴 수 있었다.

'김인식 리더십'이 본격 발휘된 것은 3년 뒤 개최된 제2회 대회였다. 애초 김인식 감독은 1회 대회를 마치면서 더 이상 대표팀 감독은 맡지 않겠다고 선언했으나 사정은 그렇게 돌아가지 않았다. 시작은 후보 1순위였던 두산 베어스 김경문 감독의 '한국시리즈 우승 감독 선임론'이었다. 2008년 10월 21일, 두산의 김경문 감독은 대구에서 열린 삼성과의 플레이오프 6차전에 앞서 "한국시리즈 우승 감독이 WBC 사령탑을 맡자."는 제안을 하게 된다. 2008년 베이징 올림픽 우승으로 2009년 WBC 대표팀 감독으로 가장 유력시 되던 김경문의 제안은 돌발적인 것이었다. 기실 김경문 감독은 2007년부터 대표팀을 맡는 바람에 소속팀 두산에 신경을 덜 쓴 것이 마음에 많이 걸

리는 상황이었다. 2003년 두산을 맡은 이후 포스트시즌에는 자주 나
갔지만 정작 한국시리즈 우승은 한 번도 해보지 못하고 준우승만 3
번 한 것도 부담이 되는 상황이었다. 결국 공은 그해 한국시리즈에
서 우승한 김성근 SK 와이번스 감독에게 돌아갔지만 김성근 감독 역
시 건강상의 이유로 거절의 뜻을 밝혔다. (정확히 밝혀진 바는 없지만
김성근 감독이 자존심 문제가 걸려 고사했다는 이야기도 있다.)

이제 KBO와 감독 선임을 책임 진 하일성 당시 사무총장이 기댈
곳은 1회 대회를 이끈 김인식 감독밖에는 없는 상황이 됐다. 결국 김
인식 감독은 하일성 사무총장, 윤동균 기술위원장의 간곡한 설득으
로 WBC 2기 대표팀 감독직을 수락하게 된다. 대안이 없는 상황에
서 두 야구 후배의 간청으로 감독직을 맡긴 했지만 당시 김인식 감
독의 상황도 녹록치는 않았다. 건강도 정상이 아니었고 소속팀 한화
이글스의 성적도 시원치 않았다. 한화는 2008년 시즌 5위로 포스트
시즌 진출에 실패했고, 2009년은 계약 마지막 해이기도 했다. 하지
만 이런 어려움과 부담감 속에서도, 김인식은 이른바 '독이 든 성배'
를 기꺼이 들었다.

국가가 있어야 야구도 있다

대표팀의 하와이 전지훈련, 현역 감독으로 구성된 코칭 스태프, 선
수 선정 전권 위임이라는 보장을 받고 감독직을 맡았지만 상황이 원
활하지는 않았다. 선수단과 코칭스태프 구성부터가 난항이었다. 1회
대회에서 맹활약했던 투타의 핵심 선수 박찬호와 이승엽이 모두 개

인 성적에 대한 부담, 팀 내에서의 입지 등을 이유로 대표팀 참여를 고사했고 국내 구단들의 협조도 소극적이었다. 자기 팀 선수가 행여 부상이라도 당하면 정규 시즌 운영에 차질이 생기기 때문이었다. '이럴 바에는 참여하지 말자' 라는 여론이 나오자 비로소 협조적으로 돌아섰고 이 와중에 김인식 감독의 유명한 어록 "국가가 있어야 야구도 있다."가 나오게 된다. 2008년 11월 12일 코칭스태프를 발표하는 자리에서 한 이 말은 대표팀 협조에 소극적이던 국내 구단들에 대한 일침인 동시에 2회 대회에 임하는 본인의 의지를 담은 표현이었다.

박찬호, 이승엽, 김병현, 이종범, 구대성 등 해외파와 베테랑 위주의 1기 대표팀과는 달리 2기 대표팀은 국내파 위주에 베테랑과 신예의 조화를 추구한 라인업으로 구성되었다. 타선은 이대호와 김태균, 추신수가 중심 타선을 이루고 이종욱, 이용규, 정근우 등이 테이블 세터진을, 박기혁, 최정, 고영민 등이 하위 타선을 이뤘다. 투수진에는 김광현과 류현진, 윤석민, 오승환, 봉중근 등 베이징 올림픽 주역들이 주축을 이뤘고 포수진은 베테랑 박경완과 신예 강민호로 짜여졌다. 애초 현역 감독으로 짜려 했던 코칭스태프에는 김성한, 류중일, 김민호, 이순철, 조계현 등이 합류했다. 전반적인 평가는 1기보다는 약해졌다는 것이었고, 언론이나 팬들도 1회 대회 3위 이상의 성적을 내기는 어렵다고 예상했다. 4강에만 들어도 대성공이라는 게 지배적인 분위기였다. 물론 결과는 모든 이의 예상을 깬 준우승이었다. 이 쾌거의 핵심에는 '김인식 리더십' 이 있었다.

'믿음의 야구'를 보여주다

보통 김인식 야구를 말할 때 '믿음의 야구'를 가장 먼저 말한다. '믿음의 야구'는 선수를 믿지 못하고 인내력과 배짱이 없으면 하기 어려운 야구다. 페넌트레이스 같은 장기전이 아닌 WBC 같은 단기전에서는 더더욱 하기 어려운 야구가 '믿음의 야구'다. 그러나 김인식은 2회 WBC에서도 어김없이 그만의 믿음의 야구를 보여줬다. 대표팀의 유일한 메이저리거 추신수가 대표적이었다.

애초 김인식 감독은 하와이 전지훈련 때부터 메이저리그 경험이 있는 추신수를 3번 타자에 기용할 구상을 하고 있었다. 문제는 추신수의 상태. 추신수는 갑자기 찾아온 팔꿈치 통증으로 대회 직전까지 타격 컨디션이 최악인 상황이었다. 거기에 소속팀 클리블랜드 인디언스 관계자들이 틈만 나면 이것저것 간섭을 해서 훈련도 마음껏 할 수가 없는 상태였다. 시간이 지나도 배트 스피드는 좀처럼 올라오지 못했고 추신수 본인의 부담감도 커져만 갔다. 하지만 '언젠가는 쳐줄 것이다'라는 김인식 감독의 믿음은 확고했다. 일부 언론과 팬들은 지나친 낙관이라며 경계하고 비판했지만 아랑곳하지 않았고 결실은 드디어 강호 베네수엘라와의 준결승전에서 나타났다. 이전까지 10타수 1안타 1할대 타율이었던 추신수는 선발 우익수로 출장한 베네수엘라와의 경기에서 1회 상대 투수 실바에게 큼직한 중월 쓰리런 홈런을 뽑아냈다. 이 한 방으로 경기는 사실상 한국팀으로 기울어졌다. 평정심을 잃은 선발투수 실바는 자멸했고 메이저리그 올스타급 선수들로 구성된 베네수엘라 선수들은 졸전 끝에 대패하고 말았다. 추신수의 활약은 일본과의 결승전에도 이어져 0 대 1로 뒤진 5회 상대투수 이와쿠마에게 솔로 홈런을 터트려 동점을 만들기도 했다. 김인식 감독의 믿음에 결정적 홈런 2방으로 보답을 한 셈이었다.

선수에 대한 믿음에 더해 수많은 경험, 특히 1회 대회 경험에 기반한 김인식만의 노련하고도 과감한 용병술도 준우승의 밑거름이었다. 압권은 2라운드 첫 경기인 멕시코전. 김인식 감독은 부진한 이종욱을 대신해 이용규를 톱타자로, 고영민을 대수비로 기용했고 이 두 선수는 보란 듯이 2개의 안타와 홈런으로 맹활약을 했다. 이대호 대신 스타팅으로 나온 이범호도 안정된 수비와 홈런포로 승리를 거들었다. 여기에 곳곳에서 보내기 번트, 딜레이드 스틸 등 현란한 작전을 구사하며 한국을 한 수 아래로 보던 멕시코 벤치를 농락했다. (특히 7회 말 무사 1, 2루에서 1루 주자 김현수를 이진영으로 교체한 후 바로 더블스틸을 성공한 것은 압권이었다. 당시 경기를 중계하던 송재우 해설위원은 연신 "김인식 감독 정말 강심장입니다."라며 놀라움을 금치 못했다.)

투수 운용도 마찬가지. 류현진·정현욱·정대현·김광현·윤석민으로 이어진 이날의 계투는 각기 다른 스타일의 '좌완-우완-언더핸드-좌완-우완'으로 이어지며 멕시코 타선이 정신을 차릴 틈을 주지 않았다. 홈런으로 상징되는 빅볼, 번트나 도루로 상징되는 스몰볼이 완벽하게 조화를 이룬, '토털 베이스볼'의 전형을 보여주는 경기가 멕시코와의 일전이었다.

일본과 맞선 운명의 결승전, 통한의 사인 미스로 최정상에 서지는 못했지만, 김인식 감독은 2회 WBC를 통해 한국 야구의 다이나믹함을 보여줬다. 또한 베네수엘라 전에 앞서 말했던 '위대한 도전', 출

정식에서 했던 '국가가 있어야 야구가 있다'라는 말을 통해 야구로 국민이 하나가 될 수 있다는 메시지를 던져 많은 국민들에게 감동을 줬다. '국민 감독'은 바로 여기서, 탄생했다.

창단 감독에서 수습 감독으로

1965년 배문고를 졸업하고 해병대를 거쳐 실업야구 한일은행에서 투수로 활약하던 김인식은 뜻하지 않은 어깨 부상으로 선수생활을 일찍 접게 된다. 이후 지도자의 길로 들어선 김인식은 모교인 배문고등학교, 상문고등학교를 거쳐 동국대 감독을 역임한 후 1986년 해태 타이거즈 수석코치로 프로야구 지도자 생활을 시작하게 된다. 89년까지 수석코치직을 맡은 후 첫 감독을 맡은 팀이 당시 제8구단이자 신생 구단인 쌍방울 레이더스였다. 창단 감독으로 감독직을 시작한 셈이었다. 전북을 연고지로 한 쌍방울 레이더스는 89년 창단 후 90년 2군 리그에 참여해 35승 19패 8무의 성적으로 우승을 차지하며 1군 리그 진출에 대한 준비를 마친다. 각 팀에서 지명 트레이드한 9명과 2년에 걸쳐 특별 우선 지명한 20명 등으로 구성된 쌍방울은 1991년부터 1군 리그에 본격 참여하게 된다. 당시 7개 구단의 경우도 막내 구단의 창단을 축하하며 전폭적인 지원을 아끼지 않았다.

결론부터 말하면 김인식 감독에게 쌍방울 시절은 성공이라고 말하기는 어렵다. 빙그레 이글스와 맞붙은 첫 경기에서 모두의 예상을 깨고 11 대 0으로 이길 때만 해도, 투타의 핵심 조규제와 김기태의 맹활약으로 LG 트윈스와 공동 6위로 시즌을 마칠 때만 해도 쌍방울과 김인식의 돌풍은 계속될 것으로 보였다. 다른 7개 구단과의 현격한 전력 차이와 경험 차이에도 불구하고 쌍방울이 첫해 6위의 호성적을 올릴 수 있었던 것도 김인식 감독 및 코칭스태프들의 지도력이 있기에 가능한 것이었다. 특히 김인식 특유의 믿음과 인내심은 쌍방울 시절부터 비롯됐다. "선발투수 로테이션을 지키고 주전 선수들이 다치지 않는 게 최우선이었다. 당장 성적도 성적이지만 미래를 보고 팀을 운영했다."라고 회고했을 만큼 창단 감독들이 곧잘 가질 수 있는 조바심을 갖지 않았다.

하지만 신생 팀의 한계와 뜻하지 않은 불운은 2년 차부터 나타나기 시작했다. 임신근 당시 수석코치의 갑작스런 사망과 대형 교통사고로 시작된 불길한 기운은 주전 선수들의 부상과 군 입대 등으로 현실로 다가왔다. 팬들은 주포 김기태의 31호 홈런과 '어린 왕자' 김원형이 OB 베어스를 상대로 기록한 역대 7번째 노히트노런으로 위안을 삼았지만 결국 시즌 성적은 7위에 머무르고 말았다. 성적 부진에 대한 책임은 언제나 감독의 몫. 김인식은 2군 경기 포함 93승 155패 4무승부 4할도 되지 못하는 승률을 남기고 쌍방울 시절을 마감하게 된다.

휴식기를 가진 후 다시 프로야구 사령탑을 맡게 된 팀은 OB 베어스였다. 당시 OB는 94년 벌어진 이른바 '항명 파동'으로 만신창이가 된 상태였다. 94년 9월 4일, 윤동균 감독과 고참 선수들 간의 충돌로 생긴 이 사건은 박철순, 김상호, 장호연, 김상진, 권명철, 이광우 등 17명의 선수들이 실제로 팀을 이탈하고 윤동균 감독의 퇴진을 요구하면서 걷잡을 수 없는 사태로 번져갔다. 당시 최고참 박철순은

"윤동균 감독이 옷을 벗으면 나도 벗겠다."라고 배수진을 쳤고 중재에 나선 구단과 줄다리기 끝에 '윤동균 감독 퇴진 및 박철순 등 고참 선수 5명의 은퇴'에 합의하게 되지만 팬들의 반발로 사태는 윤동균의 자진 사퇴 및 강영수의 방출, 나머지 선수들의 복귀로 결론이 내려지게 된다. 잔여 경기 몰수패가 논의되었을 만큼 이 사건은 프로야구계에 충격이었고 OB 선수단과 팬들이 입은 상처는 매우 컸다. 이 상처를 치유할 수 있는 야구인으로 선택된 사람이 바로 믿음과 인화의 야구를 추구한 김인식이었다. 후일의 결과가 말해주듯 OB 프런트의 이 선택은 탁월했다.

믿음과 인화의 야구를 꽃피우다

김인식이 OB 베어스 감독으로 부임한 첫해인 1995년은 한국 프로야구사에서 큰 이변이 벌어진 해로 기록된다. 전해에 있었던 '항명파동'으로 모든 전문가들이 꼴찌로 예상한 OB가 페넌트레이스와 한국시리즈 모두를 제패하는 퍼펙트 우승을 차지한 것이다. 4월 15일 개막전에서 항명파동의 주역이자 '개막전의 사나이'로 불린 장호연이 속죄의 선발승을 거둔 것을 시작으로 OB는 시즌 내내 1, 2위 자리를 놓치지 않으며 승승장구했다. 특히 전년도 우승팀이자 같은 구장을 쓰는 '잠실 라이벌' LG 트윈스와 벌인 순위 경쟁은 끝까지 알 수 없는 혼전의 양상이었다. 8월까지 선두 LG에 6경기나 뒤져 있던 OB는 8월 말부터 9월 초까지 약체 팀을 상대로 5승 1패를 기록하면서 무섭도록 막판 스퍼트를 냈고 결국 9월 7할 5푼이라는 경이적인 승률을 기록하며 선두 LG를 반 게임 차로 따돌리는 대역전극을 이뤄내 한국시리즈에 직행하게 된다.

한국시리즈 상대는 김용희 감독이 이끄는 롯데 자이언츠였다. 윤학길, 박정태, 김민호 등 끈끈한 멤버로 구성된 롯데는 결코 만만한 상대는 아니었고 시리즈의 가장 중요한 경기인 1차전도 롯데가 가져가 시리즈에 직행했어도 OB에게 결코 유리한 시리즈는 아니었다. 1차전 패배 뒤, 김인식은 승부수를 걸게 되는데, 주전 포수의 교체였다. 1차전에 주전 포수로 나온 거포 이도형을 수비형 포수 김태형으로 교체한 것이다. 공격력의 약화를 감수하면서 수비형으로 바꾼 이유는 '큰 경기에서 투수 리드의 중요성' 때문이었다. 기대대로 김태형은 김상진, 권명철, 진필중 등 주력 투수들을 잘 리드하면서 7차전까지 마스크를 써 우승의 밑거름이 됐다.

또 하나의 포인트는 마지막 7차전 권명철 마무리 카드였다. 7회 초 4 대 2로 앞서던 상황. 선발로 나와 호투하던 에이스 김상진이 공필성을 몸에 맞는 볼로 출루시키자 김인식 감독은 지체 없이 투수를 이틀 전 선발 등판한 권명철로 교체했다. 에이스를 내리고 지쳐 있던 권명철을 올리는 것은 위험할 수도 있었지만, 여기에는 본인 특유의 감이 작동했다.

"나만의 느낌일지는 모르겠는데 상진이가 이상하게 투수 땅볼을 잡아서 1루에 악송구할 때가 종종 있었어. 그런데 마무리를 권명철로 맡겼고, 9회 마지막 아웃을 투수 땅볼로 잡아냈잖아? 그때 마음 졸였던 거. 그때 김상진이었으면 어땠을까, 아찔해. (웃음)"

결국 권명철은 3이닝을 잘 막아냈고, 김인식 감독은 원년 우승 이후 13년 만에 OB에 다시 우승컵을 안겼다. 누구도 예상하지 못한, 김인식의 믿음과 인화의 야구와 '항명파동'을 겪은 선수들의 불굴의 투지가 만들어낸 극적인 우승이었다. 특히 '김인식의 인화의 야구'는 바로 이 우승에서 비로소 회자되고 인정받기 시작했다.

못다 쓴 '리버스 스윕'의 신화

1995년 극적인 우승 이후 OB는 이듬해 8위까지 내려가는 수모를 겪는다. 하지만 97년 5위, 98년 4위, 99년 3위 등 다시 반등하여 팀 명을 두산 베어스로 바꾼 지 1년 만인 2000년 드라마 같은 승부로 프로야구 역사에 남을 한국시리즈에 다시 진출한다. 2000년 시즌은 현재의 단일리그가 아닌 드림리그, 매직리그 등 양대 리그로 치러졌고 각 리그 1, 2위 팀이 크로스 토너먼트 형식으로 7전 4선승의 플레이오프를 거쳐 한국시리즈에 올라오는 방식이었다. '잠실 라이벌' LG를 힘겹게 꺾고 올라온 두산의 상대는 삼성을 4 대 0으로 가볍게 누르고 올라온 김재박 감독의 현대 유니콘스. 당시 현대의 전력은 그야말로 최강이었다. 김수경, 임선동, 정민태 등 소위 빅3 투수들이 18승으로 공동 다승왕에 오르는 기염을 토했고 위재영이라는 막강 불펜, 조웅천이라는 최고의 마무리 투수를 보유하고 있었다. 타자 쪽에서도 포수 최초 40홈런을 달성한 박경완에 '리틀 쿠바' 박재홍 등 화려한 라인업이었다. 이러한 스타 선수들을 데리고 김재박 감독은 특유의 작전야구를 꽃피우고 있었다.

반면 두산은 우즈-김동주-심정수 등 '우동수' 트리오에 조계현,

박명환, 진필중, 구자운 등이 활약했으나 타선의 핵인 김동주가 손가락 부상으로 한국시리즈에 참여하지 못하게 되면서 타선의 짜임새가 무너진 상태였다. 많은 전문가들과 야구팬들은 현대의 싱거운 승리를 예상했고 실제로 김수경, 임선동, 정민태 등 빅3가 나란히 선발투수로 나선 1~3차전을 모조리 내주면서 예상대로 가는 듯했다. 하지만 반전이 시작되었다.

드러나는 극명한 전력 차이를 김인식 감독이라고 모를 리 없었다. 아니 가장 정확하게 인지하고 있던 사람이 김인식이었다. 특히 선발투수가 최강인 현대와의 대결은 결국 두산 타선이 현대의 막강 불펜 특히 조웅천을 공략할 수 있느냐가 관건이었다. 조웅천의 구위나 제구가 단숨에 떨어지거나 두산 타자들의 힘이 단숨에 늘어날 수 없는 상황에서 방법은 단 하나, 조웅천의 체력을 소모시키는 것밖에는 없었다. 그러기 위해서는 승패에 관계없이 조웅천을 마운드로 올려야 하고 두산으로서는 질 때 지더라도 1~3차전에 전력을 기울일 수밖에 없었다. 실제로 조웅천은 1~3차전에 모두 등판했다. 승리는 지켜냈지만 그만큼 체력적 부담도 가중됐을 터였다. 김인식의 대담한 승부수였다.

백전노장 조계현의 역투로 4차전을 잡은 두산은 드디어 5차전에서 조웅천을 무너뜨리게 된다. 6회 말 2사 5 대 3으로 2점 리드한 상황에서 등판한 조웅천은 심정수, 홍성흔의 연속 안타, 강혁의 몸에 맞는 볼로 맞은 무사 만루 위기 상황에서 그동안 부진했던 홍원기에게 중전안타를, 정수근에게 싹쓸이 3루타를 맞고 경기를 내주게 된다. 마무리 투수가 무너지자 야수들도 흔들렸다. 4 대 4로 맞선 6차전, 수비가 좋은 2루수 박종호가 연거푸 평범한 타구에 실책을 남발하며 결승점을 내주고 말았다. 이로써 시리즈 전적은 동률이 됐고, 한국시리즈 최초로 '리버스 스윕'이 일어나는 것 아니냐는 예상이 나오기 시작했다. 모두가 들뜨고 술렁일 수밖에 없었다.

드디어 운명의 7차전, 현대의 조웅천만이 아니라 두산의 조계현도 힘이 떨어지기는 마찬가지였다. 용병 3루수 퀸란에게 6타점을 내주며 무너지고 말았다. 김인식 감독으로서는 4회 1사 1, 3루 퀸란을 거르지 않고 승부하다 3점 홈런을 맞은 것이 통한의 장면이 됐다.

승리는 현대 유니콘스의 차지였지만 누가 뭐래도 2000년 한국시리즈의 주인공은 두산 베어스와 김인식 감독이었다. 두산의 팀 별명 '미라클 두산'은 이때 만들어진 영광의 유산이었다.

김응룡과의 대결

극적인 드라마를 연출한 두산과 김인식 감독은 드디어 2001년 최고의 명장 김응룡과 대결을 벌인다. 좋은 전력에도 불구하고 1985년 전후기 통합우승 외에 한 번도 우승하지 못한 삼성 라이온즈는 자존심을 버리고 해태 타이거즈에서 9번이나 우승한 '우승 청부사' 김응룡 감독을 전격 영입한다. 또 롯데에서 마해영을 트레이드 하여 중심타선을 보강했고 용병으로 일본 요미우리에서 에이스로 활약한 갈베스를 영입하는 등 우승을 위한 강한 집념을 보였다. 결과는 한국시리즈 직행. 상대는 준플레이오프, 플레이오프를 거치며 체력이 많이 소모된 두산이었다. 대망의 첫 우승이 눈앞에 보이는 듯했다.

타력은 양 팀이 백중세라고 해도 투수력에서는 차이가 너무 컸다. 삼성은 임창용, 배영수, 노장진 등 토종 투수들에 갈베스가 합류한 상황이었고, 두산은 선발진이 무너진 가운데 불펜들의 힘으로 버티는 상태였다. 선발투수 중 최다승 투수가 6승의 구자운일 정도였다. 하지만 ‘미라클 두산’과 김인식은 삼성의 첫 우승을 쉽게 허락하지 않았다. 운도 두산 쪽에 많이 작용했다. 2차전의 우천 취소가 그것인데, 후일 김응룡 감독은 이 점을 가장 아쉬워했다.

“1차전에선 잘 싸웠어. 다음날 2차전을 해야 하는데, 비가 오더라고. 지금도 그런 생각을 하지만, 그때 비가 안 오고 2차전을 했으면 시리즈가 쉽게 끝났을 거야. 두산은 많이 지쳐 있었거든. 아니나 다를까 2차전부터 이상한 거야. 이름은 안 밝히겠는데 모 좌익수가 계속 우왕좌왕하는 통에 경기에 지질 않나, 타자들도 뭔 놈의 긴장이 그렇게 되는지 타석에만 서면 ‘달달’ 떨더라고.”

김응룡 감독의 회고처럼 2001년 한국시리즈는 두산의 타선이 폭발한 것도 있었지만 삼성의 자멸이 더 컸다. 특히 1승 1패로 맞선 3차전에서 선발 투수 배영수가 2.1이닝 동안 4피안타 4실점 하며 무너졌고 4차전에서는 용병 투수 갈베스가 역시 2이닝 6피안타 7실점으로 무너진 것이 가장 큰 패인이었다. 야수들 역시 긴장감에 제 실력을 발휘하지 못했다. 마지막 6차전에서는 수비가 좋은 박한이가 평범한 타구를 뒤로 흘리는 바람에 1루 주자 정수근이 홈까지 파고드는 에러를 범했고 이 점수로 마지막 경기의 흐름도 두산으로 넘어가게 되었다. 시리즈는 결국 6차전에서 끝나고 말았다.

반면 김인식 감독은 특유의 ‘믿음의 야구’와 용병술을 펼쳐 보이며 삼성 투수들을 농락했다. 6차전, 5 대 5로 맞선 8회 말, 무사 1루 찬스에서 장원진에게 번트를 지시하지 않고 강공으로 간 것이 대표적이었다. 장원진은 당연히 감독의 믿음에 보답해 깨끗한 안타를 쳐 냈고 심재학의 희생플라이로 낸 그 한 점이 바로 결승점이 됐다. 한 국시리즈의 마지막이 될지도 모르는 경기에서, 1점이 반드시 필요한 상황에서 아무리 강심장 감독이라도 그 상황에서 강공으로 밀어붙 이기란 쉬운 결정이 아니었다. 물론 이런 김인식의 전술은 심리적으 로 쫓기는 삼성에게 더욱 치명적이었다. 삼성은 1년 뒤인 2002년에 야 LG를 꺾고 첫 우승의 감격을 맛볼 수 있었다.

'선동열 쇼크'로 물러나다

2003년 한국 프로야구 판에 태풍의 핵이 등장한다. 은퇴를 선언하고 주니치 드래곤즈에서 코치 연수를 하던 국보급 투수 선동열이 지도 자로서 국내 복귀 의사를 밝힌 것이다. 가장 적극적인 팀은 두산이 었다. 실제로 2003년 10월 4일 선동열 당시 KBO 홍보위원은 귀국 하면서 "내년에는 반드시 현장에 복귀하겠다. 두산에서 감독직 제의 를 받았고, 다른 팀도 생각해볼 수 있다."라고 말해 프로야구 판을 술렁이게 했다.

　상황이 이렇게 되자 곤란해진 것은 김인식 감독이었다. 게다가 2002년까지 9년 계약이 끝난 상태에서 팀이 다른 감독을 본격 물색 한다는 것은 곧 재계약 의사가 없다는 의미여서 김인식은 자진 사퇴 를 하고 만다. 이른바 용퇴(勇退)를 한 셈이다. 물론 두산은 선동열 영입에 실패한다. 선동열 위원이 제시한 조건을 들어줄 수가 없었기 때문이다. (결국 선동열 위원은 스승 김응룡 감독이 있는 삼성으로 감독직을 보장 받고 투수코치로 가게 되었고, 공석이 된 두산의 감독 자리는 당시 배터리 코치 김경문이 맡게 되었다.)

비록 용퇴 형식으로 물러나기는 했지만 '김인식의 두산'은 많은 성과를 거두었다. 재임 9년간 두 번의 우승을 거머쥐었고, 2000년에는 현대 유니콘스와 한국 야구사에 길이 남을 명승부를 펼치기도 했다. 야구팬에게 '미라클 두산'이라는 강렬한 이미지를 심어주는 데 성공했고 '믿음의 야구'를 통해 뚝심과 끈기의 두산 컬러를 만들어 냈다. 그의 유산을 긍정적으로 계승한 김경문 감독은 2004년부터 2011년까지 8시즌 동안 6번 포스트시즌에 진출하는 중흥기를 열어 갈 수 있었다.

후배 감독들과의 치열한 승부

두산 베어스 감독에서 물러난 지 2년 만에 김인식은 다시 한화 이글스 감독에 취임한다. 2005년부터 2009년까지 5년 재임 동안 한국시리즈 진출 1번, 포스트 진출 3번이라는 괜찮은 성적을 거두었지만 우승을 하지는 못했고 마지막 해에는 최하위로 떨어지는 수모를 당하기도 했다. 2006년 WBC 1기 대표팀을 이끌고 3위의 성적을 거두고 같은 해 한화 역시 한국시리즈에 진출하게 되자 시즌 종료 후 역대 감독 최고액인 계약금, 연봉 각 3억 5천만 원, 총액 14억 원에 3년 재계약을 하는 영광을 누린다. 하지만 2009년 팀이 최하위로 떨어지자 결국 한대화 감독에게 지휘봉을 물려주고 고문으로 물러나는 불명예도 겪게 된다.

5년간의 한화 시절, 김인식은 조범현, 선동열, 김경문 등 후배 감독들과 치열한 승부를 벌였다. 2005년 준플레이오프에서 만난 SK 조범현 감독과의 대결은 이른바 '덕장 대 지장'의 대결로 관심을 모았다. OB 베어스 포수 출신으로 쌍방울에서 배터리 코치를 하기도 한 조범현 감독은 스승 김성근 감독의 스타일대로 데이터를 중시하고 세밀한 야구에 강했다. 만년 하위권이던 SK를 포스트시즌에 진출시켜 사기도 오를 대로 오른 상태였다. 전력이 비슷했던 두 팀의 시리즈는 역시 2승 2패 호각세로 진행됐고 마지막 5차전, 노장 송진우의 역투와 브리또, 신경현, 이범호 등이 홈런포를 터뜨린 한화의 승리로 돌아갔다. 이날 경기 역시 큰 경기 경험이 많은 송진우를 내리지 않고 끝까지 믿은 '인내의 야구'가 승인이었다. "송진우를 확실하게 공략하지 못한 게 패인이다. (중략) 한화의 김인식 감독이 많은 경험 속에서 믿음을 갖고 경기에 임해 좋은 결과가 나온 것 같다." 상대 감독 조범현도 패배 후 믿음의 야구를 흔쾌히 인정했다.

이어지는 두산과의 플레이오프는 제자 김경문과의 대결이었다. 조범현과의 대결이 상이한 스타일 간의 대결이었다면 김경문과의 대결은 비슷한 스타일의 '사제(師弟) 대결'이어서 더욱 흥미로웠다. OB 베어스의 원년멤버였던 김경문은 98년 두산의 코치로 부임해 당시 감독이던 김인식을 2003년까지 보필하고 '선동열 파동'으로 김인식 감독이 용퇴하자 공석이 된 감독직을 물려받아 김인식과는 깊은 인연이 있었고, 서로를 속속들이 아는 사이이기도 했다. 야구관도 비숫했다. 두 감독 모두 선수를 최대한 믿는 야구를 추구하며 번트 같은 세밀한 야구보다는 선 굵은 야구를 시도한 점도 비슷하다.

많은 야구팬과 언론의 관심 속에 치러진 플레이오프. 하지만 결과는 너무나 싱거웠다. SK와의 준플레이오프에서 5차전까지 가는 혈투를 벌인 한화가 선수들의 방전으로 힘 한번 못 써보고 두산에 3연패한 것이다. 특히 준플레이오프 마지막 5차전에 에이스급 투수들을 모두 투입한 것이 큰 실책이었다. 플레이오프에 진출하기 위한 고육책이 결국 발목을 잡은 것이다. 방전된 선수들로는 믿음의 야구와 인내의 야구도 한계가 있을 수밖에 없었다. 많은 이들의 기대에 미치지 못한 일방적 대결이었지만 2년 뒤, 두 사람은 다시 리턴 매치를 벌이게 된다.

선동열 감독과의 대결은 2006년 한국시리즈에서 이뤄졌다. 2003년 김인식이 두산 감독을 용퇴하게 된 배경이 두산 프런트의 '선동열 영입 추진'이었던 만큼 두 사람의 대결은 많은 야구팬들의 이목을 집중시키기에 충분했다. 2006년은 이른바 '타저투고'의 해였고 이는 강력한 불펜을 중심으로 '지키는 야구'를 선언한 선동열 감독의 삼성에게 절대적으로 유리한 환경이었다. 실제로 삼성은 권오준-오승환으로 이어지는 막강 'K-O 펀치'로 리그를 호령했고 현대와의 치열한 순위 다툼 끝에 페넌트레이스를 1위로 마무리, 한국시리즈에 직행했다.

반면 한화는 시즌 전만 해도 우승권 전력까지는 아니었지만 '괴물 신인' 류현진의 출현으로 이변을 일으켰다. 인천 동산고를 졸업하고 한화에 2차 지명으로 입단한 류현진은 말 그대로 센세이션을 일으켰다. 묵직한 직구와 커브, 체인지업 등 다양한 구종에 신인이라고는 믿을 수 없을 만큼 침착한 투구로 상대 선배 타자들을 농락한 류현진은 시즌 18승, 2. 23의 평균자책점, 204개의 탈삼진으로 신인 최초로 '투수 트리플 크라운' 을 달성하며 신인왕과 시즌 MVP를 동시에 거머쥐는 영광을 누렸다. 한화는 이런 류현진의 활약에 베테랑 문동환과 구대성이 가세하고 김태균, 이범호 등이 분전한 타선의 받침으로 기아 타이거즈와 현대를 물리치고 삼성과 한국시리즈에서 만나게 되었다.

결과는 삼성의 우승(4승 1무 2패)이었다. 준플레이오프와 플레이오프를 거친 데다 노장 중심으로 구성된 한화는 충분한 휴식을 가지며 상대를 기다린 삼성에 힘에서 밀릴 수밖에 없었다. 한화로서는 류현진을 투입하고도 승리를 내준 1차전과 0 대 3으로 끌려가다 홈런 2방으로 극적으로 동점을 만든 뒤 구대성을 3이닝 이상 쓰고도 패한 3차전이 뼈아팠다. 선동열 감독은 이 승리로 김응룡, 김재박에 이어 세 번째로 한국시리즈를 2연패한 감독이 되었고, 지난 2001년 스승 김응룡이 김인식에 당한 패배를 대신 갚을 수 있게 되었다.

김경문과의 리턴 매치는 2007년 플레이오프에서 이뤄졌다. 2년 만에 다시 만난 '사제' 는 역시나 스케일이 큰 야구로 정면대결을 벌였다. 당시 언론은 두 사람의 야구를 '정통파 야구' 라고 표현하며 호평했다. 1차전의 경우 양 팀은 통틀어 포스트시즌 최고 기록인 7개의 병살타를 기록할 정도로 번트 같은 세밀한 야구보다는 호쾌한 강공 야구를 펼쳐 보였다.

하지만 결과는 2005년과 똑같았다. 한화는 두산에 3연패해 플레이오프에서 탈락하고 말았다. 심지어 리오스-랜들-김명제로 이어지는 1~3차전 승리투수도 2년 전과 똑같았다. 한화의 문동환, 정민철 등 노장 투수들은 두산의 이종욱, 김현수 등 '영파워'의 방망이와 발야구를 막아내지 못했다. 거기에 김태균, 이범호, 이도형 등 한화의 '다이너마이트 타선'이 모두 침묵한 것이 컸다. 경험을 앞세운 노장 중심의 '노련한 믿음의 야구'가 힘과 스피드를 앞세운 '패기의 믿음의 야구'에 완패한 셈이었다. 일각에서는 두산에 당한 두 번의 완패로 '믿음의 야구'도 세대교체가 이뤄진 게 아니냐는 평가도 나왔지만 이는 2009년 WBC 준우승으로 틀렸음이 증명됐다. (2007년 플레이오프에서 패하는 바람에 김인식-김성근의 한국시리즈 대결은 이뤄지지 않았다. 절친한 선후배 사이이자 상반된 야구 스타일을 가졌던 두 명장의 세기의 대결은 두 사람 모두 현역에서 물러나면서 다시는 볼 수 없게 됐다.)

재활공장 공장장

한화 시절 김인식 감독은 이른바 '재활공장 공장장'으로 불렸다. 나이와 부상 등을 이유로 방출 당하거나 버림받은 선수들을 거두어 보란 듯이 재활에 성공시켰기 때문이다. 대표적인 선수가 지연규, 문동환, 조성민, 김인철 등이다. (재활공장장의 면모는 물론 두산 시절부터 보였다. 삼성에서 방출된 조계현을 받아들여 다시 '싸움닭'으로 만든 것이 대표적이다. 조계현은 2000년 한국시리즈에서 맹활약한다.)

천안 북일고, 동아대를 거쳐 1992년 한화의 전신 빙그레 이글스에 입단한 지연규는 당시 팀 역대 최고 계약금(8700만 원)을 받을 만큼 유망주였다. 문제는 많은 아마추어 유망주들이 그렇듯 혹사당한 어깨. 프로에 와서 망가진 어깨는 좀처럼 회복되지 못했고, 데뷔 첫해 9경기에 나와 2승, 95년에 1승을 추가한 뒤 결국 2년 뒤 어깨 수술을 받을 수밖에 없었다. 재활은 98년까지 이어졌고 결국 선수생활을 접을 수밖에 없었다. 공을 뿌릴 수조차 없을 정도로 어깨 통증이 심했다.

은퇴 후 2년간 대전고 투수코치를 하던 지연규는 야구를 잊을 수 없어 2000년 테스트를 거쳐 연습생으로 다시 입단하게 된다. 2천만 원이라는 연봉에 개의치 않고 재기의 꿈을 꾸던 중 드디어 2002년 4승을 올리며 부활의 찬가를 쓰려 했으나 다시 어깨 통증이 재발해 정말로 야구를 그만두려던 차, 김인식이 그를 불러 마무리 투수를 맡아달라는 요청을 하게 된다. 부상 전력도 있고 나이도 전성기를 지났지만 잠재력을 믿은 것이다.

"노장들도 충분히 잠재돼 있는 주 무기를 개발할 수 있다. 지연규는 투심 패스트볼과 슬라이더가 좋았는데 오랫동안 활용하지 못했다. 자신의 노력과 코칭스태프의 발견으로 뒤늦게 재능을 발휘할 수 있었다."[7]

포기의 순간에 손을 내민 감독을 위해 지연규는 이를 악물었고 믿음의 결과는 놀라운 성과로 나타났다. 2005년 마무리 투수로 뛰면서 20세이브(평균자책점 2.84)를 올린 것이다. 2006년 삼성과의 한국시리즈에서는 플레잉코치 신분에서 선수로 다시 복귀, 5차전에서 4이닝을 무실점으로 막는 투혼도 보여줬다. 이 시리즈에서는 비록 패했지만, 지연규가 보여준 투혼은 많은 한화 팬에게 아직도 감동으로 남아 있다.

1980년대 후반 최고의 아마 선수로 이름을 날리던 문동환의 재기에도 김인식이 있었다. 연세대학교 시절, 국가대표 에이스로도 활약했던 문동환은 롯데에 입단한 후 99년 17승을 올리며 에이스 노릇을 하기도 했지만 이후 세 차례 팔꿈치 수술로 제 기량을 발휘하지 못한 불운의 투수였다. 2004년 친정 팀 롯데에서 두산으로 트레이드 된 뒤 3시간 만에 한화로 다시 트레이드 된 아픔을 겪은 문동환은 2005년 한화의 감독으로 김인식이 부임하자 제2의 야구 인생을 살게 된다. 김인식 감독의 믿음 하에 체인지업, 커브 등을 추가한 문동환은 보란 듯이 2005년 10승, 2006년 16승을 달성하는 등 부활에 성공한다.

노장 우대 vs 신인 육성 실패

17년간의 프로야구 감독 재임 기간 중 우승 2번, 준우승 2번, 포스트시즌 10회 진출, WBC 4강과 준우승이라는 업적을 달성한 김인식 감독에게도 비판적인 시선은 물론 존재한다. 대표적인 것이 지나친 노장 우대와 이에 따른 신인 선수 육성 실패다. 사실 두 번의 우승이나 중요한 시점에서 김인식은 노장들을 중용했고 이들은 믿음에 보답하듯 맹활약으로 화답했다. 95년 우승의 경우에는 박철순, 김상호 등 '항명파동' 당사자들이 '속죄의 대활약' 을 했고 한화 시절에도 송진우, 구대성, 정민철, 문동환 등 노장 중심으로 포스트시즌을 운영해 나갔다. 아무래도 큰 경기에서는 경험이 많은 노장들을 쓰는 것이 당연하고 정석이기도 하지만, 두산과 맞선 두 번의 플레이오프 처럼 힘을 앞세운 팀에게는 패인이 되기도 했다.

지나친 노장 우대는 신인 육성 소홀이라는 문제점도 야기하게 된다. 한정된 1군 엔트리에 30대 후반, 40대 초반 노장들이 많이 들어가게 되면 신인들의 자리는 그만큼 줄어들게 되고 그들이 커갈 수 있는 기회도 없어진다는 것이다. 한화 시절에도 류현진, 양훈 정도를 제외하면 눈에 띄는 젊은 투수가 없었다는 점이 거론되기도 한다. 2001년 이후 끝내 우승을 하지 못한 이유도 여기에 있다는 비평가들도 있다.

물론 이런 비판에 대한 반론도 있다. 일단 김인식이 맡았던 팀들이 상대적으로 (장기적) 투자에 인색했던 구단이었다는 점이다. 이제는 없어진 쌍방울 레이더스도 그렇고 두산도 서울을 연고로 한 팀임에도 90년대 후반까지는 그렇게 많은 투자를 하는 구단은 아니었다. 이런 상황에서 당장 성적을 내기 위해선 경험이 많은 선수 위주로, 다른 팀에서 방출 당했더라도 충분히 가능성이 있으면 재활을 시켜서라도 투입할 수밖에 없었다. 신인 육성에 관해서도 반론자들은 60억의 사나이 심정수를 보라고 말한다. 김인식 감독 본인도 한 포털사이트와의 인터뷰에서 가장 기억에 남는 선수로 심정수를 꼽은 바 있다.

"어떻게 보면 심정수 선수는 선천적인 소질보다는 후천적인 노력으로 성공한 선수입니다. 아주 노력형이었죠. 내가 OB 베어스 감독으로 갔을 때 이 선수가 내야수였는데, 공을 잡으면 자주 1루수 뒤

백네트에 갖다 던졌어요. 어깨는 좋은데 엉뚱한 데에 던지는 거죠. 그래서 1995년도에 일본 캠프를 가서 외야수로 바꿨습니다. 그런데 내야에 있다가 외야로 가니까 연습 때는 잘 받다가도 막상 시합에서는 안 되는 거예요. 결정적일 때 놓치는 게 많았죠. 아마 심정수 선수도 이제는 느낄 거예요. '아, 그때 김인식 감독이 나를 끝까지 내보내서 외야수가 되었구나.' 하는 것을요. 그렇게 실수를 죽 해도 계속 내보내니까 서서히 살아나더라고요. 그리고 2004년엔가 삼성으로 이적하면서 당시 최고액인 60억을 받았어요. 그땐 나도 굉장히 기쁘더라고요. 심정수 선수 본인도 피나는 노력을 했지만, 나도 굉장히 참고 오래 기다려준 선수였습니다."

야구도 결국 사람이 하는 것

김인식만의 '믿음의 야구'의 핵심은 바로 '야구는 선수가 하는 것' 그리고 '선수도 결국 사람이다'라는 것이다. 다시 말해 김인식 야구는 '야구도 결국 사람이 하는 것'이라는 한 문장으로 요약할 수가 있다. 그렇다면 감독의 역할은 무엇인가. 이와 관련해 한 언론과의 인터뷰에서 후배 감독들에게 해주는 충고 형식으로 들려준 감독관(觀)을 들어보자.

"야구 감독이 자신의 야구 색깔, 원칙을 갖는 것도 중요하지만 감독은 우선 머리, 눈, 가슴을 갖고 해야 한다. 머리는 야구에서 지략, 눈은 선수의 능력을 보는 힘, 그리고 제일 중요한 게 가슴이다. 초보 감독들은 열정이 넘쳐서 뜨거운 가슴을 갖기 쉬운데, 뜨거운 가슴이 아니라 따뜻한 가슴을 가져야 한다. 가슴이 따뜻해야 선수와 소통할 수 있다. 그 안에 '배려'의 가슴이 있어야 한다. 지적하고 혼내는 건 누구나 할 수 있다. 그게 제일 하수다. 믿음과 소통을 위해서는 리더가 참아야 한다. 참는 게 고통이 더 크다. 하지만 참아야 한다. 배려가 없는 사람은 스포츠건 인간사건 성공할 수 없다. 가슴이 따뜻한 감독으로 오래오래 해라, 그런 얘기를 하고 싶다. 말처럼 쉽지는 않다."

이어 쌍방울 감독 시절 무사만루 상황 볼카운트 0S-3B에서 당시 타자 김기태에게 히팅 사인을 냈던 기억을 꺼내며 감독의 역할을 이렇게 정리한다.

"선수들에 대해서 뭐랄까, 편하게 하면서도 뭔가를 하게끔 만들어 주는 역할이 감독의 몫이다. 무조건 맡기는 게 감독이 할 일이 아니다. 믿음 속에서 승부를 걸어야 한다. 무사만루 0-3 히팅 사인도 같은 맥락이다. 거기서 잘 치면 선수가 잘하는 거고 못 치면 감독 때문이다. 그렇게 되면 선수가 편해진다."

요컨대 김인식의 믿음의 야구는 뜨거운 야구보다는 따뜻한 야구, 선수와 끊임없이 소통하고 선수들을 최대한 편하게 해주면서도 그에 대한 책임은 감독이 모두 지고 가는 야구라 할 수 있다. 우리는 이것을 쌍방울, 두산, 한화에서 17년간 그가 실제로 보여준 야구를 통해 그리고 두 번에 걸친 WBC 대회를 통해 생생하게 목격했다.

무엇보다 김응룡, 김성근 등 쟁쟁한 선배 명장들과 선동열, 김경문, 조범현 등 똑똑한 야구 후배들과의 치열한 명승부를 통해 한국야구의 질적 수준을 한 단계 높인 공로는 높게 평가받아야 마땅하다. 거기에 '위대한 도전', '국가가 있어야 야구도 있다' 라는 메시지를 통해 야구로 국민이 하나가 될 수 있다는 긍정의 에너지를 만든 '국민 감독' 으로서 한국야구사에 기록되어야 마땅하다.

물론 이 모두에 앞서 김인식은 31년 KBO 역사에서 가장 '인간적인 감독' 이었다.

글. 박용훈

참고 자료

임진국 지음, 《김인식의 위대한 도전》, 북오션, 2009

9구단 창단……쌍방울의 10년은 어땠나 –스포츠서울 2011.3. 13

김인식 고문 "KS 첫 우승…… WBC보다 짜릿했지" –동아일보 2010. 1. 15

김응룡 회고록[3] ""웃어라, 웃어. 불난 집이 재수도 좋다."" –박동희의 Mr.베이스볼 2011. 8. 17

야구판 뒤흔든 '선동열 후폭풍' –주간경향 2003. 10. 23

이글이글 독수리 ""곰도 쪼겠다"" –한겨레 2005. 10. 7

김인식–김경문 감독의 '정통파 야구', 플레이오프 달군다 –스포츠조선 2007. 10. 15

늦깎이 도전에 나선 노장들의 투혼 드라마 –아시아투데이 2012. 5. 23

우리시대의 멘토 – 포기하지 않고 견뎌내는 법 김인식 –네이버캐스트
　　　　　http://navercast.naver.com/contents.nhn?contents_id=8530

선동열

1990년대 초반, 당시 해태와 상대했던 팀들의 팬들은 선동열이 불펜에서 몸을 풀기 시작하면 집에 갈 채비를 했다. 선동열이 마운드에 오르는 순간 역전승은 꿈도 꿀 수 없었기 때문이다. 선동열이 등판하자 상대 팀 관중석을 빼곡히 채웠던 인파가 썰물처럼 빠져나가던 광경은 지금도 눈에 선하다. 메이저리그의 전설적인 포수 요기 베라는 '끝날 때까지는 끝난 게 아니다(It ain't over till it's over)'라고 했거늘, 한 명의 투수가 불펜에서 몸을 푼다고 관중들이 짐을 챙겨 빠져나가는 신비한 현상을 어떻게 해석할 수 있을까?

비밀이 풀리는 데는 오랜 시간이 걸리지 않았다. 마운드에 오른 선동열은 150km/h를 넘나드는 무지막지한 강속구와 날카롭게 꺾이는 슬라이더를 앞세워 상대 팀 타선을 순식간에 잠재웠다. 타자들의 방망이는 연신 허공을 휘저었다. 요기 베라의 말도 일리가 있지만, 당시 한국에서는 '선동열이 마운드에 올라오면 끝난다.'가 옳았다.

선발과 구원을 가리지 않고 전천후로 활약하던 선동열은 건초염으로 인해 1993년부터는 완전히 구원투수로만 활약했고, 그해 49경기에 등판해 126 1/3이닝을 소화하며 0.78의 평균자책점(방어율)과 10승 31세이브라는 어마어마한 성적을 기록했다. 타자들이 선동열을 상대로 안타를 칠 확률은 12%, 살아서 1루에 나갈 확률은 17.2%에 불과했다.

총 433타석에서 선동열이 허용한 홈런은 고작 2개, 볼넷도 20개에 불과했다. 선동열이 불펜에서 몸을 풀면, 상대 팀을 응원하던 관중들이 쓰레기를 치우고 가방을 메는 모습은 자연스러운 현상이었던 것이다. 그만큼 선동열이 선수 시절 보여준 퍼포먼스는 어마어마했다.

해태에 입단한 1985년부터 일본으로 건너가기 전인 1995년까지 선동열은 11시즌 동안 367경기에 등판했고, 146승과 132세이브를 기록했다. 다른 투수라면 준수한 성적이겠지만 선동열에게는 최악의 시즌이었던 1994년(6승 4패 12세이브 2.73)을 제외한 나머지 시즌은 모두 1.70 이하의 평균자책점을 기록했으며, 피안타율도 1할대였다. 11년간의 통산 평균자책점이 1.20에 불과해, 당시 대학생의 나쁜 학점을 두고 '선동열 방어율'이란 표현이 유행하기도 했다.

국내에서 이미 전설의 반열에 올랐던 '국보급 투수' 선동열은 일본에서도 그 활약을 계속 이어갔다. 비록 첫 시즌에는 시행착오로 부진했지만, 진출 2년째인 1997년에는 43경기에서 1승 1패 38세이브, 평균자책 1.28을 기록하며 주니치의 수호신으로 거듭났다. 1998년에도 42경기에 등판해 3승 무패 29세이브 평균자책 1.48의 뛰어난 활약을 펼쳤다. 당시 선동열의 활약은 메이저리그의 박찬호와 함께 IMF로 실의에 빠졌던 국민들의 자긍심을 일깨워주었다.

1999년 1승 2패 28세이브 평균자책 2.61의 성적을 마지막으로 선동열은 그 누구보다 화려했던 선수생활을 마무리한다. 국내에 복귀하면 조금 더 선수생활을 연장할 수도 있었지만, 선동열은 서른일곱의 나이로 소속팀 주니치에 우승을 안기며 유종의 미를 거두고 유니폼을 벗었다. 그 어떤 미사여구로도 부족한 위대한 투수의 한 시대가 저문 것이다.

스타 선수는 스타 감독이 될 수 없다?

흔히 스타 선수는 성공한 감독이 될 수 없다고들 말한다. 실패를 경험해보지 않아 기량 면에서 완성되지 못한 선수들의 심정을 헤아릴 수 없기 때문이다. 종목은 다르지만, 축구에서 으뜸가는 명장으로 손꼽히는 맨체스터 유나이티드의 알렉스 퍼거슨 감독은 선수 시절 단 한 번도 국가대표에 뽑히지 못했다. 호세 무링요 레알 마드리드 감독은 프로 선수로 뛴 경력조차 없다. 반면, 최고의 선수로 꼽힌 선수들 중 감독으로도 성공한 케이스를 찾기는 쉽지 않다.

선동열 감독은, 자타가 공인하는 슈퍼스타다. 국내에서는 단 한 번도 실패를 경험해본 적이 없었다. 고교무대를 평정한 선동열은 고려대에 진학했고, 이후 국제무대에서도 그 존재감을 드러내기 시작했다.

고려대 1학년이던 1981년에는 청소년 대표로 뽑혀 제1회 세계 청소년 야구선수권 대회에 출장해, 3승 무패 방어율 0.38의 놀라운 성적(24이닝 1실점 36탈삼진)으로 대회 MVP를 수상했다. 이듬해 열린 세계 야구선수권 대회에서도 0.31의 방어율로 3승(29이닝 1자책 30탈삼진)을 거둬 또다시 MVP를 거머쥐었다.

1983년에는 어깨 부상으로 상태가 좋지 않은 외중에도 아시아 야구선수권 대회(15 1/3이닝 2자책점)와 대륙간컵 대회(31이닝 4실점)에서 모두 좋은 피칭을 선보였다. 1984년 로스앤젤레스에서 열린 올림픽에서는 16이닝 동안 1실점, 같은 해 쿠바에서 열린 세계 야구선수권 대회에서는 17 1/3이닝을 던지는 동안 방어율 제로를 기록했다.

프로에 입단한 1985년 이후에도 선동열의 성공신화는 계속됐다. 1995년까지 11시즌 동안 소속팀에 6차례의 우승을 안겨주었고, MVP 3회, 올스타 9회, 골든글러브 6회 등 각종 타이틀을 휩쓸었다. 특히 선동열은 투수 최고의 영광인 트리플 크라운(평균자책점, 다승, 탈삼진 1위)을 4차례나 달성했는데, 그를 제외하면 2006년의 류현진(한화)과 2011년의 윤석민(KIA)만이 그 고지를 밟을 수 있었다.

선동열의 국내 프로야구 커리어 동안 최악의 시기는 건초염 부상으로 많은 경기에 출장하지 못한 1992년이 유일했다. 그리고 이듬해 최고의 마무리 투수로 재차 거듭나면서 부상의 후유증도 오래가지 않았다. 한마디로 야구를 시작한 이래 선동열의 선수 시절은 그 누구도 범접할 수 없는 화려함을 보여줬다고 평가해야 할 것이다.

좌절로 더욱 단단해지다

그런 선동열에게 최악의 시기가 찾아왔으니, 주니치 드래곤스에 입단한 첫해였다. 시즌이 개막되기도 전에 모친상을 당했고, 그로 인해 동계훈련을 충분히 하지 못했다. 첫 게임에서 2이닝 동안 1실점, 두 번째 게임에서는 세이브를 거뒀지만 프로 12년 만에 1이닝에 홈런 두 방을 맞아 3실점한 후 2군으로 내려갔다. 선동열 사전에는 결코 없을 것만 같았던 '2군행'이었다. 2군에서 훈련을 하고 돌아온 뒤에도 선동열은 좀처럼 나아지지 않았다. 페이스를 찾기 위한 선발 등판에서 4실점, 7실점 등 부진이 계속됐고, 38경기에 등판했지만 5승 1패 3세이브 평균자책 5.50이라는, 선동열이라 믿기 어려운 충격적인 결과를 남겼다.

그러나 좌절은 선동열을 더욱 강하게 만들었다. 주니치와 2년 계약이 끝나는 1997년, 선동열은 구겨진 자존심을 회복하기 위해 스프링캠프에서 공 2,800개를 던졌다. 그리고 다른 선수들이 쉴 때, 투수코치와 함께 왼 다리를 올려놓고 고정된 상태에서 공을 던지는 자세를 익혔다. 선동열의 노력은 헛되지 않았다. 1997년, 선동열은 개막전에서 행운의 세이브(폭투를 던졌지만 3루 주자가 홈에서 아웃당하며 경기가 끝났다. 하지만 느린 화면으로는 세이프였다)를 챙긴 이후, 폭풍 같은 세이브 행진을 이어갔다.

5월 21일 한신 전을 시작으로 8월 3일 야쿠르트 전까지 18게임 연속 세이브 포인트를 따냈고, 선동열이 등판하면 주니치는 어김없이 승리를 챙겼다. 그해 선동열이 기록한 38개의 세이브는 당시 센트럴리그의 단일 시즌 최다세이브 타이기록이었다. 43경기에서 63 1/3이닝을 소화하면서 단 한 개의 홈런도 내주지 않았을 정도로 '국보급 투수' 선동열은 일본 무대도 좁다는 것을 증명해냈다. 1999년에는 주니치의 우승을 이끌어내며 선수가 맛볼 수 있는 모든 영광을 거머쥔 선동열. 일본에서 첫해 겪었던 좌절이 그를 더욱 강한 투수로 키워낸 것이다.

이때의 좌절을 이겨내고 성공에 이른 경험은 '뛰어난 선수는 뛰어난 감독이 되기 어렵다'는 속설을 무색하게 만들었다. 실제로 선동열 감독은 나중에 "사실 스타 선수는 명장이 되기 어렵다는 말이 맞아요. 스타 플레이어들이 아주 이기적이란 말입니다. 야구 못하는 선수들의 마음을 헤아리지 못하죠. 하지만 저는 일본 진출 첫해 난생처음 2군으로 내려갔는데, 그때 못하는 선수들의 심정을 알게 됐죠. 저도 그전에는 아주 이기적이었거든요. 많은 걸 생각하게 됐어요."라고 말하며 2군에서의 선수생활이 감독직을 수행하는 데 큰 도움이 됐음을 밝혔다.

선동열 감독을 차지하기 위한 쟁탈전

선수생활을 마무리한 선동열은 KBO 홍보대사로 2002년까지 활동했다. 이후 2003년 주니치 드래곤스의 2군 투수코치로 부임하면서 지도자로서의 첫발을 내딛게 된다. 선동열이 일본에서 목격한 인상적인 장면은 스프링캠프에서 베테랑 투수들이 하루에 500~600구를 던지는 광경이었다. 이전까지 우리나라 캠프에서는 투수들이 보통 하루에 40~50개를 던지고, 100개를 던지면 며칠을 쉬는 미국식 훈련을 했다. 하지만 일본 투수들은 마운드에서 많은 투구를 함으로써 투구의 감을 익혔다. 선동열 감독 특유의 '3,000구 이론(스프링캠프에서 3,000구 던지기)'은 여기서 시작된 것이다.

주니치 2군 보조코치로 활동하면서 선동열은 타자들을 잡아내는 강속구가 아닌 타자들의 컨디션을 끌어올려주는 배팅볼을 던졌고, 1

군의 대우와는 다른 2군 선수들의 애환을 직접 옆에서 지켜볼 수 있었다. 이런 경험은 나중에 선동열이 뛰어난 지도자로 거듭나는 소중한 재산이 된다.

2004년 선동열은 국내에 복귀, 삼성의 수석코치 겸 투수코치로 취임해 해태 시절의 은사인 김응룡 감독을 옆에서 보필하게 됐다.

선동열이 국내에 복귀해 삼성에서 코치를 맡기까지의 과정은 지금까지도 회자되고 있다. 당시 두산과 LG는 선동열을 감독 또는 코치로 영입하려고 쟁탈전을 벌였고, 이 과정에서 두산은 김인식 감독, LG는 이광환 감독에게 결별을 통보했다. 실제로 선동열 역시 처음에는 두산 감독으로 내정되어 있었다. 2002년 올스타전 직전인 7월 초 두산의 구단주인 박용오 총재의 특명을 받은 KBO 고위관계자와 경창호 두산 베어스 사장의 설득으로 두산행을 결심했다.

하지만 2차 접촉에서 선동열은 코칭스태프 인선에서 두산과 마찰을 빚었다. 원인은 당시 금전문제로 물의를 일으킨 한대화 동국대 감독의 수석코치 제의를 두산에서 반려했기 때문이었다. 이에 LG에서 1년 코치 후 감독 취임이라는 제의를 했고, 선동열도 어느 정도 동의했지만, 내심 고려대 선배인 이광환 감독의 계약기간이 1년 남은 상황에서 투수코치로 뛰는 것을 꺼림칙하게 여겼다. 그러던 차에 김응룡 삼성 감독의 전화 한 통으로 선동열은 국내 지도자 생활의 첫발을 해태 시절 자신을 11년간 지도한 은사 밑에서 뛰기로 결심한다.

결국 닭 쫓던 개 지붕 쳐다보는 격이 된 두산과 LG는 감독을 교체했고, 두산은 김경문 배터리 코치를 감독으로 선임했으며, LG는 이순철 주루 코치를 감독으로 승격시켰다. 선동열이라는 거물을 영입하기 위해 서울을 연고로 하는 두 인기 구단이 감독을 교체한 모양새가 된 것이다. 선동열은 삼성의 투수코치로 부임하면서 "김인식 두산 감독에게 죄송스럽게 생각하며, 고향 팀 KIA 감독(당시 KIA 감독은 해태 시절 선배인 김성한)으로 간다는 소문도 돌고 있던 와중이라 진로를 일찍 결정하게 됐다."고 밝혔다.

선동열의 투수 육성 능력

당시 삼성은 2002년 한국시리즈에서 우승한 강팀이었다. 무엇보다도 이승엽, 마해영, 양준혁, 브리또 등이 포진한 타선이 강력했고, 투수진에서는 임창용, 노장진, 김현욱, 엘비라 등이 좋은 활약을 펼치고 있었다. 2003년에도 이승엽, 양준혁, 마해영이 건재했고 박한이, 진갑용, 김한수 등이 타선을 받치며 최강의 공격력을 유지했다. 하지만 투수진이 작년만 못하면서 정규시즌 3위로 준플레이오프부터 치렀고, 4위 SK 와이번스에게 일격을 허용하며 2년 연속 우승이 좌절되고 말았다.

선동열 수석코치 겸 투수코치는 2004년 취임해 삼성의 투수진을 전반적으로 업그레이드 시켰다. 부임하자마자 주니치 시절 깊은 인상을 받았던 전문적인 트레이닝 코치를 초빙했다. 지금은 한화에서 일하고 있는 하나마쓰 트레이닝 코치가 국내 생활을 시작한 것도 선동열 코치의 추천이 있었기에 가능했던 것이다.

스프링캠프에서 선동열 투수코치가 강조한 것은 '체중 감량'과 '3,000구 투구' 였다. 선수들에게 체중을 감량할 것을 지시하면서

“스프링캠프 이전까지 신인, 고참을 불문하고 몸무게가 11월보다 1kg 늘어날 경우 벌금 100만 원씩을 물리겠다.”고 선언했다. 그리고 투수들에게 생존을 위해 3,000개의 투구를 주문했다. 선동열 코치는 “우리 투수들이 전지훈련에서 긴장하는 모습을 찾기 힘들었다. 산만한 플레이로 일관, 시즌 중 경기에서만 잘 던지면 된다는 생각이 대부분이었다. 먼저 이런 점을 깨고 싶었다.”고 말하며 많은 투구를 소화해야 시즌에서도 살아남을 수 있다는 점을 강조했다.

선동열 코치의 지도 방식은 소득이 있었다. 기존의 임창용, 노장진, 김현욱에 의존했던 투수진에서 배영수가 새로운 에이스로 떠오른 것이 변화의 시작이었다. 배영수는 2001년과 2003년에 13승을 거두며 삼성 선발진에서 돋보이는 활약을 했지만, 사실 많은 승수는 강력한 팀 타선의 영향이 컸다. 투수들의 능력을 평가하는 척도가 되는 평균자책은 2001년 3.77, 2003년 4.51로 에이스급 투수의 성적으로 보기에는 부족했다.

하지만 배영수는 선동열을 만나면서 준수한 선발 투수에서 리그를 대표하는 에이스로 거듭났다. 2004년 배영수는 189 2/3이닝을 투구하면서 평균자책 2.61을 기록, 리그를 대표하는 에이스의 반열에 오르게 된다. 35차례의 등판에서 16번의 선발승과 1번의 구원승을 챙겼으며, 패전은 불과 2번뿐이었다. 정규시즌 MVP를 수상한 배영수가 현대를 상대로 한 한국시리즈에서 기록한 10이닝 노히트노런은 아직까지도 회자되는 역사적인 투구였다.

배영수만 좋아진 것이 아니다. 유망주에 불과했던 권혁이 처음 두각을 나타낸 시기도 2004년이었다. 37차례의 등판에서 81이닝을 투구하는 동안 78개의 삼진을 잡아냈을 정도로 권혁이 보여준 투구는 대단한 주목을 받았다. 특히 포스트시즌에서 보여준 권혁의 투구는 모든 사람의 이목을 끌었으며, 하일성 당시 KBS 해설위원은 중계방송 중에 "권혁 선수의 직구는 코너워크 할 필요가 없어요. 그냥 가운데에 넣어도 타자들은 못 쳐요."라며 호평했다.

배영수, 권혁에 그치지 않았다. 권오준도 선동열이 부임하면서 빛을 본 선수다. 권오준은 2차 1라운드에 지명되어 삼성에 입단했지만, 초기에는 그다지 주목 받지 못했고 해병대에 상근 예비역으로 근무를 마치고 복귀한 유망주였다. 2003년에 13경기에 등판해서 23이닝 동안 평균자책 3.13을 기록하며 가능성을 보였지만, 권오준이 자신의 진가를 보여주기 시작한 것은 선동열이 삼성 코치로 부임한 2004년이었다. 그해 권오준은 선발과 불펜을 가리지 않고 47경기에 등판해 11승 5패 7홀드 2세이브를 기록했으며, 153 1/3이닝을 투구하면서 삼성 투수진의 궂은 살림을 도맡았다.

배영수의 성장과 '쌍권총(권오준-권혁)'의 발견, 그리고 기존 임창용의 활약까지 더해지면서, 삼성은 노장진과 김현욱이 노쇠화 기미를 보였음에도 3.76점의 팀 평균자책점을 기록, 리그에서 가장 뛰어난 투수진을 자랑했다. 이전 시즌 기록인 4.37보다 훨씬 좋아졌다는 점, 그리고 당해년도 리그 전체의 평균자책점(4.29점)보다 0.53점이나 낮았다는 것은 선동열의 투수 육성 능력을 증명하는 뚜렷한 증거인 셈이다.

위기가 없었던 것은 아니다. 2004년에 삼성은 창단 이후 최다인 10연패를 기록하기도 했다. 하지만 김응룡 감독과 선동열 수석코치

는 팀을 잘 추스르며, 시즌이 끝날 때는 1위 현대에 승률에서 불과 2
리 뒤진 .584의 승률로 한국시리즈까지 진출했다. 9차전까지 가는
팽팽한 승부 끝에 비록 우승 문턱에서 고배는 마셨지만, 야구 전문
가들은 투수진의 세대교체를 이끌어내며 단기간에 많은 것을 보여
준 선동열의 투수 육성 능력을 높이 평가했다.

감독으로 부임하자마자 우승을 거머쥐다

2005시즌을 앞두고 김응룡 감독이 사장으로 승진하면서, 그 자리를
선동열이 이어받았다. 그해 삼성은 전년도 우승팀 현대 유니콘스의
핵심 선수인 심정수와 박진만을 100억이 넘는 금액을 투자하여 FA
로 영입, 전력을 한층 강화한다. 선동열은 삼성 감독으로 취임하면
서 '지키는 야구'를 강조했다. 특히 삼성의 전통적인 팀 컬러라고 할
수 있는 선이 굵고 호쾌한 야구보다는 세밀한 야구와 생각하는 야구
를 하겠다고 밝혔다. 선수들에게 작전 소화 능력을 강조했고, 빠른
야구를 추구했다.

　야수진에서 선 감독이 내세운 전략 중 하나는 '멀티 플레이어의
육성'이다. 그 최대 수혜자는 단연 김재걸이다. 김재걸은 현대 피닉
스와 스카우트 분쟁까지 겪으며 2억 1천만 원이라는 당시 신인 최고
계약금을 받고 삼성에 입단했지만, 빈약한 공격력으로 소속팀에서
큰 활약을 보이지 못하며 선동열 감독이 부임하기 전까지 그저 그런
백업선수에 머물렀다. 데뷔 해부터 2004년까지 10년 동안 총 628경
기에 출장했지만, 200타석 이상 들어선 시즌은 한 차례도 없었다.

하지만 선 감독 부임 이후 김재걸은 2005년부터 2008년까지 3년 연속 100경기 이상 출장했고, 국가대표로도 선발되며 팬들 사이에서 '걸사마'로 불리기 시작했다. 그가 내야 전 포지션에서 평균 이상의 수비 능력을 보여줬기 때문이다.

결과적으로 선동열은 감독으로 부임하자마자 데뷔 시즌에 우승을 맛봤다. '스타 플레이어 출신 감독은 명장이 될 수 없다'는 편견을 단번에 깬 것이다. 우승의 원동력은 '지키는 야구'였다. 그리고 그 중심에는 대졸 신인 투수 오승환의 활약이 있었다. 2005년 당시 오승환은 셋업맨으로 61경기에 등판해 1.18의 철벽 방어율로 10승 11홀드 16세이브를 기록하여 '트리플 더블'이라는 신조어를 탄생시켰고, 99이닝 동안 115개의 탈삼진을 잡아 구원투수임에도 이 부문 5위에 오르는 기염을 토했다.

오승환의 기록은 선동열 감독의 국내 프로야구 마지막 시즌이던 1995년과 견줄 수 있을 정도로 뛰어났다. 평균자책점(오승환 1.18 / 선동열 0.49)은 제법 차이가 있지만, 피안타율(.137 / .138)은 비슷한 수준이었고, 9이닝당 탈삼진도 선동열 11.52개, 오승환 10.94개로 큰 차이가 없었다. 투구이닝도 10이닝 정도밖에 차이가 나지 않았으니, 선동열 감독의 손에서 '제2의 선동열'이 탄생했다 해도 과언이 아니다.

오승환이 이 정도까지 활약해줄지는 그 누구도 예상하지 못했다. 고교 시절에는 지명을 받지 못했고, 대학에 입단하고 두각을 나타냈지만, 팔꿈치 인대 접합수술 경력이 있어 지명에 위험성도 따랐다. 1라운드에서 전체 5순위로 삼성에 지명되어 1억 8천만 원의 계약금을 받고 입단했지만, 이때까지만 해도 그가 제2의 선동열이 될 것이란 예측은 누구도 하지 못했다. 하지만 선동열 감독의 지도와 함께 오승환은 프로야구 역사상 가장 뛰어난 소방수로서의 화려한 발걸음을 내디딜 수 있었다.

젊은 투수들의 성장도 계속됐다. 비록 승운이 따르지 않아 11승에 그쳤지만, 배영수는 31차례의 선발 등판에서 2.86의 평균자책을 기록하며 이 부문 2위로 시즌을 마감했다. 2004년 포스트시즌에서 놀라운 활약을 펼친 권혁은 팔꿈치 수술을 받아 2005년에는 경기에 나서지 못했지만, 권오준은 부진에 빠진 임창용 대신 마무리 투수로 활약하며 3승 17세이브 평균자책 2.29의 준수한 성적을 거뒀다.

또 다른 젊은 투수가 발굴됐으니, 안지만이 그 주인공이다. 2002년 신인 드래프트에서 전체 40순위로 지명 받고 입단해 별다른 주목을 받지 못했던 선수지만, 2005년에 혜성같이 등장해 63경기에서 8승 3패 14홀드를 기록, 선동열의 또 다른 작품으로 각광 받기 시작했다.

베테랑 박석진과 전병호의 활약도 돋보였다. 특히 전병호는 선동열 감독 체제 하에서 제2의 전성기를 누린 대표적인 선수였다. 느린 공, 더 느린 공, 그보다 더 느린공을 던지며 선발 로테이션에서 자신의 존재감을 어필했다. 빼어난 활약은 아니었지만, 그가 있었기에 삼성의 구원진은 체력을 아낀 상태에서 마운드에 올라 승리를 지켜낼 수 있었다.

선동열 감독의 투수 운용 능력도 빛을 발했다. 1점 차 승부에서 삼성은 20승 11패를 기록하며 .645의 승률을 기록했다. 8개 구단 가운데 단연 최고의 성적이다. 선취점을 낸 58경기에서 49승(9패)을 거둬 .839라는 무시무시한 승률을 기록했다. 5회까지 리드를 잡은 57경기에서는 53승 1무 3패로 승률이 .946이나 됐다. 이는 구원 투수들의 역량도 중요하지만, 투수진을 직접 운용하는 감독의 정확하고 냉철한 판단력이 뒷받침되어야 가능한 결과다. 이렇게 5회 이후에 역전을 허용하지 않는 선동열 감독 특유의 야구는 감독 부임 첫해부터 시작됐다.

선동열 감독의 투수 운용은 한국시리즈가 백미였다. 플레이오프에서 3연승으로 올라온 두산이 사실상 전력 누수가 거의 없는 상황에서 도전장을 던졌지만, 모든 것은 선동열 감독의 계산대로 이루어졌다. 삼성은 막강 투수력을 앞세워 두산을 4연승으로 제압했고, 시리즈 내내 두산이 낸 점수는 모두 합해 5점에 불과했다. 선동열 감독은 김응룡 감독에게 배운 한 박자 빠른 투수 교체로 한국시리즈에서 큰 재미를 봤다.

아직 아쉬움과 의심이 남아 있었다

그러나 밝은 면만 있는 것은 아니었다. 특히 임창용의 부진은 아쉬운 대목이다. 양준혁과의 트레이드로 삼성에 입단한 후 매 시즌 핵심 투수로 활약했지만, 2005년에는 평균자책점 6.50의 부진을 겪으면서 선동열 감독의 플랜에서 멀어지고 말았다.

야수진에서 단연 돋보이는 성과는 느림보 구단이던 삼성을 발 빠른 팀으로 변모시킨 점이다. 2004년 삼성의 도루 개수는 리그에서 가장 적은 50개였다. 그러나 2005년에는 97개로 2배 가까이 늘어났으며, 이는 8개 구단 중 5위의 기록이었다. 스프링캠프에서 강도 높은 체력훈련을 시행한 성과도 있었다. 대구의 찌는 듯한 더위로 여름에 약한 모습을 보이던 삼성은 선 감독 부임 이후 여름에 더 강점을 가지는 팀으로 변했다.

하지만 급격한 팀 컬러의 변화는 '뻥야구'에 길들여진 삼성 팬들의 마음을 사지는 못했다. 선동열 감독은 "타선은 안 믿는다. 큰 것 한 방이 터지면 더 바랄 게 없지만 선수들이 큰 것만 욕심내게 하지 않겠다."고 말하며 스몰볼을 강조했다. 김응룡 전 감독은 번트를 잘 대지 않았지만, 선동열 감독은 그 반대였다. 그해 삼성의 희생번트는 98개로, 조범현 감독의 SK(136개), 김재박 감독의 현대(105개)에 이어 8개 구단 중 세 번째로 많았다.

부임 첫해에 우승했다지만, 선 감독의 능력을 의심하는 시각은 좀처럼 사라지지 않았다. 가장 강력한 라이벌이자 전년도 우승팀인 현대 유니콘스의 주축 선수들을 빼왔기 때문이다. 팀 타선의 핵심인 심정수와 내야 수비의 사령탑인 박진만이 삼성으로 이적하면서, 디펜딩 챔피언 현대는 7위 팀으로 급격한 추락을 경험했다. 반면, 삼성으로 이적한 심정수는 팀에서 가장 많은 홈런과 타점을 기록했고, 박진만은 포스트시즌에서 물샐틈없는 수비력을 과시하며 '지키는 야구'의 일익을 담당했다.

전임 김응룡 감독이 팀을 탄탄히 다져 놓은 것도 선동열 감독의 능력을 의심하게 된 이유다. 삼성은 김응룡 감독이 이끌던 2001년~2004년 사이에 3번이나 한국시리즈에 올랐고, 그중 한 번은 우승을 차지한 강팀이었다. 그런 팀을 물려받은 데다, 강력한 라이벌인 현대가 침몰했기에 삼성의 우승도 가능했다는 평가가 지배적이었다. 실제로 심정수와 박진만이 삼성에 입단했을 때, 주변에서는 '삼성이 우승하지 못하면 바보'라는 말도 심심찮게 나왔다. 선동열 감독 역시 우승 이후 인터뷰에서 '운이 좋았다'는 식으로 말하기도 했다. 부임 첫해에 우승했다지만, 아직 국보급 투수가 명장의 반열에 올랐다고 평가하기에는 검증의 시간이 필요했다.

선동열 감독의 빛나는 용병술

숱한 세월이 지나도 첫사랑을 잊지 못하듯이 모든 사람들은 자신의 첫 경험에 각별한 기억을 갖고 있다. 선동열 감독의 첫 번째 우승도 마찬가지다. 2005년 선동열 감독은 삼성을 정규시즌 1위로 이끌며 한국시리즈 직행에 성공했지만, 한국시리즈 무대에 도전장을 던진 김경문 감독의 두산 베어스는 만만치 않은 상대였다.

그해 두산은 병풍으로 마무리 투수 구자운(54경기 32세이브), 셋업맨 이재영(60경기 14홀드), 5선발 이경필(20경기 선발 5승 12패) 등을 잃으면서 전력에 누수가 있었지만, 김경문 신임 감독은 팀을 잘 추슬러 한국시리즈까지 진출시켰다. 특히 두산은 패넌트레이스 최종전에서 SK를 극적으로 따돌리고 플레이오프 직행을 확정지었고, 플레이오프에서도 SK를 물리친 한화를 맞이해 단 한 경기도 내주지 않고 3연승으로 한국시리즈에 진출해 욱일승천의 기세에 있었다.

선동열 감독의 삼성이 한국시리즈 직행을 확정 짓고 휴식을 가졌지만, 두산도 3경기 만에 플레이오프에서 승리를 거두었기에 삼성이 누리는 이점은 퇴색됐다. 때문에 대부분의 전문가는 패넌트레이스 최종전부터 플레이오프까지 상승일로에 있던 두산의 우세를 점쳤다. 더욱이 한국시리즈 같은 큰 경기에서 승리의 필수요건으로 꼽히는 선발 에이스의 존재도, 두산이 리오스(두산 이적 이후 9승 2패 평균자책 1.37)와 랜들(12승 7패 평균자책 3.25), 박명환(11승 3패 평균자책 2.96)을 보유하고 있었기에 더욱 높은 평가를 받았다.

그러나 전문가들의 예상은 보기 좋게 빗나갔다. 1차전에 삼성의 선동열 감독은 특유의 절묘한 투수 운용으로 상승세에 있었던 두산 타선을 잠재웠고, 두산의 에이스 리오스를 괴롭히며 패배를 안겼다. 리오스가 몸 쪽 코스를 즐겨 사용한다는 점을 노려(리오스는 한국에서 뛴 2002년부터 2007년까지 6시즌 연속 사구 허용 1위였다) 타자들이 타석에서 바짝 붙을 것을 주문했고 작전은 주효해 3회 말 공격에서 박진만과 진갑용이 연거푸 몸에 맞는 말로 출루했고 김종훈의 희생번트와 조동찬의 내야안타로 2 대 0으로 뒤지고 있는 상황에서 1점을 따라가는 데 성공했다.

리오스는 6회까지 삼성을 상대로 비교적 좋은 투구를 했지만, 6개의 안타와 3개의 사구로 3실점 하면서 패전의 멍에를 썼다. 삼성은 초반에 두산에게 2실점 하면서 끌려갔지만, 권오준과 오승환이 6회부터 마운드에 올라 2이닝씩을 무실점으로 막아 역전승의 발판을 마련했고, 불의의 부상으로 실려 나간 박종호 대신 타석에 들어선 김재걸이 5회에 역전 1타점 2루타를 때려내면서 경기를 잡아낼 수 있었다.

한국시리즈 2차전은 연장 12회까지 가는 팽팽한 승부였다. 그날 경기에서도 삼성은 1차전과 마찬가지로 두산에게 선취점을 내주고 9회 말까지 2 대 1로 끌려가며 패색이 짙었지만 1사 후 대타로 들어선 김대익이 두산의 마무리 정재훈을 상대로 극적인 동점 솔로 홈런을 터뜨리며 승부를 연장까지 끌고 가는 데 성공했다.

2차전에서도 선동열 감독의 계투 작전은 돋보였다. 배영수가 선발로 나와 6 1/3이닝을 1실점으로 막은 이후에 박석진, 권오준, 안지만, 오승환이 12회까지 두산 타선을 1실점으로 잘 막았다. 특히 오승환은 경기가 끝날 때까지 3이닝을 무실점으로 막아 팀 승리의 주역이 됐다. 여기에 1차전 승리를 이끈 김재걸 역시 3타수 3안타 2볼넷에 연장 12회 선두타자로 나와 2루타를 때려 끝내기 득점을 올리는 데 기여하는 등 만점 활약을 이어갔다. 1차전과 2차전 모두 주전이 아닌 백업요원에 불과했던 김재걸과 김대익이 승리에 공헌했기에 선동열 감독의 용병술이 돋보였다.

팽팽한 승부 끝에 1, 2차전을 내준 두산은 힘이 떨어졌는지 3차전은 선동열 감독의 투수 물량 작전(바르가스·오상민·권오준·전병호·안지만·박석진)에 막혀 단 한 점도 뽑아내지 못하고 6 대 0으로 패배했으며, 배수의 진을 치고 4차전에 팀 내 최고 선발 투수인 리오스를 등판시켰지만 리오스는 3이닝 동안 4실점 하면서 경기 분위기를 내줬다.

반면, 하리칼라(5이닝) − 박석진·오상민·권오준·오승환이 이어 던진 삼성의 투수진은 9이닝 동안 1점밖에 내주지 않았으며 두산은 경기 후반에 대량 실점하면서 10 대 1로 경기가 종료, 삼성은 팀 창단 후 두 번째로 한국시리즈 우승을 거머쥐었다. MVP로는 한국시리즈 3경기에 등판해 7이닝 동안 평균자책 '0'에 11개의 탈삼진을 잡은 신인 오승환이 거머쥐었다.

2005년 한국시리즈는 신임 사령탑이라고는 믿어지지 않는 선동열 감독의 대담한 투수 운용과 용병술이 돋보인 시리즈였다. 주도면밀한 투수 교체와 상대의 약점을 철저히 분석하여 1, 2차전 뒤지고 있던 승부를 역전시켰기에 선동열 감독의 뚝심과 용병술이 빛났다.

2년 연속 우승, 선동열의 이상적인 야구 구현

2006년에도 삼성의 전망은 밝았다. 배영수와 오승환을 위시해 안지만, 권오준, 권혁, 김진웅 등 젊은 투수들의 성장은 삼성 왕조 탄생의 서막을 예고했다. 그리고 그 예상은 2006년까지도 유효했다. 그 해 삼성은 패넌트레이스에서 73승 3무 50패로 .593의 승률을 기록했고, 2위 현대를 4경기 차이로 따돌리고 정규시즌 우승을 확정지었다. 우승에 밑거름이 된 것은 역시 투수력이었다.

당시 삼성 투수진에서 가장 돋보이는 부분은 선발 투수 다섯 명이 모두 규정이닝을 소화했다는 점이다. 선동열 감독은 불펜을 일찍 가동하는 편이었지만, 선발 투수들이 최소한 5회까지는 던질 수 있게 보장해주었다. 그 결과 배영수(157 1/3이닝 평균자책 2.92), 브라운(154 1/3이닝 2.68), 임동규(138이닝 3.91), 하리칼라(135 1/3이닝 3.33), 전병호(134이닝 3.90)가 규정이닝을 충족했다.

불펜의 단단함은 여전했다. 선발투수들이 5회만 막아주면, 뒤는 불펜투수들이 알아서 책임졌다. 삼성의 불펜 평균자책점(3.32)은 KIA(2.97)에 이어 리그 2위였고, 불펜진의 승률은 .686으로 리그 1위였다. 1점 차 승부에서 .567의 높은 승률(2위)을 기록했으며, 선취점을 냈을 때의 승률(.776)은 전년도에 이어서 여전히 리그 최고였다. 배영수 정도를 제외하면 에이스급 투수는 없었지만, 효과적인 계투진 운용과 강력한 구원진을 바탕으로 삼성은 무난히 2연패를 달성할 수 있었다.

불펜을 지탱해준 것은 역시나 오승환이었다. 시즌 내내 팀의 붙박이 마무리 투수로 활약한 오승환은 아시아 신기록인 47세이브를 거뒀고, 신인 시절에 이어 또다시 1점대 평균자책점(1.59)을 기록했다. 1년 동안 허용한 홈런이 1개에 불과했고, 아웃 카운트 중 46%를 삼진으로 잡아낸 오승환의 구위는 그야말로 압도적이었다. 오승환과 함께 'K-O 펀치'로 불린 권오준 역시 역대 최다인 32홀드와 1.69의 평균자책점을 기록하며 뛰어난 활약을 보였다. 보직을 서로 맞바꾸며 상생의 길을 찾은 것이다.

삼성의 공격력은 그해에도 좋지 못했다. 무엇보다도 거액을 들여 영입한 심정수의 부상과 부진이 뼈아팠다. 삼성의 팀 타율과 OPS는 리그 평균 수준이었고, 투고타저의 영향에서 팀 홈런은 전년도 111개에서 73개로 줄어들었다. 이는 팀당 80경기만 치른 프로 원년을 제외하면, 삼성의 팀 역사상 가장 적은 기록이다. 거포군단이던 삼성이 딱총타선으로 전락한 것이다. 이 때문에 선동열 감독은 팀의 한국시리즈 2연패를 이끌었지만, 전통의 팀 컬러를 해쳤다는 이유로 올드팬들의 지지를 잃기 시작했다. 특히 선동열 감독이 "타자들을 믿지 않는다".라고 한 말은 그를 비판하는 단골 소재였다. 선동열 감독은 타자들의 분발을 촉구하기 위해서 한 말이라고 했지만, 아이러니하게도 한국시리즈 2연패를 하는 동안 삼성의 공격력은 팀 역사상 가장 나쁜 축에 속했다.

우승과 맞바꾼 팔꿈치

한국시리즈에서는 배영수의 역투가 빛났다. 상대팀 한화의 1차전에 선발 투수는 당시 선동열에 이어 역대 2번째로 투수 부문 트리플 크라운을 달성하며 사상 최초로 신인왕과 MVP를 석권한 류현진. 배영수는 그런 류현진을 맞아 6이닝 무실점 역투를 펼치면서 팀을 4 대 0 승리로 이끌었다. 하지만 진짜 배영수의 기적은 그 이후부터 시작됐다. 사흘을 쉬고 등판한 3차전에서 삼성은 12회까지 가는 팽팽한 승부를 펼쳤고, 배영수는 팀이 12회 초 공격에서 1점을 뽑아 4 대 3으로 달아나자 마운드에 올라 오승환마저 무너뜨린 한화의 다이너마이트 타선을 잠재웠다.

배영수의 투지는 계속됐다. 그는 뒤이은 4~6차전에도 모두 등판했다. 무승부로 끝난 5차전을 제외하면 4차전에서는 승리투수가 됐고, 6차전에서는 홀드를 기록했다. 배영수의 2006년 한국시리즈 기록은 2승 1홀드 1세이브, 삼성이 승리한 4경기는 모두 배영수의 활약이 뒷받침되었다. 한국시리즈 MVP는 공격과 수비에서 결정적인 활약을 보인 박진만이 뽑혔지만 배영수의 불꽃같은 투구가 아니었다면, 프로야구 역사상 최초로 신임 감독이 한국시리즈를 2연패 하는 광경은 보지 못했을 것이다.

하지만 배영수의 등판은 선수 생명을 담보로 한 것이었다. 팔꿈치 상태가 좋지 못함에도 진통제를 맞고 마운드에 올랐고, 그로 인해 시즌이 끝난 후 팔꿈치 수술을 받았다. 그를 집도한 의사는 "이렇게 너덜너덜한 팔꿈치는 평생 처음 본다."며 경악을 금치 못했다. 유감스럽게도 수술 이후 배영수는 강력한 직구를 잃어버려 지금까지도 과거의 영광을 재현하지 못하고 있으며, 우승과 팔꿈치를 맞바꾼 배영수의 투혼은 지금까지도 선동열 감독에게 평생의 빚으로 남아 있다. 실제로 배영수가 재활에서 복귀하고 기대치에 한참 못 미치는 투구를 할 때도, 선동열 감독은 배영수가 회복할 수 있는 기회를 충분히 제공했다. 자신의 무리한 기용으로 고생하고 있는 선수에 대한 최소한의 의리였다.

불펜 야구의 후유증?

2년 연속 한국시리즈를 제패한 삼성의 기세는 좀처럼 수그러들 것 같지 않았다. 하지만 2년 연속 '지키는 야구'로 우승을 거머쥔 삼성의 후유증은 컸다. 무엇보다도 주축 투수들의 부상이 문제였고, 그 시작은 배영수의 이탈이었다. 선동열 감독은 선발 투수에게 5이닝은 보장하지만, 그 이상의 투구이닝까지 보장하지 않는다. 국내에서 가장 퀵-후크(6이닝 이하의 투구, 또는 4실점 이하 실점한 선발투수의 강판)가 잦은 감독이 바로 선동열이었다.

그러나 배영수만은 예외였다. 모든 선발 투수가 5이닝만 채우고 마운드에 내려오면 필연적으로 구원진의 피로가 누적되기 마련이다. 그 완충 역할을 한 것이 배영수였다. 선동열 감독은 완투 능력을 갖춘 배영수에게 만큼은 많은 이닝을 주문했다. 2004년부터 2006년까지 리그에서 두 번째로 많은 520이닝을 책임진 배영수의 이탈은 2007년 삼성 투수진에 큰 부담으로 다가왔다.

외국인 투수도 큰 재미를 보지 못했다. 브라운(12승 8패 3.33)이 비교적 준수한 활약을 보였지만, 7경기 만에 퇴출된 윌슨(1승 6패 3.79)이나 그 대체선수인 매존(7승 11패 4.18)은 그다지 임팩트 있는 모습을 보이지 못했다. 그해 삼성 선발 투수 가운데 규정이닝을 충족한 선수는 브라운과 전병호가 전부였다.

안지만과 권혁, 윤성환이 투수진에 힘을 보탰지만, K-O 펀치의 한 축이던 권오준이 기대에 미치지 못하고 흔들리기 시작했다. 다행히 오승환은 여전히 좋은 활약을 보이며, 삼성의 뒷문을 단단히 지켜주었다. 하지만 선발진의 누수를 감당하지 못한 삼성은 '지키는 야구'를 표방하는 팀답지 않게 리그에서 네 번째로 많은 실점을 기록했다.

사실, 더 큰 문제는 타선에 있었다. 양준혁은 전년도에 이어 여전히 좋은 활약을 펼쳤고, 심정수(31홈런 101타점)와 박진만(타율 .312) 등 FA 영입파 역시 준수한 성적을 기록했다. 그러나 팀 타선의 짜임새를 더해주던 박한이(.267)와 진갑용(.246)이 부진했고, 박종호와 김한수는 세월의 흐름을 막지 못하고 부진한 한 해를 보냈다. 여기에 삼성 팬들의 기대를 한 몸에 받은 젊은 타자 조동찬은 더 이상의 성장세를 이어가지 못하며 타율 .189의 최악의 성적을 기록했다. 삼성은 팀 득점과 팀 타율에서 꼴찌를 기록하면서, 공격력의 대명사였던 팀 컬러를 완전히 잃게 된다. 타선의 세대교체가 시급한 상황이었다.

선발 투수들의 부진, 외국인 투수의 실패, 배영수와 권오준의 이탈 등의 원인으로 삼성은 2007시즌 62승 4무 60패로 5할 승률을 간신히 넘겼다. 포스트시즌에 진출해서 전년도 한국시리즈 상대였던 한화와 일전을 벌였지만, 2차전만 간신히 잡았을 뿐 플레이오프 진출이 좌절되고 말았다. 성공만 보이던 선동열의 삼성에 먹구름이 드리워진 것이다.

2008년에도 상황은 나아지지 않았다. 전년도보다 3승을 더 거두며 역시 4위로 포스트시즌 진출에 턱걸이하는 데 그친 것이다. 타선은 조금 나아졌지만, 문제는 강점이라던 투수력이었다. 그해 삼성의 팀 평균자책점은 4.40으로 리그 5위에 그쳤다. 원인은 선발진이었다. 삼성 선발투수들의 2008시즌 평균자책점은 5.23으로 8개 구단 중 가장 나빴다. 공익근무를 마치고 2007시즌 중도에 합류한 윤성환(10승 11패 3.92)만이 가능성을 보여줬을 뿐, 재활에서 돌아온 배영수는 강속구를 잃어버리고 자신의 명성에 걸맞지 않은 성적표(9승 8패 4.55)를 받았다.

선동열 삼성 감독의 재임 기간 동안 최악의 외국인 투수로 기록된 오버뮬러와 톰 션이 뛰었던 해가 2008년이다. 17경기에 등판한 오버뮬러는 5.82의 평균자책점을 기록하며 집으로 돌아갔고, 대체 선수로 들어온 션은 7경기에 등판해서 10.73의 평균자책점으로 6패만 당한 후 짐을 쌌다. 선동열 감독은 너무나도 부진한 용병 투수들을 대신해 남은 시즌은 국내 투수로만 꾸리겠다고 선언하기도 했다.

최악의 선발진을 가지고도 포스트시즌에 진출한 것은 순전히 불펜진의 힘이었다. 오승환은 여전히 위력적인 구위를 뽐내며 1.40의 평균자책점을 기록하며 39번의 세이브를 성공시켰다. 그리고 혜성같이 등장한 투수가 있었으니, 나중에 '국노'라는 별명을 얻은 정현욱이 그 주인공이다.

그저 공만 빠른 투수에 불과했던 정현욱은 선동열 감독의 지도하에 가장 많이 성장한 투수 중 하나다. 2008시즌 정현욱은 강력한 직구를 효과적으로 활용하며 선발과 불펜을 가리지 않고 삼성 투수진의 주축으로 맹활약, 평균자책점 3.40을 기록하며 권오준이 빠진 셋업맨 자리를 대신했다. 여기에 안지만과 권혁도 불펜에서 힘을 보태며 팀의 포스트시즌 진출에 일조했으나, 끝내 선발진의 공백을 극복하진 못했다.

그나마 다행인 점은 타선에서 세대교체가 시작되고 있었다는 점이다. 그 선두에 있던 선수가 최형우와 박석민이었다. 2002년 드래프트 2차 6순위로 삼성에 입단한 최형우는 원래 포수였지만, 수비 능력이 부족해 2005시즌이 끝난 후 방출됐었다. 이후 경찰청 야구단의 창단 멤버로 활약한 최형우는 본인의 강점인 공격력을 살리기 위해 외야수로 전향했고, 2군 무대를 평정하며 많은 프로 팀들의 관심을 끌었다. 연고 구단인 KIA에서도 영입을 노렸지만 그는 자신을 버린 삼성에 다시 입단, 그해 .276의 타율과 19개의 홈런을 쏘아 올리며 중심 타자로의 성장 가능성을 내비쳤다.

방출의 쓴맛을 본 최형우와 달리 박석민은 삼성의 1차 지명자로 입단해 상무 소속으로 2군 무대를 평정한 기대주였다. 팀에 복귀한

2008년 .279의 타율과 14홈런을 기록하며 최형우와 함께 타선 세대 교체의 선두 주자로 떠올랐다. 그러나 양준혁의 부진과 박진만의 노쇠화가 겹치면서 삼성의 팀 득점은 리그 5위로 전년보다 조금 나아졌을 뿐, 과거의 영광을 재현하진 못했다.

삼성 팬들의 실망과 원성

2009시즌은 선동열 감독에 대한 회의론이 절정에 이른 시기였다. 12년 동안 이어가고 있던 연속 포스트시즌 진출에 제동이 걸리자 부임하자마자 이룩한 한국시리즈 2연패가 거품이라는 여론이 강력하게 제기됐다. 팀 승률은 5할에 못 미치는 .481에 그쳤고, 팀 평균자책점은 4.98로 치솟아 선동열 감독의 '지키는 야구'도 온데간데없이 사라졌다. 그에 따라 선동열 감독의 투수 육성 능력에 의문을 제기하는 목소리도 커졌다. 3년 연속 기대에 못 미친 성적은 선동열 감독을 구석으로 몰아세웠다.

무엇보다도 선동열의 지키는 야구의 핵심 역할을 담당했던 오승환이 부상으로 전력에서 이탈한 것이 몰락의 원인을 제공했다. 선동열 감독도 데뷔 시즌을 제외하면 오승환에게 80이닝 이상의 투구를 지시하지 않았을 정도로 그를 아꼈지만, 거의 매년 국가대표 경기에 불려나가는 바람에 충분한 휴식을 취하지 못해 오승환의 팔꿈치는 이미 상당히 무리한 상태였다. 2009년 오승환의 평균자책점은 4.83으로 대폭 치솟았고, 묵직하게 미트에 박히던 직구는 그 위력을 잃어버렸다. 결국 시즌 도중에 오승환은 팔꿈치 인대 재건 접합술을 받고 재활에 들어갔다.

선발진 강화를 팀 재건의 핵심 목표로 삼았지만, 2009년에도 삼성 선발진의 상태는 여전히 좋지 못했다. 2008년 후반기부터 선발진에 정착한 윤성환이 성장세를 보이며 14승으로 다승 공동 1위에 올랐지만, 4점대의 평균자책점(4.32)은 에이스답지 않았고, 외국인 투수 크루세타는 제구력 불안을 노출하며 거의 매 경기마다 지켜보는 팬들을 괴롭혔다.

선동열 감독이 선발진 재건의 열쇠를 쥐고 있다고 판단하여 많은 기회를 제공한 젊은 좌완 투수 차우찬은 지독한 성장통을 겪었다. 19경기에 선발로 등판했지만, 퀄리티스타트(6이닝 이상 3자책 이하)는 4번에 불과했고, 5회를 넘기지 못한 경기가 9차례나 됐다. 구원으로 등판할 때는 그나마 나았지만, 선발 등판한 경기에서 성적은 4승 8패 평균자책 6.35로 매우 나빴다.

차우찬뿐만이 아니었다. 선동열 감독이 투수진 재건을 위해 조현근(평균자책점 5.81), 김상수(6.00), 최원제(5.21) 등 젊은 투수들을 연이어 마운드에 올렸지만, 좀처럼 좋은 성과를 거두지 못했다. 당시 팬들은 이들 세 명을 묶어 '조-원-수'라 칭하며 조롱의 대상으로 삼았다. 배영수, 오승환, 권오준, 권혁, 정현욱, 안지만 등을 발굴해낸 선동열의 투수 육성 능력에 의문이 제기되는 시점이었다.

그러나 타선의 세대교체는 계속 진행됐다. 최형우는 .284의 타율과 23개의 홈런을 기록하며 팀의 4번 타자 자리를 꿰찼고, 박석민은 부상으로 30경기 이상 결장했음에도 최형우보다 1개 많은 24홈런을 기록하며 장타력을 뽐냈다. 채태인도 슬슬 두각을 나타냈다. 해외파

특별 지명으로 2007년 삼성에 합류한 채태인은 2009년 17개의 홈런과 .293의 타율을 기록하며 중심 타자로의 성장 가능성을 보여주었다. 최형우, 박석민, 채태인은 삼성 타선의 '아기사자 3인방'으로 불리며 선동열 감독의 타선 세대교체에 긍정적인 신호를 밝혔다.

베테랑 선수들의 활약도 돋보였다. 백업 선수에 머물던 강봉규는 3할이 넘는 타율과 20홈런-20도루를 기록하며 호타준족의 상징인 '20-20클럽'에 가입했고, 뛰어난 수비력에 비해 빈약한 공격력으로 팬들의 빈축을 샀던 신명철도 괄목상대한 모습을 보이며 20홈런 21도루를 기록, 역시 20-20클럽에 가입했다.

2005년과 2006년의 연속 우승 이후 3년 연속 내리막을 탄 선동열 감독의 삼성에 먹구름이 짙게 드리워졌다. 주축 투수들의 부상이 원인이었지만, 불펜에만 의존한 선 감독의 야구에 한계가 보이는 듯했기 때문이다. 그럼에도 삼성 구단은 시즌 중에 선동열 감독과 5년 재계약을 전격 체결하며 신뢰를 보였다.

삼성을 응원하던 팬들 중 상당수는 이 같은 구단의 결정에 크게 실망했다. 비록 두 번이나 우승을 차지했지만, 삼성의 전통적인 팀 컬러와는 거리가 멀었고, 이후 3년간 팀이 망가지는 모습에 크게 실망했기 때문이다. 이러한 팬들의 여론은 선동열 감독에게 적지 않은 상처를 남겼을지도 모른다.

위기의 순간에 화려하게 부활하다

선수 시절 선동열의 위기가 일본 입단 진출 첫해 2군으로 강등된

1996년이었다면, 감독으로서의 위기는 2009시즌이 끝나고 찾아왔다. 재계약에 성공했다지만, 팬들 사이에서 떨어진 신뢰를 회복하는 것이 무엇보다 급선무였다. 여기에 감독으로서 자신의 능력을 증명하는 것도 필요했다.

과거 당 태종 이세민은 신하들에게 창업(創業)과 수성(守成) 중 어느 쪽이 어렵겠느냐고 물었고, 그가 가장 신임했던 신하 위징은 "역사를 돌이켜볼 때 임금 자리는 갖은 고난 속에서 어렵게 얻었다가 안일함 속에서 쉽사리 잃곤 했습니다. 따라서 수성이 어렵습니다." 라고 답해 당 태종의 고개를 끄덕이게 했다.

야구도 마찬가지다. 단기간에 좋은 성적을 보이고 사라지는 선수와 감독이 부지기수다. 소위 말하는 '클래스'란 단기간에 형성되지 않는다. 선동열 감독 스스로도 인정했듯, 그가 앞서 이룩한 두 번의 우승은 '운'이 따른 것으로 볼 수도 있다. 선동열 감독 부임 이전에도 삼성은 강한 팀이었고, FA를 통해 최고의 선수들을 영입한 것도 분명한 사실이다.

위기였다. 무엇보다 자신의 특기였던 '지키는 야구'가 예전만큼의 위력을 보이지 못했다. 구위가 좋은 투수들을 선발보다는 불펜에 우선적으로 투입하면서 선발진의 성장이 정체됐고, 하리칼라와 브라운을 제외하면 외국인 투수들은 전력에 도움이 되기보다는 전력을 해치는 역할만 했다. 젊은 투수들을 많이 키워냈지만, 대부분이 불펜 투수에 국한됐다는 점도 선 감독이 받는 비판 중 하나였다. 우승을 거둔 시기에는 타선에 소홀하다는 지적을 받았지만, 공교롭게도 위기는 최형우, 박석민, 채태인 등을 발굴하면서 타선의 세대교체에는 오히려 좋은 평가를 받던 시기에 찾아왔다.

그런 선동열 감독에게 2010년은 중요했다. 그러한 절체절명의 상황에서 선동열 감독은 화려하게 비상한다. 투–타에 걸쳐 전반적인 세대교체에 성공하고, 특유의 지키는 야구가 부활한 것이다. 여기에는 그간 선동열 감독에 대해 비판의 축이 됐던 선발 투수의 성장과 타선의 세대교체가 두 축이 됐다. 불펜 중심의 야구를 하기 때문에 미래를 보지 못하고 단기간의 성과에 매달린다는 비판이 순식간에 줄어들었다.

선발투수진 개선의 중심에 선 선수는 이전까지 실망스러운 피칭만 하던 차우찬이었다. 1년 만에 완전히 달라진 모습으로 등장한 차우찬은 2010년 10승 2패 평균자책점 2.14의 매우 뛰어난 성적을 기록하며 주목 받는 새로운 왼손 투수로 떠올랐다. 차우찬이 변한 것은 볼넷 허용률을 크게 줄였기 때문이다. 이전 시즌 9이닝당 6.26개 꼴로 허용했던 볼넷이 2010년에는 절반 수준인 3.63개로 줄었다. 강속구를 바탕으로 삼진도 많이 잡아냈다. 승률 타이틀까지 따내면서, 다음 시즌에 대한 기대치를 높였다.

물론 선발진 재건 뒤에는 삼성 구단 특유의 '재력'도 숨어 있었다. 히어로즈로부터 국내 리그를 대표하는 좌완 투수 장원삼을 40억을 주고 영입했다. 돈으로 우승을 했다는 소리를 듣기 싫어 임기 중에는 FA 영입을 하지 않겠다는 선 감독의 다짐이 무너지는 순간이었다. 장원삼과 차우찬의 활약은 삼성의 마운드를 단번에 업그레이드 시켰다. 하위권을 면치 못했던 삼성 선발진의 평균자책점은 4.41로 SK(3.64)와 KIA(4.28)에 이어 리그 3위를 기록했다.

그러나 역시 돋보인 부분은 선발진이 아닌 불펜이었다. 오승환이 재활에 매달리고 있던 시기, 삼성 불펜진의 핵심으로 발돋움한 선수는 그간 스윙맨이나 롱릴리프로 활약했던 안지만이었다. 안지만은 92이닝을 투구하며 2.74의 평균자책과 .228의 피안타율을 기록했다. 10번의 세이브 찬스에서 9번을 성공시켰고, 9이닝당 탈삼진 수도 9.29개나 됐다. 하위 순번에 지명되어 리그를 대표하는 불펜투수로 성장한 안지만은 선동열의 또 다른 역작으로 꼽힌다.

집단 마무리 체제를 성공시키다

선동열 감독이 자랑할 업적은 또 하나 있다. 좀처럼 성공하기 어려운 집단 마무리 체제를 성공시켰다는 것이다. 오승환의 공백을 메운 것은 한 명의 투수가 아니었다. 정현욱, 안지만, 권혁이 힘을 합친 결과다. 특히 정현욱과 안지만은 21개의 세이브를 합작하는 동안 3번의 블론세이브만 기록했다. 권오준도 재활을 마치고 돌아왔고, 이우선이라는 숨은 진주도 발견했다. 규정이닝 이상을 투구한 선수는 장원삼 한 명에 그쳤지만, 안지만, 정현욱, 권혁이 버틴 불펜진은 난공불락이었다. '지키는 야구'의 핵심으로 꼽힌 오승환이 없었음에도 삼성의 불펜은 여전히 강력했다.

그해 삼성은 5회 이후 리드를 잡은 경기에서 53연승이라는 경이적인 기록을 남겼다. 1점 차 승부에서 .607의 승률을 기록했고, 선취점을 올린 경기에서는 .789의 승률을 기록했다. 선 감독 특유의 '지키는 야구'가 다시 돌아온 것이다. 그간 선동열식 지키는 야구의 핵심 역할을 한 오승환의 부재 속에 달성한 것이라 더욱 선동열 감독의 투수 운용 능력이 높은 평가를 받았다. 투수들의 심리를 꿰찬 상태에서 냉철한 판단력을 발휘하지 못했다면, 제아무리 불펜에 좋은 투수들을 갖춰놓아도 불가능한 업적이다.

타선의 세대교체도 마침내 완성됐다. 그해 삼성 타선은 리그에서 세 번째로 높은 득점 생산력을 보여줬고, 박석민과 최형우는 규정타석을 충족하며 강타자의 상징인 OPS .900을 넘겼다. 박한이도 부진에서 벗어나 .301의 타율과 .867의 OPS로 부활했다.

삼성 팬들의 기대만 몇 년째 받다가 다시 반등한 선수도 있었으니, 조동찬이 그 주인공이었다. 부상에서 회복한 조동찬은 3할에 근접한 타율(.292)과 9홈런 33도루로 팀 득점력 상승에 일익을 담당했다. 채태인 역시 .292의 타율과 14개의 홈런을 치며 전력에 보탬이 됐다. 신명철과 진갑용 같은 베테랑 선수들도 제 몫을 다했고, 이영욱과 김상수라는 빠른 타자들도 발견했다. 왼손 투수를 상대로 .310의 타율과 5개의 홈런을 때려낸 오정복도 선 감독의 성공적인 세대교체를 장식했다.

삼성의 체계적인 2군 시스템이 선 감독이 추구한 세대교체에 큰 도움이 됐지만, 아무리 뛰어난 유망주라도 감독이 경기에 내보내지 않으면 1군에서 주축 선수로 활약할 수 없다. 이름값에 치우침이 없이 젊은 선수들을 고루 기용하면서 팀 선수층을 든든하게 한 것은 새로 5년 재계약을 맺은 선동열 감독의 가시적인 성과였다.

투수진에서 선 감독이 팀의 미래로 꼽은 선수도 있었으니, 그 주인공이 정인욱이다. 선 감독은 정인욱의 잠재력을 일찌감치 확인하고 정규시즌에서 28경기에 내보냈으며, 어린 정인욱은 비록 평균자책점(5.31)은 높은 편이었으나 상대적으로 매우 낮은 피안타율(.238)을 기록하며 가능성을 내비쳤다.

정인욱을 성장시키고자 선 감독은 팀의 역전패를 불사하고 플레이오프와 한국시리즈에서 그를 적극적으로 기용했다. 큰 경기 경험을 통해 그가 성장할 수 있으리라 믿었기 때문이다. 비록 선 감독은 정인욱의 활약을 이듬해까지 지켜보지 못했지만, 2011년 정인욱은 한층 믿음직한 모습으로 팬들 앞에 나타나 삼성의 우승에 공헌했다.

포스트시즌에서 선보인 선동열 감독답지 않은 느슨한 경기 운영은, 이후를 노린 선 감독의 긴 시각에서 비롯됐다. 그러나 우승의 기회가 쉽게 찾아오지 않는 만큼, 2010년 포스트시즌을 젊은 선수들이 경험을 쌓는 기회로 삼은 것에 대해 비판의 여론도 거셌다. 어쨌거나 선 감독이 일구어낸 전력을 고스란히 물려받은 류중일 감독이 이듬해 곧바로 한국시리즈를 제패하면서, 선동열 감독의 계산이 틀리지만은 않았음이 간접적으로나마 입증됐다. 선동열 감독이 장기적인 시각으로 2010년을 본 것은, 앞선 3년간의 실패를 통해서 깨달은 바가 있었기 때문이 아닐까.

비록 '야신' 김성근 감독의 SK에 막혀 준우승에 그치고 말았지만, 3년 만에 세대교체를 끝내고 삼성을 다시 강팀 반열에 올려놓은 선 감독의 성과는 높이 평가 받아야 한다. 김성근 감독 역시 선동열 감독의 능력을 높이 추켜세웠다.

그러나 선 감독의 성공 신화는 삼성에서 계속 이어지지 못했다. 삼성 라이온즈 구단에 구조조정이 일어나면서 선동열 감독은 계약

기간을 4년이나 남겨둔 상황에서 물러나야 했다. 그를 든든하게 지켜주던 김응룡 전 삼성 야구단 사장 역시 이미 한 달 전에 물러난 상황이었기에, 선동열 감독을 지켜줄 수 있는 건 아무것도 없었다.

한국시리즈에서 맥없이 4연패로 물러난 것도 문제였지만, 6년이나 팀을 이끌었음에도 지역 팬들의 마음을 사로잡지 못한 것도 한 원인이 됐다. 실제로 삼성의 슈퍼스타 출신인 이만수 SK 수석코치(현재는 감독)가 대구구장을 찾을 때면, 선동열을 연호하는 목소리보다는 이만수를 연호하는 목소리가 더 컸다. 선동열 감독이 삼성의 고유 팀 컬러를 부정한 것도 좋은 성적에도 불구하고 팬들의 마음을 사지 못한 원인이 됐다. 여기에 이승엽의 국내 복귀에 대해 부정적인 시선을 드러낸 일과 양준혁의 은퇴를 둘러싼 구설수 등도 선 감독이 물러나게 된 배경으로 꼽힌다. 선동열 감독은 류중일 코치를 후임 감독으로 추천하고 12월 30일 6년간의 삼성 감독 자리를 정리했다.

선동열 감독이 남긴 아쉬움

6년간 삼성의 사령탑으로 있는 동안 선동열 감독은 뚜렷한 족적을 남겼다. 삼성 역사상 최장수 감독이었으며, 유일하게 2번의 우승을 이끈 사령탑이었다. 그러나 밝은 면만 존재한 것은 아니었다. 연속 포스트시즌 진출 기록은 12년에서 멈췄고, 6년간 선동열 감독이 삼성에서 기록한 .551의 정규시즌 승률은 삼성의 통산 승률(.562)에 살짝 못 미친다. 삼성 역사상 가장 공격력이 빈약했던 시기도 선동열 감독의 재임 시기와 겹친다. 여기에 불펜투수 쪽에는 뚜렷한 성과를 거두었지만, 6년 동안 키워낸 선발 투수는 차우찬과 윤성환 정도를 제외하면 확실한 선수가 없다는 것도 선 감독의 단점으로 꼽힌다.

무엇보다도 선동열 감독이 추구했던 극단적인 불펜 중심의 야구는 팬들의 흥미를 앗아가기도 했다. 선동열 감독은 선발 투수에게 5이닝은 보장했지만, 그 이상은 맡기지 않았다. 2005년부터 2010년까지 삼성이 기록한 퀄리티스타트(6이닝 3자책 이하)는 극히 적었다. 9이닝 동안 완투한 투수도 배영수(2차례), 브라운(1차례), 윤성환(2차례), 크루세타(1차례), 차우찬(2차례)이 전부다. 6년 동안 완투한 횟수가 8차례에 불과하니 삼성 팬들은 소속팀 투수들이 완투승을 거두는 감격을 1년에 한두 차례 정도밖에 느끼지 못한 셈이다. 더욱이 2007년부터 2008년까지 2년간 삼성 투수들은 그 누구도 완투를 해보지 못했다. 선발 투수가 혼자 힘으로 경기를 매조지했을 때의 감동은 선수뿐 아니라 팬들에게까지 그대로 전달된다. 그 감동의 순간을 선동열 감독은 제공하지 않았다.

철저히 계산적으로 이루어진 야구도 흥미를 반감시켰다. 선 감독은 뒤로부터 계산하는 야구를 했고, 그것이 높은 승률에는 도움이 됐지만, 승부를 예측할 수 없는 스포츠가 가지는 고유의 재미를 반감시켰다는 주장도 있었다. 승리하면 그만이라고 생각하는 팬들도 있지만, 패배하더라도 경기가 재미있으면 된다고 생각하는 팬들도 있다.

선 감독의 편식은 많은 팬들의 지지를 이끌어내지 못한 것이 사실이다. 어떤 삼성 팬들은 5회 이후 소속팀이 리드를 잡으면 다른 약속을 잡고 야구 시청을 그만두기도 했다. 안 봐도 결과가 뻔하기 때문이다. 여기에 패넌트레이스를 치르는 데 있어, 체력 보전을 중요하게 여기는 선 감독의 야구관도 팬들의 반발심을 키웠다. 스코어가 벌어지면 일찌감치 주전급 선수들을 빼고 경기를 치르곤 했는데, 그것이 팬들에 대한 예의가 아니라는 지적도 있었다.

물론, 이러한 지적은 모두 선 감독에 대해 과하다 싶을 정도로 비판적인 시각에서 나온 것들이다. 하지만 삼성 감독으로 재임하던 시절, 불펜 투수 육성에만 골몰하고 선발진에서 뛰어난 선수를 발굴해내지 못한 점을 부인할 수만은 없다. 여기에 불펜 위주의 야구가 종국에는 어떤 결과를 가져왔는지는 선 감독 스스로도 잘 알 것이다. 선 감독의 뒤를 이은 류중일 감독이 2011시즌에 한국시리즈를 제패할 수 있었던 것은 선 감독이 일구어낸 팀 전력 덕분도 있지만, 선 감독과 달리 선발 투수에게 최대한 많은 이닝을 주문한 덕분이기도 했다. (설령 그것이 류중일 감독으로부터 투수진 운용의 전권을 이어받은 오치아이 투수코치의 계획이라 할지라도.)

선동열에 대한 오해와 변명

선동열 감독은 6년의 감독생활 동안 2번의 우승과 1번의 준우승을 차지했고, 뛰어난 투수 운용 능력으로 집단 마무리 체제를 성공시켰으며, 공격력으로 대변되던 팀을 수비력과 기동력을 갖춘 팀으로 탈바꿈시켰다. 그가 거둔 실적만 놓고 보면 김응룡, 김성근, 김인식 등 선배 감독들처럼 '명장' 이란 수식어가 붙어도 부족함이 없다. 그러나 실적에 비해 감독으로서의 인기는 그다지 높은 편이 아니었다. 당장 삼성 팬들의 지지를 얻지 못했기 때문이다.

비록 우승은 하지 못했지만, 이만수, 장효조, 김성래, 양준혁, 이승엽 등으로 대변되는 호쾌한 공격 야구는 삼성 팬들의 자랑이자 자부심이었다. 한국시리즈 우승 횟수만 뒤처질 뿐, 해태가 잘나갈 때도 정규시즌 통산 승률은 삼성이 가장 좋았다. 선동열 감독이 부임하기 전에도 전통의 강팀이었으며, 김응룡 감독이 2002년 우승컵을 들면서, 오랜 기간 숙원이던 한국시리즈 우승의 한도 모두 씻어낸 상황이었다.

그러나 선동열 감독은 삼성 특유의 공격 야구를 부정했다. 삼성이 한국시리즈에서 우승을 차지하지 못한 것은 투수력과 수비력이 약했기 때문으로 결론 내렸고, 홈런만을 노리는 큰 스윙은 개인의 성적을 올려줄지언정 팀에는 보탬이 되지 않는다고 판단했다. 공공연히 타자들은 믿을 수 없다는 말을 하곤 했으니, 삼성 팬들의 입장에서는 자신들의 자랑스러운 역사를 부정하고 팀의 색깔을 완전히 뒤바꾼 감독이 달갑지 않았을 것이다.

여기에 선 감독은 전형적인 '스몰볼'을 구사한다. 매 시즌 희생번트 숫자가 많았고, 발 빠른 선수들을 육성하려 애썼다. 선발 투수들을 일찍 내리고 불펜진을 가동하는 야구도 팬들의 입맛에 맞지 않았다. '뛰어난 타자는 관중들을 불러 모으고, 뛰어난 투수는 우승컵을 가져오게 한다.'는 야구계의 속설이 있다. 팬들의 눈높이를 충족시키기 위해서는 수비만 강해서는 곤란하다. 이기는 야구도 중요하지만, 재미도 함께 추구해야 한다. 스포츠의 큰 재미 중 하나인 '의외성'이라는 요소를 차단한 선동열 감독의 야구는 재미 면에서는 높은 평가를 받기 어렵다. 더욱이 이미 삼성의 팬들은 더 이상 과거처럼 한국시리즈 우승에 목말라 하지 않았다.

팬들의 지지를 받지 못했기 때문에 선동열 감독에 대한 악의적인 소문도 많았다. 가장 먼저 논란이 된 것이 투수를 혹사시킨 결과 우승을 거뒀다는 것이다. 그 대표적인 사례로 지목된 선수가 바로 배영수다. 그러나 선동열 감독은 불펜 투수들의 등판 간격을 조절하는 데 탁월한 재능을 보인 인물이고, 불펜진이 지치지 않게 관리하는 데 신경을 많이 썼다. 선동열 감독이 혹사로 우승을 했다는 비판을 받는다면, 그에 앞서 과거 선동열에게 260이닝을 던지게 한 김응룡 감독이나, '야신'으로 추앙받는 김성근 감독도 거기서 자유로울 수 없을 것이다.

선동열 감독은 많은 불펜 투수들을 경기에 투입했지만, 등판 간격을 철저히 지켜 특정 투수에게 과부하가 걸리지 않게끔 했다. 재임 기간 오승환, 권혁, 권오준 등 핵심 불펜 투수들이 부상과 재활을 거쳤지만, 재활 기간은 길지 않았고 이들은 모두 2011년 우승의 핵심 멤버로 활약했다. 실제로 선동열은 2010년 당시 투수들에게 연투를 가장 적게 지시한 감독이었다. 선동열 감독은 잦은 등판을 한 투수가 있다면, 엔트리에 그대로 두고서도 경기에는 참가시키지 않을 정도로 투수들 관리에 각별히 신경을 기울였다.

불펜 야구의 대명사로 불리다 보니, 선발 투수조차 불펜으로 돌린다는 주장도 있었다. 하지만 선동열 감독은 이미 선발 투수로 정착한 투수를 불펜으로 보직을 변경한 역사가 없다. 윤성환이 선발 투수로 성공하자 계속 선발로 기용했고, 차우찬 역시 마찬가지다. 2012년을 앞두고 선동열 감독이 KIA의 사령탑으로 부임하자, 일각에서는 윤석민도 불펜으로 돌릴 것이라는 악의적인 비난을 하기도 했다. 하지만 김응룡 감독을 비롯해 김성근 감독에게조차 '똑똑한 감독'이라는 소리를 듣는 선동열 감독이 리그 최고의 에이스 윤석민을 불펜으로 돌릴 가능성은 이용규가 4연타석 홈런을 칠 가능성보다 낮아 보인다.

양준혁의 은퇴 사건(?)으로 불거진 또 다른 악의적인 소문은 선동열 감독이 베테랑을 홀대한다는 이야기다. 하지만 실제로는 그 반대다. 선동열 감독은 다른 감독들에 비해 인위적인 세대교체를 시도한 적이 없다. 오히려 선수 말년에 빛을 본 전병호, 김재걸 같은 선수들은 선동열 감독의 신임 아래 제2의 전성기를 구가했다. 구자운이나 이상목처럼 퇴물 취급을 받던 선수들도 기꺼이 받아들였다. 삼성의 대표적인 프랜차이즈 스타로 꼽히는 김한수 역시 많은 나이에도 불구하고 선 감독 부임 후 3시즌 동안 주축 선수로 활약했다.

그 어떤 선수보다 뛰어난 경력을 자랑하는 선동열이었기에 이름값에 얽매이지 않는 고른 선수 기용이 가능했다. 삼성 재임 마지막 해에 지역 팬들의 사랑을 독차지한 양준혁을 은퇴시켰지만, 양준혁 역시 2010시즌을 제외하면 매 시즌 선 감독 체제 하에서 중심 타자로 활약했다. 베테랑을 홀대한다는 감독이 어떻게 전병호, 김재걸을 적재적소에 활용할 수 있으며, 양준혁을 싫어한다는 사람이 어떻게 부임 이후 5년간 그를 중심 타자로 배치할 수 있었을까?

확실한 것은, 이처럼 근거 없는 이야기가 심심찮게 인터넷에서 나올 정도로 선동열 감독의 지지 기반이 빈약했다는 점이다. 물론, 악의적인 루머를 유포한 자에게 책임이 가장 크다 하겠지만, 지역 팬들의 기대치를 충족시키지 못하고, 비판을 산 선동열 감독에게도 민심을 읽는 눈이 필요하다고 해야겠다.

다시 타이거즈 유니폼을 입다

선동열은 삼성에서 해임되고 재충전의 시간을 가졌지만, 그 기간이 길지 않았다. 고향팀 KIA에서 그를 불러준 것이다. 해태 유니폼을 벗은 지 16년 만에 다시 타이거즈 유니폼을 입었다. 오매불망 선동열 감독을 원하던 호남의 야구팬들은 선동열이 정말로 KIA 감독으로 취임했다는 소식을 듣고 기쁜 내색을 감추지 않았다. 그간 LG, 두산 등 수도권 구단으로 가는 것이 아니냐며 걱정했던 팬들도 안도의 한숨을 내쉬었다. 여기에 타이거즈의 유일무이한 신인왕으로 남아 있는 이순철이 수석코치로 선동열과 함께 합류하여 팬들의 기대치는 한껏 고조됐다.

　선동열 감독 역시 고향팀으로 돌아와 기쁘다는 심정을 밝혔다. 과거 해태 시절의 영광을 재현하겠다는 포부도 감추지 않았다. 선동열 감독 이전에 조범현 감독 체제에서 KIA는 근성 있는 플레이와는 거리가 있었다. 조범현 감독도 2시즌 전인 2009년 팀에 열 번째 우승을 안겨주었지만, 2010년과 2011년의 모습은 실망스러웠으며, 무엇보다도 불펜 운용에서 나쁜 평가를 받은 상황이었다. 다른 건 몰라도 투수 운용 능력만큼은 이미 수년간 검증된 선동열이 야인으로 있었기에 교체 여론이 그 어느 때보다 높았다.

해태 시절의 추억을 간직하고 있는 팬들은 선동열과 이순철의 합류가 꿈만 같다고들 말한다. 투수 운용에 약점을 보였기에 불만을 가지고 있던 젊은 팬들도 선동열의 부임을 환영했다.

선동열의 타이거즈는 2012년 새 시즌을 맞이했다. 타이거즈 팬들은 드디어 꿈에 그리던 타이거즈의 레전드이자 한국 프로야구 역사상 가장 뛰어난 투수였던 선동열이 팀을 이끄는 모습을 볼 수 있게 된 것이다.

하지만 팬들은 그 누구보다 냉정하다. 선동열이라는 이름 석 자가 타이거즈 역사의 한 페이지, 아니 수백 페이지 이상을 장식하고 있지만 감독으로서 성과가 좋지 못하면 선수 시절의 명성까지 해가 갈 수 있다.

선동열의 타이거즈 감독 부임은, 국보급 투수 선동열 감독의 또 다른 도전인 셈이다. 삼성에서 6년간 감독생활을 하면서 선동열 감독은 영광도 맛봤고 부침도 겪었다. 심지어 갑작스럽게 경질되는 씁쓸함도 맛봤다. KIA 타이거즈에서 과거 해태 타이거즈의 영광을 재현하기 위한 경험은 충분히 한 셈이다.

그러나 막상 시즌이 시작되고 100경기 넘게 치른 현재, KIA는 4위권 밖에 위치해 있고 5할 승률에서 오르락내리락하며 지난해 4강 팀 답지 않은 모습을 보이고 있다. 여기에 시즌을 앞두고 선 감독은 한 인터뷰에서 "2번 타자라고 아웃카운트를 하나 없애면서 1루 주자를 2루로 진루시키기보단 공격적으로 해서 중심타선과 연결시켜 주면 다득점이 가능하다."라며 강한 2번 타자론을 주장했지만, 현재까지 KIA는 리그에서 가장 많은 희생번트를 성공시키며 스몰볼의 색깔을 강력하게 띠고 있다.

지난해보다 못한 성적과 시즌 전 다짐과는 다른 잦은 번트, 여기에 선동열에 못지않은 또 다른 프랜차이즈 스타이자 타이거즈의 전설인 이종범의 은퇴까지 겹치면서, 부임 당시 선동열 감독에게 걸었던 기대는 상당 부분 퇴색됐다.

물론, 올해 KIA의 성적이 좋지 못한 것과 희생번트가 늘어난 것은 그만의 사정이 있다. 그것은 선동열 감독도 어찌할 수 없는 핵심 선수의 부상 때문이다. 8개 구단 가운데 KIA의 장타율이 가장 낮은 이유는 경쟁 팀에 뒤지지 않을 것으로 예상된 클린업 트리오(이범호, 최희섭, 김상현)가 부상으로 단 한 경기도 동시에 선발 출장한 적이 없기 때문이다.

이범호는 지난 시즌 막판에 당한 햄스트링 부상 후유증에서 아직까지도 벗어나지 못했고, 최희섭은 오프시즌 동안 트레이드 파동을 겪어 동계훈련을 충분히 소화하지 못해 체력적인 문제를 노출했다. 게다가 시즌 중 장염, 요로결석, 치질 수술 등 각종 질병까지 겹치며 실망스러운 모습을 보이고 있다. 시즌 전 4번 타자로 낙점 받은 김상현은 개막전에서 손바닥이 골절되어 3개월을 빠지더니 돌아온 이후에도 18경기만 뛰며 수비하다가 무릎을 다쳐 남은 시즌을 출장할 수 없게 됐다.

장타를 칠 수 있는 타자들의 부상과 부진이 겹치면서 선동열 감독의 희생번트도 늘어날 수밖에 없었다. 장타는 안타 1개로도 득점이 가능하지만, 단타는 3개가 연달아 나와야 득점할 수 있다. 장타자가 부족한 현실에서 희생번트 작전이 늘어난 것은 어찌 보면 자연스러운 현상이라고 볼 수도 있다.

타선 쪽에만 누수가 발생한 것이 아니다. 지난 시즌 좋지 못한 불펜 사정에도 팀의 승리를 지켜줬던 손영민과 후반기 맹활약하며 한때 신인왕 후보에도 오르내렸던 심동섭이 부상으로 시즌 시작을 함께하지 못했다. 심동섭이 먼저 복귀했지만, 몇 경기를 뛰고 팔꿈치 인대접합수술로 내년에야 돌아올 전망이며, 손영민은 부상과 가정사가 겹쳐 8월에야 정상적인 전력으로 합류했다. 여기에 한기주마저 강력한 속구를 던지지 못하면서 마운드 운영에도 차질이 빚어졌다. 심지어 시즌 초에는 외국인 투수 2명마저 기대 이하의 모습을 보여 선동열 감독을 좌절케 했다.

그 어떤 팀도 클린업이 모조리 빠지고, 핵심 계투조마저 정상 컨디션이 아닌 상황에서 좋은 성적을 올리기란 힘들 것이다. 어려운 상황에도 불구하고 선동열 감독이 4할 승률을 유지하고 있다는 것만으로도 높은 평가를 하는 팬들도 심심치 않게 볼 수 있다. 그러나 감독의 능력은 성적으로 말하는 것이다. 부상 등의 사정이 있다 해도 선동열 감독의 KIA 타이거즈가 올해 좋지 못한 성적으로 시즌을 마무리하면 그의 선수 시절 모습을 기억하고 응원을 보내는 팬들의 마음이 차갑게 식지 말라는 법은 없다.

80~90년대부터 타이거즈의 야구를 본 야구팬들은 해태 타이거즈가 한국시리즈 우승을 확정짓고 마운드에서 선동열이 환하게 웃으며 포수 장채근과 포옹하며 감격에 겨워하던 모습을 뚜렷하게 기억하고 있다. 이제는 선수가 아닌 감독으로 타이거즈 품에 돌아온 선

동열 감독이 선수 시절 일구어낸 여섯 번의 한국시리즈 우승보다 더 많은 트로피를 안겨주길 많은 팬들이 기대하고 있으며, 그라운드에서 타이거즈 유니폼을 입고 선수들과 팬들에 둘러싸여 하늘 높이 헹가래쳐질 그날을 고대하고 있다.

아직도 타이거즈를 응원하는 많은 팬들은 현역 시절의 선동열이 마운드에 올랐을 때, 야구장을 빠져나가는 상대편 관중들을 바라보며 선동열의 이름을 연호했던 그때를 생생히 기억하고 있다. '타이거즈 감독 선동열'은 이제 마운드가 아닌 더그아웃에서 팬들의 연호를 기다리고 있다. 승리의 보증수표였고, 나고야의 태양으로 군림했던 그가 감독으로서도 타이거즈 역사상 가장 밝게 빛나는 '태양'이 되길 기대해본다.

글. 신희진

이광환

과거 프로야구가 시작되기 이전, 올드 세대의 추억으로만 남아 있는 풍경이지만 당시 국내 최고의 인기 스포츠는 고교야구였다. 프로야구가 1982년에 시작되었으니 70년대부터 80년대 초까지는 이른바 고교야구의 전성기라 할 수 있었다.

일개 학생 스포츠를 두고 지금으로선 상상하기 힘든 관심과 열기가 넘쳐났다. 뒤에 프로야구에서 꽃을 피우게 되는 선수라면 어김없이 그 무대를 거쳐 갔고, 기억에 남는 수많은 명승부가 펼쳐지곤 했다.

1980년, 한여름에 벌어진 봉황대기 전국대회에서 서울의 중앙고가 강팀인 광주일고를 꺾고 16강에 진출하는 작은 파란이 일어난다. 변수가 많은 학생야구에서 약팀이 강팀을 누른다는 것이 그리 특별한 일은 아니었다. 하지만 당시 광주일고 투수는 이미 대투수의 걸음을 걷기 시작한 최고 투수 선동열이었기에 중앙고의 승리는 기억에 남을 이변이었다.

선동열의 광주일고는 초봄에 열린 대통령배에서 막강한 전력을 앞세워 우승을 차지했다. 그 이후 두 번째 전국대회인 청룡기를 앞둔 상태에서 5.18 광주혁명의 소용돌이가 일어나면서 대회에 참가조차 하지 못하는 아픔을 겪게 된다. 광주에 있던 어떤 학교도 한가 로이 야구대회에 참가할 수 있는 상황이 아니었기 때문이다. 선동열은 울분을 만회하듯 여름에 열린 봉황대기에서 첫 경기 경기고전을 생애 첫 노히트노런으로 끝내면서 대회 우승후보다운 맹위를 떨친다. 하지만 2회전에서 만난 중앙고와의 일전에서 불의의 일격을 당하게 된 것이다.

당시 선동열을 격침시킨 중앙고의 사령탑은 바로 모교에 부임한 지 3년째 되는 31세의 젊은 감독 이광환이었다. 이광환은 경기 초반부터 기습적인 번트와 뛰는 야구, 변칙적인 작전을 앞세워 난공불락으로 보이던 광주일고를 3 대 2로 누르면서 젊고 유능한 지도자로서 이름을 각인시키기 시작한다.

이러한 아기자기한 작전 스타일은 뒤에 이광환이 본격적으로 프로팀을 이끌게 되는 시절과는 사뭇 다른 모습이긴 하지만 상황에 대처하는 패기 넘치는 모습만큼은 인상적이었다. 당시 벌이가 많지 않았던 실업야구 선수들이 일찌감치 선수생활을 접고 20대의 나이에 지도자로 출발하는 경우가 그렇게 드문 일은 아니었다. 하지만 이광환처럼 엘리트 코스를 밟은 선수가 젊은 나이에 선수생활을 접고 지도자생활을 시작한 데는 사연이 있었다.

선동열을 꺾은 젊은 지도자

이광환의 고향은 대구였다. 대구의 야구가 전성기를 맞이하고 있던 시절, 그는 대구상고에 입학했다가 고1 무렵 서울 중앙고로 전학을 하게 된다. 워낙 두터운 선수 자원으로 대구 출신 선수들이 타향으로 옮겨서 선수생활을 하는 것이 그렇게 이상하지 않던 시절이었다.

당시 포지션인 유격수에서 재능을 인정받던 이광환은 중앙고에서 당대 최고의 투수를 동료로 만나게 된다. 바로 이원국 선수로, 이들은 고2 시절이던 65년 중앙고 역사상 최초의 전국대회 우승을 모교에 안겨주었다. 그 이후 이원국은 고교 졸업도 채 하기 전에 일본 프로야구로 스카우트 된다. 백인천에 이어 우리나라에서 두 번째 해외 진출이었다. 그는 뒤에 미국으로, 멕시코로 무대를 옮겨 맹활약하게 된다. 그는 은퇴 무렵인 83년에 MBC청룡에서 마지막 선수생활을 하면서 이름을 날리기도 한다. 물론 고국 무대에선 그렇게 좋은 활약을 하지는 못하지만….

중앙고 역사상 첫 우승이 투수 이원국만의 힘은 아니었다. 이광환 역시 그해 고교야구 타자에게 주어지는 '이영민타격상'의 주인공으로 선정될 만큼 뛰어난 선수였다. 한다 하는 프로야구팀 감독 출신 중에 이 상의 경력을 갖고 있는 감독은 백인천과 이광환, 그리고 2012년부터 SK 정식 감독으로 승격된 이만수뿐이다.

이 시절부터 유망주로 꼽히던 이광환은 중앙고 졸업 후 당시 야구 선수들의 정규 코스라 할 수 있는 실업팀 입단 대신 대학 입학을 선택한다. 실업팀의 뜨거운 스카우트 공세를 뒤로 하고 이광환은 고려대행을 선택한다. 이것은 먼 훗날 그의 인맥에 밑받침이 되지만 당시로선 대학야구가 거의 활성화되어 있지 않던 시절이라 일찌감치 범상치 않은 행보를 보이기 시작했다고 할 수 있었다.

이광환 이전 세대까지 야구 지도자들 중에 대학야구 경력을 찾아보기는 쉽지 않았다. 그는 지금의 대학 스포츠 특기자들처럼 이름만 걸어놓는 대학생이 아니었다. 경영학과 동기들마저 선수로 그라운드에서 맹활약하는 이광환과, 수업에 빠짐없이 참석하는 이광환을 동명이인으로 착각했다는 일화가 전해질 정도이다. 그만큼 그는 학교생활에 충실했다고 하니, 실전과 이론에 모두 욕심을 내는 훗날의 성향을 여기서도 확인할 수 있다.

그는 대학선발에 뽑히기도 하면서 대학야구계를 이끌지만 본격적인 성인 무대라 할 수 있는 실업야구행은 남들보다 수년 늦게 이루어진다. 대학을 졸업하고 선택한 팀은 70년대 실업야구의 스타군단이라고 할 수 있는 한일은행이었다.

당시 한일은행 감독은 뒤에 OB에서 인연을 맺게 될 김영덕 씨였고, 선수로서 팀의 중심 역할을 하던 인물이 코치까지 겸하고 있던 김응룡이었다. 이광환은 김영덕 감독과는 좋은 인연을 맺게 되지만 김응룡 코치에게는 상당히 껄끄러운 시선을 받게 된다. 이광환은 실업야구 신인왕을 수상하는 등 한일은행에서 2년간 많은 활약을 펼치다가 군에 입대하게 된다. 3년 후 제대하고 팀에 복귀했을 때 과거 스승으로 따르던 김영덕 감독은 팀을 떠나 있었고 김응룡이 감독으로 승격되어 있었다.

아마추어 시절부터 팀을 강하고 고집스럽게 끌고 간 김응룡 감독과, 팀에 복귀하면서 고참 서열이 된 이광환은 훈련에서나 시합에서 추구하는 스타일이 맞지 않아 잦은 충돌을 빚게 된다. 팀을 옮길 수도, 감독과 계속 대립각을 세울 수도 없었다. 이광환은 제대 후 1년 만에 은퇴를 선택하면서 곧바로 모교 감독으로 부임한다. 28살의 나이에 지도자로서 새로운 삶을 시작한 것이다.

필생의 라이벌 김성근과의 만남

기존의 틀을 깨는 참신한 야구를 추구하고, 해박한 이론을 겸비한 유능한 지도자로 꼽히던 이광환은 82년 한국에 프로야구가 출범하면서 OB베어스의 타격코치로 부름을 받게 된다. 선수로서는 아니었지만 지도자로 프로야구와 초기부터 인연을 맺을 수 있었던 것이다. OB의 창단 감독은 과거 사제의 연을 맺었던 김영덕 감독이었고, 동료 코치는 김성근이었다.

재일교포 후배인 김성근을 투수코치로, 그리고 제자였던 이광환을 타격코치로 포진시킨 당대 최고의 지도자 김영덕. 훗날 가장 이상적인 조합으로 평가될 이 세 명의 코칭스태프는 프로야구 첫해 OB를 일약 우승으로 이끌게 된다. 노장 선수가 유난히 많았던 OB에서 젊은 코치 이광환은 고참 선수 김우열, 윤동균과는 기껏해야 한두 살 차이밖에 나지 않았다. 이광환은 팀 분위기가 가라앉을 때면 고참 선수들과 어울려 곧잘 맥주잔을 기울이면서 팀 단합을 도모하는 역할을 했다고 한다. 지금으로선 코치와 선수들이 시즌 중에 술자리를 갖는다는 것이 상상조차 할 수 없는 일이지만 아마추어를 막 벗어난 시기인 초창기 프로야구에서 이러한 풍경은 충분히 있을 수 있는 일이었다. 좋은 성과를 거둔 OB인 만큼 이러한 일화는 끈끈한 팀 분위기를 보여준 훈훈한 에피소드로 전해지곤 한다. 당시 OB베어스의 팀 운영 모토는 '인화단결'이었다.

술자리 단합대회는 삼성과 맞붙은 한국시리즈 때도 어김없이 이어졌다. 1무 1패로 몰리면서 시리즈가 불리해지자 코치 이광환의 주도하에 술자리를 갖게 되었고, 다행히 그 이후 내리 4연승을 거두면서 원년의 패권을 차지하게 된다.

앞서 말했듯 중요한 경기를 앞두고 음주 단합을 한다는 것은, 지금처럼 선수들의 일거수일투족이 알려지는 시절이라면 구설수에 오를 만한 일이다. 이겼으니 망정이지 한국시리즈를 내주기라도 했다면 당시라도 코치와 고참 선수들은 중징계를 피할 수 없었을지도 모른다. 가부장적인 김영덕 감독이나 선수들의 컨디션 관리를 우선시하는 김성근 코치였다면 도저히 할 수 없는 역할이었다. 이광환 코치로서는 다소 파행적인 행동으로라도 불리한 형국을 타개하고 선수단의 분위기를 바꾸고자 한 것이다.

선수시절 감독의 강압적인 분위기 조성을 거부하며 일찌감치 은퇴의 길을 걸었듯, 그의 지도 스타일은 상명하복보다는 선수들의 개성을 존중하고 팀의 단합된 힘을 최대한 이끌어내는 식이었다. 아직 그의 인생에서 해외 야구를 접하기 이전이었고 뒤에 그의 감독생활 모토가 되는 자율 야구라는 개념 자체도 없는 시절이었지만 훈련과 긴장 상태만이 승리를 이끄는 것은 아니라는 것을 이때 터득한 것은 아닐까 싶다.

하지만 이듬해 OB베어스는 전년의 영광을 뒤로하고 전기 최하위, 후기 4위로 떨어지면서 종합성적에서도 6개 팀 중 5위로 곤두박질치고 만다.

전년도 MVP 박철순이 허리부상을 입으면서 에이스에 절대적으로 의존했던 당시 야구에서 힘 한번 못 써보고 추락한 것이다. 팀의 침몰은 OB를 이끌던 세 지도자의 신상에 큰 변화를 불러일으키게 된다.

　김영덕 감독은 부진한 성적임에도 잔류해주기를 희망하는 OB를 뒤로하고 삼성으로 자리를 옮겼다. 이 과정에서 OB와 감정싸움을 하게 된다. 후임 감독으로 김성근 투수코치가 발탁되자 이광환 코치는 김영덕 감독을 따라 삼성으로 가겠다는 의지를 표명한다. 열흘 가까이 팀을 이탈해 삼성캠프로 가버린 일이 있었으나 김영덕 감독의 회유에 다시 OB로 복귀했다고 한다. 당시만 해도 감독이 팀을 옮기면서 코치들을 함께 데려간다던가 신임 감독이 코치 선임권을 갖는 것이 쉬운 일이 아니었다. 이른바 누구누구 사단이라고 하는 조직적인 이동이 등장하는 것은 훗날 김성근 감독의 태평양 부임 때 처음 생긴 것이다. 그때만 해도 이광환 코치의 의지가 그러했다 하더라도 김영덕 감독과 함께 팀을 옮기기는 쉽지 않았을 것이다.

　한편 남겨진 김성근 신임 감독은 같은 재일교포지만 김영덕 감독과 팀을 운영하는 스타일이 전혀 달랐다. 때문에 OB는 그동안과 전혀 다른 팀 컬러로 변모해야만 했다. 투수 기용에 있어서 김영덕 감독이 에이스에 의존하는 스타일이라면 김성근 감독은 (딱히 눈에 띄는 투수가 없어서이기도 했지만) 6~7명의 투수들을 한 경기에 쏟아부으며 투입하는 벌떼식 투수 운영을 즐겨했다. 야수 기용에서도 김영덕 감독이 소수 정예를 추구한다면 김성근 감독은 딱히 정해진 주전도 없었고 매 경기 대타와 대주자를 적극 활용하면서 엔트리에 포함되어 있는 라인업을 풀가동하는 식이었다.

　전공 분야인 투수뿐만 아니라 타격에도 확고한 이론을 가지고 있던 김성근 감독은 이광환이 맡고 있는 타격코치의 역할을 곧잘 침범

했다. 야수 기용에서부터 타자들의 타격 폼 교정까지 두 사람은 서로 자신의 주장을 굽히지 않고 잦은 충돌을 하게 된다. 김성근 감독이 간결한 폼에서 나오는 배트의 스윙 속도를 중요시했다면 이광환 코치는 자신만의 개성 있는 폼을 최대한 살리되 허리와 하체를 이용해 무게를 싣는 타격 폼을 주입시키는 방식이었다. 양쪽 모두 맞는 말이긴 하지만 OB의 2세대를 구성하는 젊은 타자들은 상반된 두 지도자의 요구에 갈피를 못 잡는 경우가 많았다고 한다.

선수 관리에 있어서도 김성근 감독은 선수들의 생활을 일일이 간섭하고 관리하는 데 반해 이광환 코치는 훈련은 집중력 있게 하되 그 외의 시간은 자율적으로 놔두는 것이 사기 진작에 도움이 된다는 사고방식을 갖고 있었다. 선수단이라고 해야 몇 명 되지도 않던 시절에 이렇게 두 명의 지도자가 다른 야구철학을 가지고 있어서는 팀이 좋은 방향으로 흘러갈 수가 없었다.

결국 한 명은 감독이고 한 명은 코치라면 밀리는 쪽은 후자였을 것이다. 신경전 속에서 함께한 2년 동안 이광환 코치의 지도 의욕은 점점 수그러들게 되고 나중에는 외야에서 풀이나 뽑는 것으로 소일을 했다고 한다. 그의 회고를 들어보면 당시 이광환 코치가 얼마나 불편한 자리를 지키고 있었는지를 짐작할 수 있다.

2년여 불편한 동거 끝에 이광환 코치는 85년 말 사임을 표명했다. 당시 OB구단 행정을 총괄했던 박용민 단장은 그에게 해외연수의 길을 주선했다. 훗날 김성근 감독 후임으로 염두에 두었는지까지는 알 수 없지만 당시 박용민 단장은 이 코치와의 인연을 끝내고 싶지는 않았던 듯하다. 구단의 주선으로 처음에는 일본 세이부 구단으로 연

수를 떠난 이광환은 다시 미국으로 건너가 세인트루이스에서 지도
자 수업을 받게 된다.

당시까지 야구 지도자가 해외에서 연수를 받은 전례는 거의 찾아
보기 힘들었다. 김영덕, 김성근, 김호중 등과 같은 재일교포 출신에
의해 일본 야구 이론이 전해진 것이 선진 야구의 전부라 할 수 있었
다. 이광환 코치의 해외연수는 그 뒤 허구연, 강병철, 정동진 등 2세
대 프로 지도자들이 선진 야구 시스템을 배우고 경험하고 오는 데
선구자 역할을 했다고 볼 수 있다.

자율 야구의 실패

이광환이 다시 한국에 돌아온 것은 87년 말. 여전히 OB의 감독은
김성근이었다. 다시 팀에 코치로 복귀하자니 예전과 같은 충돌이 일
어날 것이 불 보듯 뻔했다. 롯데로부터 적극적인 코치 제의가 있었
지만 해외연수를 주선해준 박용민 단장과의 의리를 지키고자 이광
환은 김성근 감독의 OB로 다시 돌아왔다.

OB는 그에게 코치 대신 2군 감독이라는 자리를 만들어주게 된다.
아직 우리 프로야구에 2군 리그가 활성화되기 이전이었지만 미국 메
이저리그 구단 산하에서 체계적인 마이너 팀의 육성 시스템을 충분
히 보고 온 이광환에게 그 자리는 한국 야구의 팜리그 제도를 만들
어볼 수 있는 적합한 자리였다.

하지만 공교롭게도 88년은 김성근 감독의 5년 계약기간 중 마지
막 해라 항간에는 후임 감독을 2군에 준비시켜놓은 것이 아니냐는

소문이 돌게 된다. 1군과 2군으로 나눠져 있다고 해서 김성근과 이광환의 갈등이 없어진 것은 아니었다. 일본 야구에 익숙한 김성근 감독은 2군의 중요성은 인식하고 있으면서도 2군 역시 1군 감독의 통솔 아래 언제라도 선수를 공급할 수 있도록 준비되어야 하는 상비군 같은 존재라고 생각하고 있었다. 하지만 자체 리그에 참여하는 미국의 마이너리그처럼 독자적인 2군 팀을 만들어보고자 했던 이광환 감독으로서는 1군 감독이 2군에 간섭하는 것 자체가 탐탁지 않았다.

최소한 10년은 OB를 지킬 것이라던 김성근 감독은 다른 누구보다도 이러한 소문에 민감했다. 결국 그해 OB 감독 부임 후 가장 부진한 성적을 내면서 OB 프론트와 감정싸움 끝에 스스로 감독직을 내놓게 된다.

실제로 박용민 단장이 차기 감독으로 이광환을 염두에 두었는지 아니면 계속되는 김성근 감독 체제하에 프로 초창기부터 계획했던 2군 정착의 일환으로 이광환을 중용한 것인지 알 수 없다. 하지만 김성근 감독이 먼저 사의를 표하면서 태평양으로 자리를 옮기게 되자 결국 소문대로 후임 감독에 이광환을 임명하는 것밖에는 대안이 없었다.

그러자 그동안 손발을 맞춰왔던 다수의 코치들과 은퇴를 앞둔 노장 선수들, 심지어 프론트 직원까지 김성근 감독과 함께 팀을 떠나게 된다. 김 감독과 익숙하게 일을 하던 사람들이었다. 태평양으로부터 전권을 위임받은 김성근 감독이 유례없이 코치 선임권까지 넘겨받으면서 이른바 김성근 사단이 조직적으로 이동한 것이다. 팀을 넘겨받은 이광환 감독으로서는 참으로 난처한 상황일 수밖에 없었다. 이광환 신임 감독은 부상으로 고생하고 있던 간판타자 박종훈에게 은퇴를 권하며 코치로 승격시키는 등 아예 젊은 팀으로 변신을 꾀했다. 어차피 김성근 감독의 색채를 없애고 새판을 짜야 했다.

이광환 신임 감독은 취임과 함께 선수들이 각자 스스로 훈련을 조절하게끔 하고 시합 전 본인의 컨디션을 직접 체크하도록 하면서 익숙지 않은 분위기를 만들기 시작했다. 야구를 시작했을 때부터 지시받은 대로 훈련하고 컨디션 여부와는 상관없이 시합에 나가는 데 익숙한 선수들은 자율 야구라는 생소한 분위기에 적응하지 못했다. 새로 구성된 코치들조차 이러한 훈련법이 혼란스럽기는 마찬가지였다.

그날그날 현재 자신의 컨디션이 몇 %인지 자가 진단해 표기하라고 했더니 시즌 내내 88%라고 적어내는 선수도 있었다. 89년 시즌 OB는 전반기에 우왕좌왕하는 선수들의 분위기를 그대로 반영하듯 부진한 성적을 낸다. 하지만 후반기로 갈수록 새로운 분위기에 서서히 적응해 나갔다. 원래 OB는 그렇게 약한 전력이 아니었다. OB는 후반기 약진으로 포스트시즌 진출을 노렸지만 초반 연패의 부담을 극복하지 못하고 간발의 차이로 5위에 머물고 만다.

취임 2년째가 되는 90년에는 더욱더 안 좋은 결과가 기다리고 있었는데, 초반부터 연패에 빠지게 되면서 OB는 프로 출범 이후 처음으로 시즌 성적 최하위를 면하지 못하고 있었다. 물론 전년처럼 후반기에 약진할 가능성이 없는 것은 아니었다. 하지만 팀 내 불화가 일어나면서 이광환 감독이 감독직을 사퇴하는 지경에 이른다.

자율 야구라는 명칭으로 불리면서 경직된 한국 야구에 변화를 시도하려 했던 이광환 감독의 첫 번째 도전은 이처럼 짧은 시간 안에 실패로 끝나고 만 것이다.

시스템 야구의 정착

OB 감독 사임 후 야인으로 지내던 이광환에게 다시 기회가 찾아온 것은 그로부터 1년 반이 지난 91년 말. LG트윈스의 초대 감독인 백 인천이 급작스럽게 팀을 떠나자 그 자리에 발탁되었다.

두 번째 감독생활에서 OB 때와 마찬가지로 실패를 반복하는 듯 보였다. 신생 팀 쌍방울의 리그 합류로 최하위는 면할 수 있었지만 시즌 7위는 OB 때에 이어 최하위나 마찬가지였다. 도무지 선수들은 뜬구름 잡는 듯한 그의 이상적인 지도 방식을 따라와 주지 못했다.

선취점을 낼 수 있는 찬스에서 번트를 댄다든가 히트앤드런 작전이 나와야 하는데 타자들에게 전적으로 상황을 맡긴다면서 팔짱만 끼고 쳐다보고만 있고, 위기 상황에서 전날 등판했던 마무리 투수가 나와 불을 꺼야 하는데 아직 경기 중반이라는 이유로 몸조차 풀고 있지 않았다. 팀에 쓸 만한 투수가 몇 명이나 된다고 선발투수는 며칠에 한 번씩 순번을 지켜서 나간다고 하니 선수들은 물론 중간에 끼어 있는 코치들도 기가 찰 노릇이었다.

한국 야구에서 이광환 감독의 이상적인 자율 야구는 적합하지 않다는 소리가 나오기 시작한 것도 무리가 아니었다. 하지만 93년이 되면서 LG의 적극적인 투자 아래 서서히 이광환과 LG의 야구가 눈을 뜨기 시작했다. 93년 1차 지명으로 슈퍼 신인 이상훈을 얻는 데 성공하면서 LG는 준플레이오프에 진출하고 여기서 라이벌 OB와

벌인 잠실시리즈에서 승리를 했다. 이어 삼성과의 플레이오프에서 2 승 3패로 아쉽게 물러나는 절반의 성공을 거두게 된다. 선수들이 서서히 감독의 야구를 이해하기 시작한 것이다.

이광환 감독의 자율 야구가 드디어 빛을 발한 운명의 94년. 10년 동안 전신 MBC청룡과 LG의 간판타자로 활약했던 김상훈을 해태의 한대화와 맞교환하면서 시작된 그해는 LG 역사상, 그리고 이광환 감독의 커리어에서 가장 화려한 해로 남게 된다.

시즌 초반부터 좋은 기운이 감돌았다. 개막 후 몇 경기 지나지 않은 4월 16일 롯데 사직전. 15 대 1로 대승을 거둔 이날 경기에서 고졸 신인 김재현은 데뷔 첫 홈런을 터뜨렸고 무명의 서용빈은 신인 최초로 사이클링 히트라는 대기록을 달성했다. 신인 유격수 유지현은 선배 타자들을 제치고 톱타자로 완전히 자리를 잡았으며 데뷔 첫해 10승을 올린 투수 인현배는 이날 처음 선발 등판해 여유 있는 첫 승을 따냈다.

물론 고참 선수들 대신 신인급을 기용하는 용병술이 딱히 맞는 것이라고 할 순 없다. 하지만 이광환 감독은 고참과 신인에게 균등한 기회를 부여해 경쟁시키고자 했다. 어쨌거나 신인 선수들의 맹활약은 시즌 초반 선두권으로 치고나갈 수 있는 의미 있는 징조였다.

그해 마운드에서 세 명의 15승 투수(김태원, 정삼흠, 이상훈)가 배출되었으며, 타선에서 신인 삼총사가 폭발하고, 이적해 온 4번 타자 한대화가 팀의 중심을 잡아주었다. 그동안 중심타선을 책임졌던 김동수, 노찬엽, 최훈재 등이 하위타선에서 무게감을 보였고 팀을 옮겨온 박준태와 젊은 신예 박종호가 공수에서 제 역할을 해냈다. 정규

시즌만 놓고 봐도 2위와 무려 11.5게임 차를 벌려놓은 완벽한 시즌이었다.

이광환 감독 개인으로서는 46세에 기록한 첫 영광이었고 젊은 시절부터 주장하던 모토인 '자율 야구'가 완성된 시점이기도 했다. 자율 야구라는 것이 어느 정도 팀 전력이 안정되기 전에는 불가능한 이상론일지 몰라도 그 이후 이광환에 대한 야구계의 인식은 180도 달라지는 계기가 되었다.

물론 순항하는 와중에도 위기는 있었다. 선수들이 지쳐가기 시작하던 8월경, 롯데에게 이틀 연속으로 연장 접전 끝에 패하는 일이 벌어졌다. 두 번 모두 9회 말 1사 만루, 끝낼 수 있는 찬스에서 선수들에게 믿고 맡기며 강공을 택했다가 단 한 점도 점수를 내지 못하고 승리를 내주고 말았다.

만족할 줄 모르는 팬들은 잠실구장 중앙문 앞에서 당시 유행하던 청문회를 요구하면서 이 감독의 작전 실패를 문책했다. 일부 극성팬들의 무모한 농성이긴 했지만 여전히 1위를 달리고 있는 팀의 감독으로선 이러한 팬들의 태도가 무척 섭섭하고 원망스러웠을 것이다.

이렇듯 선수들을 믿고 경기를 맡기는 이광환의 지휘 스타일이 실패를 겪는 일도 있었지만 반대로 의외의 성과를 내는 때도 있었다. 1994년 9월 8일 잠실에서 벌어진 해태전이 좋은 본보기였다.

4 대 5로 LG가 뒤지고 있는 상태에서 해태는 승리를 지키고자 최고투수 선동열을 구원투입 했다. 9회 1사에서 LG 노찬엽과 대타 허문회가 연속으로 기가 막힌 3루타를 치면서 극적인 동점을 만들었고 9번 포수 김정민이 무적의 선동열을 상대로 믿기지 않는 끝내기 2점

홈런을 치면서 선동열을 상대로 대역전승을 거뒀다.

상대 투수의 위력과 하위타선이라는 점을 감안하면 스퀴즈와 같은 소극적인 작전으로 동점을 노렸어야 했지만 믿고 맡긴 타자들은 스스로 큰 산을 넘었다. 이 경기로 인해 포스트시즌을 앞두고 선수단 전체가 자신감을 갖게 되었다.

이광환 감독은 선발투수는 선발에만 전담하고 전문적인 중간계투 요원들을 특화시켜 고질적인 허리부상을 안고 있던 마무리 투수 김용수를 1이닝만 던지게 하는, 그간의 한국 야구에서 보기 힘든 투수 시스템을 완성시켰다. 이닝과 관계없이 투구 수를 기준으로 교체 시점을 잡았다. 지금으로 보면 너무나 당연하게 생각되는 이러한 투수 운용이 바로 이때부터 체계적으로 정착된 것이다.

규칙적인 등판 간격을 지켜주면서 힘을 비축한 투수들과 막강한 공격력을 보유한 타자들로 시즌 초반부터 단 한 차례도 1위 자리를 내주지 않은 채 정규시즌 우승은 물론 한국시리즈에서도 태평양을 내리 4연승으로 누르고 우승을 일궈냈다.

이광환의 LG는 이듬해인 95년에도 전력 상승세가 이어지면서 상위권을 유지했지만 김인식 감독으로 분위기를 쇄신한 OB와의 게임 차 반경기를 극복하지 못한 채 시즌 2위에 머물렀고 3위인 롯데와 만난 플레이오프에서 일격을 당했다. 막강한 전력을 가지고 있을 때 시즌 2연패에 성공하지 못한 상실감은 그대로 다음해로 이어졌다.

96시즌에 들어와 LG는 임선동 스카우트에 따른 소송, 이상훈의 부상, 그리고 심재학의 투수 전향 문제, 송구홍의 보직 등 선수 기용 문제에서 이광환 감독과 천보성 수석코치 간에 충돌이 벌어지며 성적이 곤두박질치게 된다. 결국 LG의 가장 화려한 시대를 만들었던 이광환 감독은 96년 시즌 절반을 넘기지 못한 채 자진 사퇴하고 만다.

하지만 LG에서의 재임 4년 반이라는 기간은 MBC시절을 포함, LG 역사상 최장수 기간으로 남아 있다. 뒤에 다시 한 번 LG에서 감독을 맡기 때문에 이때를 이광환 1기라고 편의상 칭해보자. 이광환 1기는 개인적으로도 유일한 우승 타이틀을 거머쥐는 시기이기도 했고, 뒤에 오는 감독들뿐만 아니라 심지어 이광환 2기마저도 이때와 같은 성적을 내야 한다는 강박감에 시달리기도 했다. 'LG야구=신바람야구' 와 같은 허울 좋은 이미지가 오히려 발목을 잡은 것이다.

LG 감독에 처음 올랐을 때 이 감독은 노장들을 정리하는 급작스러운 리빌딩 작업을 진행하면서 수년간 간판이라 할 수 있던 김재박, 이광은, 김상훈을 은퇴 혹은 트레이드 시킨다. 때마침 영입된 서울지역의 우수 자원들이 중간 고참들과 절묘한 조화를 이루면서 팀을 쇄신시켰고 아울러 적극적인 구단의 마케팅 전략과도 맞아떨어지면서 이때의 LG는 성적과 함께 흥행에도 성공하는 두 마리 토끼를 잡게 된다.

신바람야구를 뒤로한 채 LG를 떠난 이광환 감독은 그 후 약 5년간 신문사 객원기자 혹은 메이저리그 해설까지 두루 섭렵한다. 또 제주도에 야구박물관을 완공하는 등 일선을 떠나서도 선진 야구를 한국에 도입하고자 아낌없이 노력한다. 한국 야구의 발전에 있어 이광환의 역할을 무시할 수 없는 부분이 바로 이런 점이다. 한편으로는 LG 감독 이후 좀더 빨리 현역에 복귀했으면 어땠을까 하는 아쉬움이 남는 것도 사실이다.

2년간의 한화 감독, 그리고 LG 복귀

이광환이 다시 현역으로 복귀한 것은 2001년 한화의 부름을 받고 나서였다. 이희수 감독과 함께 창단 첫 우승을 한 99년 이후 한화는 우승의 주역이던 정민철과 구대성이 해외로 빠져나가면서 전력이 한 풀 꺾인 상황이었다.

2001년 한화는 30대 후반의 나이로 제2의 전성기를 맞이하던 송진우와 슈퍼 용병 데이비스, 그리고 막 고교를 졸업하고 입단한 신인 타자 김태균의 활약에 힘입어 4강에 진입하는 데 성공한다. 삼성, 현대, 두산, 상위권 세 팀이 일찌감치 선두권을 형성한 가운데 중반부터 시즌 막바지까지 하위 5개 팀이 4위 자리를 놓고 치열한 경쟁을 치른 해였다. 시즌 도중 해태에서 옷을 바꿔 입으며 어수선한 시즌을 보낸 기아, 초반 부진으로 이광환 감독을 중도 교체한 LG, 쌍방울을 일정 부분 흡수했다고는 하지만 신생 창단 팀인 SK, 심지어 김명성 감독이 시즌 도중 불의의 사고로 세상을 떠난 롯데 등에 비해 그나마 평탄한 시즌을 보낸 한화가 4할 7푼대의 높지 않은 승률임에도 불구, 천신만고 끝에 4위를 차지하게 된 것이다.

2년 전 우승을 거둔 팀이긴 하지만 전년도에 시즌 7위까지 떨어졌고 개인적으로 오랜 휴식기 끝에 사령탑에 복귀한 첫해 포스트시즌에 진출한 것은 성공적인 일이었다. 그러나 두산과 맞붙은 준플레이오프에서 단 두 경기 만에 그것도 큰 점수 차로 패하게 되면서 단기전에 강한 승부사의 명성에 흠이 갔다.

2년이라는 짧은 계약기간 중 두 번째 시즌을 맞는 2002년엔 끝없는 추락을 경험한다. 정민철이 복귀했지만 일본 생활에서 얻은 부상 후유증으로 과거의 기량을 회복하지 못했고 송진우를 제외한 전반적인 선수들의 노쇠와 부진으로 시즌 초반 추락한 하위권에서 좀처럼 벗어나지 못하면서 7위에 머물게 된다. 한화 밑에 있는 팀은 암흑기를 보내고 있던 롯데뿐이었다.

2002년 프로야구판의 특징이라면 힘겹게 4위를 차지한 LG가 김성근 감독의 신묘한 용병술을 앞세워 준플레이오프와 플레이오프를 내리 통과하고 한국시리즈에서 삼성과 명승부를 벌여 준우승을 차지한 것이었다. 한화의 이광환 감독은 18승으로 다승왕을 차지한 에이스 송진우를 유독 LG전에 집중적으로 투입해 송진우에게 약했던 LG를 괴롭혔다. 당시로선 4위 싸움을 하는 상대였고 라이벌이라고 할 수 있는 김성근 감독과의 경쟁심리라고 여겼지만 더 큰 이유가 있었다는 것이 시즌 후에 밝혀진다.

야구 서적 발간에 큰 업적을 낸 고 이종남 기자는 훗날 저서에서 02시즌 후 LG는 이광환 감독이 오는 것으로 사전에 이미 내정되어 있었다는 밀약설을 폭로한 일이 있었다. 94년 당시 LG 단장으로 신바람야구를 경험한 어윤태 LG 사장이 다시 한 번 이광환 감독과 손을 잡고 영광을 재현해보고자 했다는 것인데, 이러한 내정설이 사실이라면 이광환 감독으로서는 향후 몸담게 될 LG의 높은 성적이 부담스러웠을 것이다.

과연 LG는 준우승이라는 호성적을 거둔 김성근 감독을 LG와 어울리지 않는다는 이유를 내세워 전격적으로 해임했고 그 후임으로 한화와 계약이 끝난 이광환을 선임했다. 이렇게 되고 나니 이광환 감독, 어윤태 사장, 유성민 단장, 전년도 시즌에 미국에서 전격 귀국해 팀의 리더 역할을 맡고 있던 투수 이상훈까지 모두 고려대 출신으로 끈끈한 동문애를 과시하고 있었다. 야구선수 출신으로 고려대 동문들 중 가장 선배 격인 이광환 감독에게 고대 학연은 과연 큰 인맥이었다. 이쯤 되면 선수시절 시간낭비라고 여긴 대학졸업장이 그의 인생에 큰 자산이 되었다고 할 수 있다.

1988년과 판박이라고 할까. 이번에도 본의 아니게 김성근 감독의 자리를 이광환 감독이 넘겨받게 된 것인데 아무리 라이벌이라고 해도 참 대단한 악연이 아닐 수 없었다. 앞서 말했듯 정반대의 야구관을 갖고 있던 두 명감독은 지도자 인생에서도 참 대조적인 길을 걸어왔다. 이쯤에서 두 감독의 길을 비교해보자.

앞서 말한 OB시절의 동거와 감독자리 승계 이후 김성근은 만년 약체 팀인 태평양으로 자리를 옮겨 팀 최초로 포스트시즌에 진출시키는 돌풍을 일으키게 된다. 같은 시기 이광환은 처음으로 맡은 OB에서 큰 실패를 맛본다. 반대로 이광환이 LG에서 신바람야구로 전성기를 맞이할 때, 김성근은 삼성에서 요구하는 우승과는 거리가 먼 실패를 경험한다.

그 후 이광환이 LG에서 물러날 즈음 김성근은 쌍방울을 맡아 또다시 돌풍의 주인공이 된다. 2001년 김성근이 중도에 LG를 맡아 무너진 팀 분위기를 수습하던 해에 이광환은 한화를 이끌고 포스트시즌에 올랐고 2002년 LG가 모처럼 약진할 때 이광환의 한화는 하위권으로 추락했다. 그리고 LG에서 14년 만에 한 명은 물러나고 한 명이 그 자리를 이어받게 된 것이다.

하지만 이광환 감독의 LG행은 순탄치가 않았다. 전임 김성근 감독의 호성적도 부담이 되었을 뿐더러 준우승 감독이 내쳐지는 것을 본 LG 팬들은 곧바로 이를 거부하는 단체행동을 벌였다. 과거에도 구단 측의 독단적이고 일방적인 감독 교체가 없었던 것은 아니지만 이제 인터넷의 발달로 팬들은 조직적이고도 줄기차게 반감을 표현했다. 겨울 내내 잘못된 인선이라면서 모이고 시위하고 성토했다.

LG가 꿈꾸는 신바람야구의 창시자이면서도 이렇듯 부담을 안고 다시 LG로 돌아온 이광환은 만족할 만한 성과를 내지는 못했다. 기대 밖의 선수까지 활약해주던 94년과는 전혀 딴판으로 팀이 불운에 시달렸다. 주포인 이병규가 시합 중에 무릎인대가 끊어지면서 일찌감치 시즌을 접었고 또 다른 간판타자인 김재현은 전년도 말부터 괴롭히던 고관절부상으로 8월이나 되어서 모습을 보였다.

기아에서 이적해 오면서 취약 포지션인 3루를 맡아 좋은 모습을 보여주던 김상현 역시 올스타전 전후로 팔목 골절상을 입으며 시즌 아웃 되었고 FA영입 3년째가 되는 홍현우는 여전히 2할대 초반에서 벗어나지 못했다. 투수진에서도 철벽을 과시하던 이상훈이 전년도에 비해 구위가 떨어지고, 에이스급으로 성장을 기대했던 김민기와 최향남은 부상으로 단 한 경기도 출전하지 못했다.

그나마 위안이라면 입단 이후 중간계투를 전전하던 이승호가 비로소 에이스로 거듭나고 장문석도 선발로 전환하면서 좋은 모습을 보여줬다는 정도였다. 선수들의 줄부상 속에서 묘수를 찾아내지 못한 채 LG는 6위에 그치며 포스트시즌 진출에 실패했다. 사실 전년도에도 시즌 막판까지 4위를 안심하지 못할 정도의 전력이었지만 어찌

되었건 4강에 올랐고 포스트시즌의 선전으로 준우승까지 하게 되면서 체감 상으로는 1년 만에 크게 추락한 것 같은 느낌이 들었다.

선동열 쇼크

비록 성적은 떨어졌지만 굳건했던 고려대 라인의 결속 아래 이광환 감독이 계속 팀을 맡는 것은 의심할 여지가 없었지만 시즌 후 돌발 변수가 생기게 된다. 주니치에서 코치 연수를 받고 돌아온 선동열을 영입하기 위해 전 구단이 제각기 인맥을 동원해 영입 작전을 펼치게 된다. LG 역시 이광환 감독이 부임한 지 1년째였음에도 불구하고 선동열 영입에 뛰어들었다.

선동열이 어느 팀으로 갈지 결정이 되지 않은 상태에서 두산의 김인식 감독은 자리를 비워준다면서 팀을 떠났다. LG는 당초에 수석코치 자리로 내정되었다고 하더니 며칠 뒤 상황이 급박해지자 이광환 감독 후임으로 확정되었다는 성급하고도 일방적인 발표를 하고 말았다.

하지만 여러 팀의 동상이몽 속에 결과적으로 선동열이 선택한 팀은 두산도 LG도 아닌 삼성이었다. 역시나 고려대 동문인 선동열의 감독 수락을 확신하고 있다가 재계 라이벌 팀에게 빼앗기자 LG는 정신이 번쩍 들었다. 그리고 선동열과 삼성을 제압할 새 인물을 찾았다. 두산처럼 감독이 아직 사퇴한 것은 아니었기 때문에 이광환 감독이 계속해서 팀을 맡을 수도 있었지만 이미 어수선해진 팀 분위기에서 그 자리는 코치였던 이순철이 맡는 것으로 결론이 났다. 삼성을 의식하지 않았다고 할 수 없는 인선이었다. 이순철은 선동열과 같은 81학번으로 해태 시절을 함께한 친구이자 라이벌이었다.

선동열 쇼크로 인해 자리가 애매해진 이광환 전임 감독은 남은 계약 기간을 감안해 퇴임이 아닌 2군 감독으로 자리를 옮기는 것으로 정리되었다.

OB 시절에 이어 생애 두 번째 경험하는 2군 감독이라는 보직이었지만 OB 때와는 분위기가 사뭇 달랐다. 그때는 이 땅에 2군을 정착시킨 후에 그 성공을 바탕으로 1군에 진입하고자 했던 의욕과 자신감이 있었다. 하지만 2004년에 다시 맡은 2군 감독은 비록 후배에게 자리를 내준다는 명분이긴 했지만 1군 감독에서 밀려난 자리였다. 의욕이 생겨날 리가 없었다.

2군 리그에서 꼭 이겨야겠다는 당위성도 없었고 유망주를 키워내고자 하는 열의도 부족했다. 경기는 이미 후배 코치들에게 맡긴 상태였다. 시합 동안 자리를 지키기라도 하면 다행이었다. 심지어 지도하는 선수들의 특징이나 장단점 파악은 고사하고 이름조차 모르는 경우도 허다했다. 나름대로 신경을 썼다고 할 수도 있지만 적어도 보는 이들에게는 무기력한 모습이었다.

그렇게 시간을 때우고 LG와의 인연은 또다시 끝이 났다.

센테니얼? 우리 히어로즈?

이광환 감독이 60대에 접어든 2008년, 또다시 프로팀을 맡는 기회가 찾아왔다. 현대 유니콘스가 모기업의 와해로 더 이상 팀을 유지하지 못하고 해체되자 KBO는 '센테니얼 인베스트먼트'라는 다소 생경한 기업을 끌어들였고 네이밍 마케팅이라는 희한한 방식을 통해 '우리 히어로즈'라는 새로운 팀이 창단되었다.

히어로즈의 이장석 사장은 그룹 내 임원급 인사를 단장으로 앉히던 그간의 풍토를 거부하고 프로야구 선수 출신 박노준을 단장으로 임명했다. 박 단장은 현대의 마지막을 함께했던 김시진 감독 대신 OB 시절 은사이자 고려대 선배인 이광환에게 감독이라는 중임을 맡겼다. 하지만 아무리 감독 경험이 풍부하고 지략이 뛰어나다고 해도 재정적으로 어려운 것은 어떤 문제보다도 견디기 힘들었다.

현대 선수들이 주축이었지만 고참 선수들의 연봉이 대폭 삭감되었고 여러 가지 부분에서 빈궁한 팀 운영과 처우에 선수들의 사기가 꺾였다. 전지훈련조차 하지 못한 채 제주도에 캠프를 차렸다. 신생 구단 가입금을 내기로 한 약속이 계속 미뤄지면서 언론에 집중포화를 맞았다. 심지어 시즌 중반에 터진 기사에 의하면 이광환 감독의 계약금마저 전액 지불되지 못하고 차일피일 미뤄지는 상황이었다.

스폰서 문제까지 탈이 나면서 우리 히어로즈가 그냥 히어로즈로 변경되는 해프닝이 있었는가 하면 이장석 사장과 박노준 단장의 충돌로 박 단장이 사임하면서 그가 영입한 이광환 감독의 거취도 불투명해지게 되었다. 이쯤 되면 1년간 팀을 이끌었다 해도 역량을 펼칠 기회조차 없었다고 봐도 될 것이다. 결국 시즌이 끝나자마자 이광환 감독은 전격 경질되고 말았다. 시즌 성적도 별로 내세울 게 없는 7위.

팀의 간판이 바뀌었다고 해도 구 현대 팬들에게 무한 신뢰를 얻었던 김시진 감독에게 기회가 가지 않고 그 자리를 맡았다는 점에서

LG 때와 마찬가지로 팬들의 반발을 샀다. 이장석 사장, 박노준 단장과 함께 파행적인 구단 운영을 이유로 한데 묶여 비난을 받는 등 감독직을 수행하는 내내 큰 부담을 안아야 했다. 평생 야구만 했던 노감독으로서는 참으로 견디기 힘든 시간이었을 것이다.

어찌 되었든 한국야구사에 큰 획을 그은 명장 이광환의 다섯 번째 팀이자, 어쩌면 마지막이 될지 모를 프로야구 감독 자리는 그렇게 허무하게 끝이 나고 말았다.

감독 이광환의 야구사적 의미

다섯 차례 감독 자리를 맡는 동안 눈에 띄는 성적을 거둔 때는 LG 시절뿐이었다. 하지만 성적을 떠나서 이광환은 한국 야구의 메커니즘을 바꿔놓았다.

해외유학을 통해 배운 대로 선수들 스스로 자신을 관리하는 법을 깨우치게 했다. 그의 등장과 함께 용장이니 맹장이니 하는 스타일로 미화되면서 선수들을 다그쳤던 이른바 스파르타식 지도 방법은 90년대 이후 자취를 감추었다. 또한 선발투수 로테이션이라는 개념이 생겨났으며 전문 마무리 투수의 역할이 규정되었다. 급하면 선발투수고 마무리고 나오고 보는 것이 아니라 1~2이닝, 심지어는 한두 명의 타자만 상대하고 들어가는 중간계투요원도 전문적으로 양성되었다.

세대가 흐르면서 선수 훈련을 스스로에게 맡기고 코치들이 맡은 역할을 확실하게 분담하는 이른바 자율적인 훈련과 지도를 택하는 젊은 감독들이 많아졌지만 80년대 말에 '자율 야구'라는 개념을 전

파한 이는 분명 이광환이었다.

물론 이광환이 아니었다고 해서 이러한 일련의 움직임이 우리나라에서 시작되지 않았을 거라고 여기는 사람은 없다. 시기적으로 최소한 몇 년씩은 늦어졌을 수도 있겠지만 결국 우리도 야구 선진국의 시스템을 따라갔을 것이다. 문익점이 없었다고 해서 이 땅에 목화씨가 영영 들어오지 않았을 리는 없을 테니까. 그렇다고 해서 이광환의 야구사적인 의미를 깎아내릴 수는 없을 것이다.

이광환 감독이 젊은 시절에 주장하던 야구 스타일을 계속 고집한 것은 물론 아니었다. 정반대 스타일이라고 하던 김성근 감독도 이 부분에선 마찬가지였다. 달라도 너무 다르다고 했던 두 명장은 나이를 먹어감에 따라 은연중에 서로의 야구를 수용하는 모습을 보여주었다. 김성근 감독도 SK시절 코치들에게 각자의 분야를 전담해서 맡기는 모습이 종종 눈에 띄었다. 반대로 가장 공격적이던 이광환 감독의 야구가 언젠가부터 작전이 개입되고 정해진 라인업을 풀가동하는 모습도 쉽게 볼 수 있었다. 좋든 싫든 상대방의 장점을 충분히 인정하고 배울 것은 배울 줄 아는 지도자들이었기 때문이다.

이광환 감독이 인맥에 지나치게 의존한다는 세간의 평도 있었지만 안타깝게 쉬고 있는 능력 있는 후배 지도자들에게 기회를 주는 것도 그가 가진 장점이었다. 한화 감독 때는 OB 시절 구타사건으로 일선 복귀가 난망하던 윤동균을 코치로 불러들였고 동시에 좀처럼 야구계로 돌아오지 못하던 명투수 최동원에게 다시 지도자의 기회를 주기도 했다. 불명예스럽게 LG감독에서 물러난 이순철을 히어로즈 감독이 되면서 다시 코치로 불러준 것도 같은 맥락이었다. 본인이 학연의 혜택을 많이 본 것은 부인할 수 없었지만 이러한 코치들은 학교 후배도 아니었고, 제자들도 아니었다. 그의 눈에 아까운 인재들이었기 때문이다.

이광환의 야구사랑은 그가 감독직을 맡고 있지 않을 때 더더욱 빛이 났다. 귀국 직후인 OB 시절에 건립하기 시작한 제주도의 야구박물관은 LG에서 물러날 때쯤 완공되었다. 변변한 야구박물관이 없는 지금까지도 공식적으로 유일한 명소로서 인정받고 있다. 규모와 완성도를 떠나 누구도 하지 않았던 의미 있는 일을 나이 마흔에 시작한 것이다.

서울대 감독과 또 다른 시작

2011년 9월 17일 서울 신월야구장.

시즌 마지막 대회인 선수권대회에서 야구에 있어서는 만년 약체라 할 수 있는 서울대가 경남대를 상대로 무려 13 대 0이라는 큰 스코어 차이로 5회 콜드게임패를 당했다. 이날의 패배로 대회 1회전 탈락은 물론 2011년 공식 경기 전패라는 불명예를 또다시 기록하게 되었지만 서울대를 이끄는 노감독에겐 조금도 불편한 기색을 찾아보기 힘들었다. 오히려 패하고 들어오는 선수들의 어깨를 하나하나 다독여주며 위로와 격려의 미소를 보내고 있었다.

이처럼 이광환 감독은 과거의 명성에 비해 전혀 어울리지 않게 2010년부터 서울대 감독직을 맡고 있는 중이다.

서울대학교 야구부는 야구선수 출신들이 아닌 일반 학생 선수들로 구성된 팀이다. 그가 지휘를 맡았다 해도 이 팀의 성적은 여전히 보잘것없다. 부임한 해에도, 이듬해에도 연간 10여 차례 공식 경기를 가졌지만 단 한 번도 이기지 못했다. 이길 수 없었다. 10여 점 차이로 패하기가 일쑤고 5~6회에 콜드게임으로 지지 않으면 다행인 전력이었다.

비교적 전력이 약한 상대를 만나서 경기 후반까지 괴롭히는 경우가 없었던 것은 아니지만 전문적인 선수들을 상대로 경기를 한다는 것 자체가 애당초 무리였다. 서울대를 정규 대학리그에 참여시켜야 하는지도 매년 논란이 일어나곤 한다. 현재는 대회에 참여는 하되 서울대와의 경기에서 거둔 상대팀의 개인 기록은 반영하지 않는 것으로 정리되고 있다.

서울대 야구부가 기존 대학야구 팀을 상대로 1승을 거둔 일이 있었다. 기적과도 같은 사건이었다. 이 감독이 감독을 맡기 전의 일이었다.

이광환 감독이 맡고 있는 서울대 야구부의 꿈은 공식 경기에서 2승을 올리는 것이다. 하지만 2승에 연연하기보다는 야구 자체를 즐기고 배우는 아마추어리즘에 더 큰 비중을 두고 있다. 선수들도 이기고자 하는 열망은 있되 하나라도 더 배우고 그라운드를 즐기기 위하여 매번 무모해 보이는 시합에 도전하는 것이다.

처음부터 이기기 위한 야구를 하고자 했다면 이광환이 서울대를 맡는 일도 없었을 것이다. 치열한 승부의 세계에서 수십 년을 보낸 지도자임에도 승패를 초월한 야구를, 그를 필요로 하는 곳에서 기꺼이 가르치고자 했기 때문이다.

　실제로 그는 야구아카데미를 통해 낙후되어 있는 유소년 야구와 여자 야구의 저변 확대에도 깊이 관여하고 있다. 마지막 남은 열정을 그만의 방식으로 즐기고 있는 것이다.

　60대 중반의 나이로 접어든 이광환 감독이 또다시 프로팀의 부름을 받지 못하리란 법은 없다. 그는 지금도 여건이 주어진다면 강팀을 만들고 우승에 도전할 수 있는 능력을 가진 지도자이다. 하지만 설령 그렇게 되지 못한다고 해도 그의 야구사랑은 변함없이 펼쳐질 것이다. 그곳이 프로팀이건 서울대이건 큰 상관은 없어 보인다.

　이광환의 '자율 야구'는 아직도 끝나지 않았다.

글. 최형석

제리 로이스터

롯데 팬들이 사랑한 '검은 갈매기'

흔히들 프로야구단 감독이란 직업은 '독이 든 성배'라고 표현한다. 잘할 때는 엄청난 인기를 누리면서 팬들의 사랑을 받지만, 반대로 성적이 나쁠 때는 질타를 홀로 감당해야 하기 때문이다. 프로야구가 국내 최고 인기 스포츠인 만큼, 잘했을 때는 보상이 더없이 달콤하나, 그렇지 않았을 때는 아픔도 지독하다.

프로야구 구단은 모두 각각의 연고지에서 높은 인기를 누리고 있다. 그중에서도 특별히 더 극성스러운 지역이 있으니, 바로 롯데 자이언츠의 연고지인 부산이다. 부산에서는 추석 같은 명절에도 온 가족과 친지들이 모여 앉아서 야구경기를 시청하는 모습을 종종 볼 수 있다. 이미 그들에게 야구는 삶의 일부이며, 롯데 자이언츠는 그들의 자존심이다.

따라서 전통적으로 롯데의 사령탑을 맡았던 감독들은 '독이 든 성배'라는 표현의 참 뜻을 온몸으로 실감하곤 했다. 문제는 롯데의 팀 성적이 전통적으로 좋았을 때보다 그렇지 않았을 때가 더욱 많았다는 점이고, 그 결과 팬들로부터 좋은 평가를 받았던 감독은 매우 드물다. 심지어 롯데의 우승을 2번이나 이끈 강병철 감독조차 지금에 와서는 팬들의 지지를 얻지 못하고 있는 형편이다.

더욱이 롯데는 2000년대 들어 4년 연속 최하위를 기록하는 등, 구단 역사상 최악의 암흑기를 보냈다. 그러자 2007년 겨울 롯데 구단은 특단의 조치를 취하는데, 바로 한국 프로야구 사상 처음으로 외국인 감독을 선임하기로 결정한 것이다.

2008년 1월 9일, 제리 로이스터(Jerry Royster) 감독이 롯데 자이언츠의 제13대 사령탑으로 취임했다. 그는 구단 창단 이후 최초로 팀을 3년 연속 포스트시즌으로 이끄는 뛰어난 업적을 남겼다. 팬들의 반응과 사랑 역시 뜨거웠다. 역대 롯데 감독들 중 그 누구도 로이스터만큼 팬들의 절대적인 지지와 인기를 얻지는 못했다.

로이스터 감독은 항상 '팬들을 즐겁게 해주는 야구'를 추구했고, 선수들을 믿고 신뢰하여 '야구는 선수들이 하는 것'이라는 자신의 철학을 고수했다. 그로 인해 종종 구단과 마찰을 일으키기도 했지만, 그럴수록 팬들은 더욱 로이스터 감독을 응원하며 격려해주었다.

한국 야구의 이방인이던 로이스터 감독은 3년 재직 기간 동안 늘 이슈의 중심에 있었다. 그의 훈련 스타일이나 선수 기용 방식은 대부분 찬성과 반대가 뚜렷하게 갈려 논쟁거리가 되곤 했고, 그의 발언 하나하나가 전부 기사화되어 여론의 도마 위에 오르곤 했다. 때로는 롯데 구단조차 도무지 종잡을 수 없는 로이스터의 스타일 때문에 곤혹스러워 하곤 했다.

그러나 팬들은 달랐다. 로이스터 감독은 직접 마운드에 올라가 교체되는 투수를 위로했고, 더그아웃에서는 선수들과 즐겁게 수다를 떨며 친분을 쌓았다. 홈런을 친 선수와는 함께 고함을 지르며 하이파이브를 했다. 팬들은 그런 로이스터의 모습에서 국내 감독들에게

서는 찾아볼 수 없는 신선함을 느꼈고, 3년 동안 많은 사랑과 지지를
보내주었다.

국내 최초 메이저리그 감독 출신 사령탑

로이스터 감독은 국내 프로야구 사상 최초의 외국인 감독일 뿐 아니
라, 메이저리그 선수 출신이자 감독 출신의 사령탑이기도 했다.

　1952년 10월 18일 미국 캘리포니아 새크라멘토에서 태어난 제리
로이스터는 18세가 되던 해인 1970년 LA 다저스에 입단하게 된다.
그리고 3년 후인 73년에 처음으로 메이저리그로 승격되었고, 애틀
란타 브레이브스로 트레이드 된 76년부터 팀의 주전 선수로 활약하
기 시작했다.

　로이스터는 2루수와 3루수, 그리고 유격수까지 두루 소화할 수 있
는 전천후 내야 요원이었다. 타자로서 정교함이나 장타력과는 거리
가 멀었지만, 주전으로 뛰던 76년부터 80년까지는 5년 연속 20개 이
상의 도루를 성공시키는 등 나름 재간이 있는 선수였다. 79년에는
주로 팀의 1번 타자로 활약하면서 .273의 타율로 103득점(리그 7위)
35도루(9위)를 기록했는데, 그해가 선수 로이스터의 최전성기였다.

　80년대의 로이스터는 주로 수비전문 겸 교체 멤버로 뛰는 일이 많
았다. 사실 수비 범위는 넓었지만, 그만큼 실책도 많이 하는 편이었
다. 지금은 군복무 중인 롯데 박기혁을 떠올리면 이해가 쉬울 것이
다. 지금 생각하면 현역 시절 수비전문 선수였고, 한때 메이저리그
수비 인스트럭터로 재직한 바 있는 로이스터 감독의 롯데가 늘 수비

력 불안에 떨었다는 점은 아이러니한 일이 아닐 수 없다.

로이스터는 73년부터 88년까지 16년 동안 메이저리그에서 선수로 활약했다. 그는 단 한 번도 올스타에 선정되지 못했고, 골든글러브를 비롯한 각종 수상과도 거리가 멀었다. 어느 팀에서나 볼 수 있는 흔한 선수였던 그가 16년간이나 메이저리그에서 선수로 뛸 수 있었던 것은 어느 팀에서나 꼭 필요한 스타일의 선수였기 때문일 것이다.

16년 통산 1428경기에 출장하여 통산 .249의 타율과 40홈런 352타점 552득점 189도루의 기록을 남긴 로이스터는 1988년을 끝으로 선수생활을 마감하고 본격적인 지도자의 길을 걷기 시작한다.

오랜 세월 동안 마이너리그에서 코치와 감독으로 경험을 쌓은 로이스터는 2000년 자신과 친분이 있던 데이비 로페즈 감독이 밀워키 브루어스의 사령탑을 맡으면서 밀워키의 벤치 코치로 임명된다. 그리고 2002년, 마침내 그에게 기회가 찾아왔다.

로페즈 감독이 팀을 맡은 이후 밀워키의 성적은 점점 더 떨어지기만 했고, 2002년은 3승 12패라는 최악의 스타트를 하고 말았다. 결국 구단은 로페즈 감독을 해임하기로 결정했고, 그를 대신해 로이스터에게 임시 감독을 맡겼다. 2주 후 정식 감독으로 취임한 로이스터 감독은 메이저리그 감독으로서 1년을 보내게 된다.

그러나 당시 밀워키는 총체적 난국의 상황이었다. 부실한 전력도 문제지만, 마이너리그 시절부터 특유의 친화력만큼은 인정받았던 로이스터 감독조차 수습할 수 없을 정도로 팀 분위기가 최악이었다. 심지어 교체를 위해 마운드에 올라간 로이스터 감독과 교체를 거부하는 투수가 말다툼을 벌이는 장면이 TV 중계에 그대로 노출된 적도 있었다.

당시 밀워키는 내셔널리그 16개 팀 중 득점은 제일 적었고, 실점은 두 번째로 많았다. 결국 56승 106패라는 최악의 성적으로 시즌을 마감했는데, 당연히 리그 최하위였으며, 이는 밀워키 구단 역사상 유일하게 세 자릿수 패배를 당한 시즌으로 지금까지 남아 있다. 로이스터 감독이 맡은 이후의 성적은 53승 94패, 결국 시즌 후 재계약에 실패하고 다시 마이너리그 감독으로 돌아가게 된다.

로이스터 감독이 메이저리그 감독 출신이라곤 하지만, 이처럼 엄밀히 말하면 '감독대행' 이나 다름없는 경력이다. 별다른 성과도 못 얻었고, 특유의 친화력도 발휘하지 못했다. 그런 로이스터 감독의 경력을 잘 알고 있는 일부 한국의 야구팬들은 그가 롯데 감독으로 온다는 소식을 듣고 부정적인 시선을 감출 수 없었다.

그러나 바비 발렌타인 당시 지바 롯데 마린스 감독의 추천으로 자이언츠 유니폼을 입게 된 로이스터 감독은 이후 3년 동안 롯데를 전혀 다른 팀으로 변모시키며 '로이스터 신드롬' 을 불러일으킨다.

흑갈매기, 롯데의 암흑기를 청산하다

로이스터 감독이 부임하기 전까지 롯데는 그야말로 암흑기의 연속이었다. 2001년부터 7년 동안 롯데의 순위는 8-8-8-8-5-6-7위였고, 야구팬들은 이를 두고 '롯데의 비밀번호' 라고 비아냥댔다. 4년 연속 꼴찌는 한국 프로야구 사상 유일한 기록이며, 시범경기나 시즌 초반에만 반짝 잘하다가 여름 이후 하위권으로 내려가는 롯데를 가

리켜 "내려갈 팀은 내려간다(Down Team is Down : 줄여서 DTD)"라고 평한 김재박 전 LG 감독의 발언은 희대의 유행어가 되었다.

2007년까지 롯데는 사실상 2명의 투-타 에이스가 팀 전체를 이끌고 가는 형국이었다. '비운의 에이스' 손민한은 2005년 포스트시즌에 진출하지 못한 팀 선수로는 사상 처음으로 MVP를 수상, 팀의 암흑기를 홀로 지탱했다. 타자들 중에는 2006년 역대 2번째 타자 부문 트리플 크라운(타율, 홈런, 타점)을 달성한 이대호만이 롯데 팬들의 아쉬움을 달래주고 있었다.

2008년 새로운 감독이 부임하자 모든 것이 달라졌다. 마운드에는 손민한 외에도 장원준과 송승준이라는 믿을 수 있는 10승대 투수가 2명이나 탄생했다. 로이스터 감독이 메이저리그 방식의 투수 운용을 도입하면서 예전보다 부담이 줄어든 불펜도 아쉬운 대로 나름의 몫을 해냈다.

방망이 쪽의 변화는 훨씬 더 놀라웠다. 2008년의 이대호(18홈런 94타점 .301)는 다른 시즌에 비하면 비교적 부진한 편이었지만, 강민호(19홈런 82타점 .292)와 조성환(10홈런 81타점 31도루 .327), 김주찬(32도루 .313) 등이 재능을 꽃피우면서 예년과 전혀 다른 강력함을 선보였다. 특히 외국인 타자 가르시아(30홈런 111타점 .283)의 가세는 롯데 타선을 리그에서 가장 폭발력 있는 매력적인 타선으로 탈바꿈시켜 놓았다.

그해 롯데는 69승 57패 승률 .548의 성적으로 리그 3위에 올라 8년 만에 포스트시즌 진출에 성공했다. 팬들이 그토록 외치던 '가을에도 야구하자' 라는 구호가 마침내 실현된 것이다. 비록 그렇게 올라간 준플레이오프에서 제대로 힘 한번 써보지 못하고 3연패로 가을 야구를 마감하긴 했지만, 롯데 팬들이 달콤한 꿈을 꾸기에는 충분한 성과였다.

2009년의 롯데는 FA를 통해 홍성흔을 영입했음에도 전반적인 타격 침체로 고생했다. 그러나 로이스터 감독은 투수 운용에서 능력을 발휘해 조정훈(14승 9패 4.05)이라는 새로운 에이스를 발굴해내며, 리그 4위(66승 67패)로 2년 연속 포스트시즌 진출에 성공했다. 재임 기간 중 제일 우여곡절이 많았던 시즌이지만, 그만큼 '믿음의 야구'를 추구하는 로이스터 감독의 능력이 드러나 보인 시즌이기도 했다.

2010년은 '이대호를 위한, 이대호에 의한, 이대호의' 시즌이었다. 타율(.364), 홈런(44), 타점(133), 득점(99), 출루율(.444), 장타율(.667), 최다 안타(174)의 타격 7개 부문을 모두 석권한 이대호를 앞세운 롯데는 역대급 타격을 보여주며 화끈한 경기를 이어갔다. 롯데는 또다시 여름에 강한 모습을 팬들에게 선보였고, 전년도에 이어 리그 4위(69승 3무 61패)로 3년 연속 가을잔치 무대에 올랐다. 팀 역사상 3년 연속 포스트시즌 진출은 이때가 처음이었다.

"의사 결정을 내리는 데 남의 간섭을 받지 않고 자유로울 것. 남의 조언을 받을 수도 있고, 남과 상의할 수도 있고, 권리의 일부를 남에게 양도할 수도 있지만 한 국가의 대통령처럼 최종 결정권은 결국 그 자신이 쥐고 있어야 한다."

'야구팬들의 바이블'이라 불리는 《야구란 무엇인가》의 저자 레너드 코페트는 자신의 저서에서 좋은 감독이 탄생하기 위한 조건을 위와 같이 말하고 있다. 로이스터 감독은 그 누구보다 이 원칙을 지키기 위해 노력한 인물이다. 그리고 자신만의 스타일을 끝까지 지켜내며 롯데를 개성 넘치는 강팀으로 키워놓는 데 성공했다.

로이스터 감독은 미국 시절부터 팀 운영에 있어서 본인의 결정을 가장 중요시한다는 평가를 받곤 했다. 때로는 그런 점이 미국의 개성 강한 선수들과 마찰을 일으키기도 했다. 그러나 한국에서는 달랐다. 한국 선수들은 기본적으로 감독의 결정에 순응하는 편이고, 로이스터는 자신의 뜻을 맘껏 펼칠 수가 있었다. 게다가 자신의 뜻을 굽히지 않을 뿐, 강압적이지 않고 친화적인 로이스터의 지도 스타일은 롯데 선수들에게도 환영의 대상이었다.

이것이 로이스터의 메이저리그식 야구다

로이스터가 부임한 첫해인 2008년 4월 25일, 사직구장에서 펼쳐진 롯데와 삼성의 경기는 롯데의 외국인 감독이 추구하는 야구 스타일이 어떤 것인가를 극명하게 보여준 경기였다. 그날의 경기는 평소 한국에서 볼 수 있는 패턴과는 전혀 다르게 펼쳐졌다.

선발로 등판한 롯데 투수가 8회까지 무실점의 완벽한 피칭을 이어갔다. 그 주인공은 롯데의 암흑 시절부터 팀의 기둥 역할을 해온 '전국구 에이스' 손민한. 하지만 9회가 되자 손민한이 흔들리면서 2아웃 2, 3루의 위기를 맞이했고, 이기고는 있었지만 2 대 0이란 스코어는 결코 안심할 수 없는 상황이었다.

아웃 카운트 하나만 잡으면 8개 구단 전체를 통틀어도 1년에 몇 번 나오지 않는 완봉승의 찬스. 반대로 한 방이면 동점은 물론 역전패도 가능한 절체절명의 위기. 이 상황에서 감독의 선택은 무엇일까? 불을 *끄기* 위해 구원투수로 교체? 아니면 에이스를 향한 신뢰?

기존 국내 감독들의 선택은 대부분 교체일 것이다. 마운드 위에 있는 투수가 현역 시절의 선동열이 아닌 이상 말이다. 하지만 로이스터 감독의 선택은 에이스 손민한을 믿고 끝까지 맡기는 것이었다.

결과적으로 그 선택은 실패했다. 손민한은 오랜 친구인 삼성 진갑용(둘은 부산고 – 고려대 동창이다)에게 2타점 적시타를 맞아 동점을 허락했고, 결국 완봉은커녕 승리투수도 되지 못한 채 마운드에서 내려와야만 했다. 과연 로이스터의 선택은 잘못된 것일까?

갑론을박이 난무하겠지만, 어차피 그 상황에 대한 평가는 모두 결과론에 지나지 않는다. 투수교체를 했건, 하지 않았건, 무실점으로 막아서 9회에 경기를 끝냈다면 에이스를 신뢰한(또는 과감하게 교체한) 감독의 결단이 빛났다는 평가를 받았을 것이다. 반대로 막아내지 못해 동점이나 역전이 되었다면, 감독의 잘못된 선택이 문제였다며 질타를 받았을 것이 분명하다.

메이저리그라면 아무리 9회 말 끝내기 패배의 위기가 닥친 상황이라 하더라도, 완봉승을 눈앞에 두고 있는 팀의 에이스를 마운드에서 함부로 끌어내리지 않는다. 경기를 거기까지 만들어간 것 자체가 에이스의 공인 만큼, 그 상황에서 교체를 지시하는 것은 에이스의 자존심을 건드리는 일이라 여기기 때문이다.

메이저리그는 당장의 1승을 포기하더라도 에이스의 자존심을 살려주는 쪽을 택한다. 또한, 거기에는 그들의 에이스가 어떠한 극한 상황에서도 신뢰할 만한 선수라는 것을 스스로 증명하길 바라는 무언의 압박도 담겨 있다. 에이스는 그 경기를 자신이 마무리할 '권리'와 '책임'을 동시에 가지고 있는 셈이다.

당시의 손민한은 자타가 공인하는 롯데 자이언츠 최고의 투수이자 한국 야구를 대표하는 에이스 중 한 명이었다. 그러니 메이저리그 출신인 로이스터가 손민한이 그대로 던지게 한 것은 당연한 선택이었다. 그러나 결과와 관계없이 정말 중요한 사실은 로이스터 감독은 그 순간부터 경기가 끝나는 순간까지 자신의 야구 철학대로 경기를 진행했으며, 끝내는 경기에서 승리했다는 점이다.

아쉽게 동점이 된 후, 9회 말 다시 찬스가 찾아왔다. 3번 조성환이 안타를 치고 1루로 나갔고, 그 뒤에는 롯데의 실질적인 클린업 트리오 이대호-가르시아-강민호가 버티고 있었다. 국내 감독이나 해설자라면 '팀 배팅'이니 뭐니 하면서 밀어치는 타격을 통해 진루타를 쳐야 한다고 목소리를 높일 만한 상황이다. 하지만 로이스터는 역시 달랐다.

1루 주자 조성환이 두 번의 도루를 시도한 것을 제외하면, 타자들은 특별한 작전 없이 끝까지 강공으로 일관했다. 로이스터 감독이 별다른 지시를 내리지 않았기 때문이고, 이 또한 메이저리그에서는 상식적인 대처다.

타자가 자신의 선택으로 기습번트를 대거나 짧게 끊어 치는 타격을 하지 않는 한, 동점인 상황에서 클린업 트리오에게 '소심한 타격'을 요구하는 빅리그 감독은 없다. 중심타선이라면 당연히 팬들이 가장 원하는 형태인 끝내기 안타나 홈런 등으로 경기를 종료시킬 수 있게끔 기회를 주는 편이고, 로이스터 역시 타자들을 믿었다. 그러나 그 선택 역시 실패로 돌아갔다. 롯데의 거포들은 적시타를 때리지 못했고, 경기는 연장으로 돌입했다.

10회 초 손민한을 구원해서 등판한 마무리 임경완이 스스로 위기를 자초하며 무너질 뻔했다. 안타 두 개와 볼넷으로 1사 만루가 된 상황, 이쯤 되면 더그아웃에서 투수코치가 올라올 법도 하다. 하지만 이번에도 로이스터는 요지부동이다. 결국 1사 만루 상황에서 몸에 맞는 공을 허용하며 역전까지 허용했다. 그래도 로이스터는 여전히 움직이지 않는다. 적어도 팀의 주전 마무리라면 결과와 관계없이 시작한 이닝은 끝까지 맡기는 것이 메이저리그 스타일이다. 임경완은 다음의 1구로 병살을 유도하며 겨우겨우 이닝을 마무리했지만, 3 대 2로 역전을 허용했으니 결국 이 또한 실패라고 볼 수 있을 것이다.

운명의 10회 말, 로이스터는 당시 1할대 빈타(27타수 3안타)에 시달리고 있던 마해영을 그대로 타석에 내보낸다. 마해영은 그 신뢰에 안타로 보답하며 출루했고, 그때까지 꿈쩍도 하지 않던 로이스터 감독은 9번 박기혁의 타석이 되어서야 비로소 움직이기 시작했다. 박기혁의 희생번트는 성공, 하지만 1번 정수근이 2루 땅볼 아웃으로 물러나며 2사 3루. 이때 로이스터가 또 한 번 움직인다. 컨디션이 나쁜 이승화를 대신해서 신인 손아섭을 내보낸 것. 손아섭이 볼넷으로 출루한 후 3번 조성환의 끝내기 2루타가 터져 롯데는 4 대 3의 극적인 승리를 거뒀다.

이 경기가 종료된 후 롯데 팬 커뮤니티에서는 난리가 났다. 로이스터 감독을 향해 반신반의하던 많은 롯데 팬들이 이 경기를 통해 '메이저리그식 야구'가 지닌 재미를 느끼게 된 것이다. 당시 경기를 중계했던 허구연 해설위원조차 자신이 그동안 지켜본 수많은 페넌트레이스 경기 중에서 기억에 남을 만한 최고의 명승부였음을 강조했다.

로이스터 감독은 선수들의 자존심을 살려주고 사기를 북돋아주는 리더십을 보여주었고, 경기가 끝나는 순간까지도 자신의 야구 철학을 관철시켰다. 따라서 그 경기는 로이스터 감독의 승리가 아니라, 그가 믿어준 '선수들이 만들어낸 승리'였다. 팬들도 야구는 감독이 아니라 선수가 하는 스포츠라는 것을 깨닫게 됐다. 이 점이 중요하다.

한국 야구의 관점으로 보면 로이스터 감독은 9회 초와 말, 그리고 10회 초까지 3번의 선택에서 모두 실패를 했다. 어떻게 보면 단지 '운이 좋아서' 이긴 경기로 보일 수도 있다. 하지만 로이스터 감독의 스타일은 그 결과와 관계없이 페넌트레이스라는 장기 레이스에서 큰 힘이 되어 돌아온다.

만약 로이스터의 모든 선택이 실패로 돌아가고 끝내 패배했다 하더라도, 롯데 선수단은 6개월의 긴 여정 가운데 단지 하루를 졌을 뿐이다. 패배와 더불어 중심 선수들의 자존심까지 상하는 일은 어떻게 해서든 피해야 한다. 팀의 에이스와 클린업 트리오를 신뢰하는 야구, 그게 바로 '메이저리그 스타일'이다.

잠시 부진하다 해서 팀의 에이스나 4번 타자를 2군으로 내려 보내곤 하는 한국의 여느 감독들은 도저히 이해할 수 없는 방식일 것이다. 하지만 생각해보자. 자존심이 상한 후 악에 받쳐서 잘하는 선수와, 처음부터 감독이 기를 살려주는 선수, 둘 중 누가 더 즐겁게 야구를 하고 있는지는 명확하지 않은가?

경기에서 이기기 위해 스스로 책임감과 자부심을 가지고 자신의 역할에 최선을 다하는 선수. 그리고 그러한 선수를 믿고 자신의 야구 철학을 끝까지 고수할 수 있는 지도자. 로이스터 감독이 추구한 '메이저리그식 야구'의 핵심은 바로 거기에 있었다.

앞선 7년 동안 매번 하위권에 머물던 롯데 선수들은 패배의식에 찌들어 있었고, 그 기간 동안 팀을 지휘했던 감독들에게 좋은 평가를 받지 못했다. 그런데 새로 부임한 검은 피부의 외국인 감독은 그들을 믿어줬고, 그들의 자존심을 세워주는 경기를 운영했다. 감독이 자신들을 믿고 있다는 것을 느끼기 시작한 롯데 선수단은 그때부터 '이기는 야구'를 하기 시작했다.

선발투수 중심의 길게 보는 야구

2009년 6월 18일 벌어진 롯데의 정규시즌 경기에서 또 한 번 보기 힘든 장면이 연출됐다. 공교롭게도 이번 역시 상대는 삼성. 이날 롯데의 선발투수였던 조정훈은 7회까지 마운드를 지키며 승리투수가 됐는데, 그 과정이 매우 특이했다.

조정훈은 2아웃 이후에 연속 5안타를 얻어맞는 등 1회에만 안타 6개와 사사구 2개를 허용하며 무려 6실점 했다. 그렇게 난타당한 조정훈이 2회에도 마운드에 오르더니, 그대로 7회까지 던지고 승리투수가 된 것이다.

프로야구를 즐겨 보는 팬이라면 이것이 한국에서 얼마나 보기 드문 일인지 잘 알고 있을 것이다. 특히 당시만 해도 조정훈이란 투수는 이름 없는 신출내기에 불과했으니 더더욱 그렇다. 보통의 경우, 1회라 하더라도 이 정도 점수를 내주면 한국인 감독들은 투수 교체를 생각하기 마련이다. 생각에 그치지 않고 곧바로 실행에 옮기는 감독들도 더러 있다.

하지만 로이스터 감독은 이닝 중에 그를 교체하지 않았다. 1회 초에 타자들이 분발해준 덕에 2 대 0으로 기분 좋게 출발한 경기가 순식간에 2 대 6으로 뒤집어진 상황, 자칫 경기를 일찍 포기해야 할 수도 있는 상황에서도 그는 조정훈에게 1회를 끝까지 맡겼다.

더 놀라운 건 2회에도 조정훈이 마운드에 올랐다는 점이다. 1회를 간신히 넘기긴 했지만, 마지막 아웃 카운트도 주자의 오버런으로 인한 주루사로 잡았을 뿐, 투수 스스로의 힘으로 잡아낸 것이 아니었다. 이만하면 한국인 감독들은 십중팔구 2회에 다른 투수를 올렸을 것이다.

정작 신기한 장면은 그다음부터 이어졌다. 2회 조동찬-강봉규-양준혁으로 이어지는 삼성의 상위타선을 3자 삼진으로 처리한 조정훈은 이후 7회까지의 6이닝은 2피안타 1볼넷 9탈삼진으로 철저히 봉쇄했다. 더 이상의 실점은 없었고, 롯데 타선이 힘을 내 7점을 더하면서 9 대 6으로 승리. 7이닝 합계 8피안타 6실점 10탈삼진을 기록한 조정훈은 시즌 6승을 따냈다.

조정훈을 교체하지 않고 마운드에 계속 올린 로이스터 감독의 독특한 투수 운용과 '두 얼굴의 사나이'가 된 조정훈의 변신이 있었기

에 결국 롯데는 승리할 수 있었다. 한국의 기본적인 야구 상식으로
는 전혀 이해할 수 없는 일이 벌어진 것이다.

이런 투수 운용 방식 또한 '메이저리그식'이다. 메이저리그에서는
선발투수를 기용함에 있어 기본적인 원칙이 몇 가지 있다. 감독이 누
구냐에 따라서, 그리고 팀의 상황에 따라 변동이 없는 것은 아니지만
대부분의 경우 다음과 같은 3가지 원칙은 잘 지켜지는 편이다.

1) 아무리 선발투수가 초반 난조를 보인다 하더라도 두 자릿수 안
타를 허용하지 않은 이상 1회에는 투수를 교체하지 않는다. 2회에도
일단은 마운드에 올린다. 교체를 생각하는 것은 투수가 2회에도 여
전히 난타를 당할 때다.

2) 선발투수가 난조를 보이며 계속해서 실점을 허용하더라도, 이
기고 있는 경기라면 해당 투수의 '승리투수가 될 권리'를 지켜준다.
즉, 동점이나 역전을 허용하지 않는 이상 선발투수에게 5회까지는
던질 수 있는 기회를 준다. 설령 그 결과가 역전패로 이어진다 하더
라도, 누구도 그것을 질책하지 않는다. 선수는 감독의 기대에 부응
하기 위해 노력하고, 감독은 그러한 선수의 (승을 따낼 수 있는) 권리
를 존중한다.

3) 감독은 선발투수가 의미 있는 기록을 작성할 수 있도록 배려해
준다. 가령 1 대 0의 아슬아슬한 리드라 하더라도 선발의 완봉승이
걸렸다면 9회의 투수 교체는 없다. 설령 힘이 빠진 투수가 역전을 허

용해도 어쩔 수 없는 일로 생각한다. 8회까지 무실점으로 버틴 투수가 9회 교체되는 것은 투구 수가 120개를 넘었거나, 본인 스스로가 교체를 원할 때다. 그렇지 않고 단순히 눈앞의 '1승'을 위해 완봉승을 눈앞에 둔 투수를 감독이 강제로 교체하면, 선수의 자존심을 건드리는 것은 물론 팬들의 격렬한 분노에 직면하게 된다.

메이저리그 감독은 대부분 이러한 원칙을 염두에 두고 선발투수를 운용한다. 눈앞의 1승보다는 시즌 전체의 흐름을 더 중요시 여기고, '승리에 목매는 야구'보다는 '팬들이 즐거워하는 야구'를 추구하기 때문에 지켜지는 원칙이다.

이렇게 선발을 길게 끌고 가는 투수 운용은 페넌트레이스에서 큰 힘이 되어 돌아온다. 선발투수들은 자신의 역할을 알고 있는 만큼 책임감과 자신감을 가지고 마운드에 오르게 되며, 그 결과 좀 더 안정적인 경기 운영이 가능해진다. 롯데가 로이스터 체제 하에서 3년 연속 포스트시즌에 진출할 수 있었던 가장 큰 원동력이 바로 안정된 선발진의 힘이었다.

로이스터 감독의 지휘 하에서 송승준과 장원준은 팀의 에이스급 투수로 확실히 자리 잡았고, 조정훈이란 미완의 대기도 점점 완성되어 갔다. 특히 조정훈은 2009년 감독의 신뢰 속에서 리그 다승왕(14승)에 올랐고, 그해 준플레이오프 1차전에서 승리투수가 되어 롯데 팬들에게 10년 만의 가을잔치 승리를 선물했다.

선발이 긴 이닝을 책임져주면 불펜도 시너지 효과를 얻을 수 있다. 일찍부터 불펜을 가동하지 않기에 체력 소모가 많지 않아 시즌

후반에도 끄떡없다. 롯데가 매년 여름만 되면 놀라운 반전을 일궈낸
이유가 바로 여기에 있다.

한 경기만 놓고 보면 로이스터 감독의 투수 교체 타이밍이 매우
답답하게 느껴질지도 모른다. 좀 더 빨리 교체하는 편이 좋을 것 같
은데, 계속해서 점수를 주고 위기가 이어지는데도 선발투수가 계속
던지게 하는 모습을 보면서 처음에는 짜증을 내는 팬들도 있었다.
하지만 로이스터는 그런 투수 운용이 한 시즌 전체를 놓고 보면 로
테이션을 지키고 불펜을 보호하는 긍정적인 효과가 있다는 것을 3년
연속 포스트시즌 진출이라는 결과로 증명해 보였다.

미국식 야구 vs 일본식 야구

차기 감독을 꿈꾸는 유능한 코치들은 대부분 해외로 연수를 떠나기
마련이다. 연수 장소가 미국이냐 일본이냐에 따라 감독의 지도 스타
일도 큰 차이를 보인다. 제일교포 출신인 김성근 감독이나 일본 야
구를 경험한 선동열 감독이 대표적인 '일본식 야구'를 구사한다면,
미국에서 연수를 받은 김경문 감독이나 메이저리그 코치를 지낸 이
만수 감독은 '미국식 야구'를 대표한다고 할 수 있다.

2000년대를 돌이켜보면 대체로 일본식 야구를 구사하는 감독들
이 정규시즌은 물론 한국시리즈에서도 좋은 성적을 거뒀다. 그중에
서도 가장 돋보이는 인물은 단연 '야신' 김성근 감독이다. 김성근 감
독은 그 업적에 비해 호불호가 갈리는 인물이다. 치밀한 작전 지시
와 현미경 같은 세밀한 야구를 좋아하는 팬들에게는 최고의 감독으

로 칭송 받았지만, 감독의 지나친 간섭을 배제하고 선수들이 주도하는 선 굵은 야구를 선호하는 팬들에게는 얄미움의 대상이었다.

그 김성근 감독과 완전한 대척점에 있는 인물이 한국 프로야구에 등장했다. 피부색부터 틀린 로이스터 감독은 메이저리그 팀을 지휘해본 경험이 있는 오리지널 미국식 야구를 지향하는 지도자였고, 그에 따라 등장 이후 계속해서 김성근 감독과 비교되곤 했다.

사실 로이스터 감독이 롯데의 사령탑으로 결정이 됐을 때, 가장 앞장서서 환영의 뜻을 나타낸 사람은 바로 김성근 감독이었다. "한국 야구의 수준을 한 단계 끌어올릴 수 있는 획기적인 계기다. 롯데의 결단에 박수를 보낸다."며 외국인 감독 영입에 긍정적인 반응을 보였다. 야구는 다양해야 한다면서 "그동안 틀에 박혀 있던 한국 야구에 뭔가를 던져줄 것이다. 나도 많이 배우겠다."며 기대감을 감추지 않았다.

실제로 롯데는 2008시즌을 앞둔 시범경기에서 2007년과 전혀 다른 스타일의 야구를 선보였다. 그리고 김성근 감독은 달라진 롯데에 대해 가장 적극적으로 칭찬을 하기 시작했다. "아마 롯데가 올해 대히트 치는 경기를 몇 번 할 것이다. 큰 점수 차에서 역전을 시키는 명승부도 나올 것 같다."며 달라진 롯데에 높은 점수를 줬다. 야구 관계자들조차 반신반의하고 있던 당시, 어쩌면 유일하게 김성근 감독만이 롯데의 돌풍과 4강 진출을 예견하고 있었는지도 모른다.

하지만 그럼에도 불구하고 두 감독은 어쩔 수 없이 대립할 수밖에 없었다. 그만큼 두 감독의 스타일이 극과 극의 대칭점에 있었기 때문이다.

김성근 감독은 겨울 동안 가장 많은 훈련을 시키는 감독이었고, 가장 칭찬에 인색한 감독이었으며, 감정을 잘 드러내지 않기로 유명했다. 반대로 로이스터 감독은 짧은 시간 동안의 효율적인 훈련을 추구했고, 선수들에게 박수를 보내거나 엄지를 치켜드는 등 직접적으로 감정을 드러내며 칭찬을 아끼지 않았다. 김성근 감독이 소위 말하는 '관리야구'의 대표 격이라면 로이스터 감독은 '자율 야구'의 최선봉에 서 있었다.

그러다 보니 자연 언론에서도 두 감독을 비교하는 일이 잦아졌고, 본인의 의사와 관계없이 두 감독은 일본식 야구와 미국식 야구를 대표하는 인물로 굳어졌다. 나중에는 선수들도 이를 의식하기 시작했다. 한 롯데 선수는 "야구는 훈련을 많이 한다고 잘하는 것이 아니다."라며 SK를 겨냥하는 듯한 발언을 했고, 어떤 SK 선수는 "롯데와의 경기에서만큼은 지고 싶지 않다."며 승부욕을 감추지 않았다.

스스로 원하지 않더라도 주위에서 하나같이 대결 구도로 몰아가니 신경을 쓰지 않을 수 없었을 터, 몇몇 계기로 시작된 두 감독 사이의 미묘한 신경전은 3년 내내 계속되었다.

로이스터의 롯데 vs 김성근의 SK, 풀리지 않는 악연

미국식 야구와 일본식 야구, 두 가지 서로 다른 스타일을 대변하는 두 감독과 팀이었지만, 결과만 놓고 보면 로이스터 감독의 롯데는 김성근 감독의 SK와 '라이벌' 구도를 형성하기에는 한참이나 모자랐다.

2008년 김성근 감독의 SK는 로이스터 감독의 롯데를 상대로 13승 5패라는 절대적인 강세를 보였다. 2009년에는 13승 6패, 2010년에도 12승 7패로 상대 전적에서 큰 우위를 점했다. 3년 동안 총 38승 18패, 상대 승률이 무려 6할 7푼 9리에 이른다. 야구는 6할 승률이면 리그 1위도 가능한 스포츠다. 그만큼 롯데는 SK를 상대로 유독 약한 모습을 보였는데, 롯데가 더 높은 곳을 바라볼 수 없었던 이유도 바로 거기에 있었다.

단지 상대 전적에서만 밀렸던 게 아니다. 롯데는 2008년 6월 6일부터 2009년 5월 6일까지 대 SK전 15연패라는 끔찍한 악몽에 시달렸다. 가까스로 연패를 끊은 것도 잠시, 얼마 후인 2009년 8월 18일 경기부터 또다시 연패가 시작되어 2010년 5월 13일까지 11연패를 당했다. 3년 동안 특정 팀을 상대로 두 번이나 두 자릿수 연패를 당했으니, 당하는 입장에 있는 감독과 선수, 팬들의 심정은 처참하기 그지없었을 것이다.

양 팀의 쌓이고 쌓인 감정은 경기 내용에서도 그대로 묻어났다.

2009년 4월 23일 경기에서는 당시 롯데 주장이던 조성환이 SK 투수 채병용의 투구에 얼굴을 맞아 광대뼈가 함몰되는 큰 부상을 당했다. 8 대 1로 이기고 있던 SK의 채병용이 고의로 조성환을 맞췄을 가능성은 거의 없다. 잠깐의 방심이 부른 아쉬운 사건이었다.

그러나 진짜 사건은 이어진 8회 말 박재홍의 타석 때 벌어졌다. 롯데 투수 김일엽은 초구를 타자의 몸 쪽으로 바싹 붙여서 던졌다. 만약 박재홍이 맞기라도 했다면 또 한 번 큰 부상을 입을 수도 있는 상황. 격분한 박재홍은 마운드를 향해 돌진했고, 결국 양 팀은 벤치 클리어링을 벌이며 한동안 험악한 분위기가 지속됐다.

김일엽이 던진 공은 120km/h의 커브, 그렇다면 이 공 역시 고의일 가능성은 크지 않다. 다만 앞선 이닝에서 상대 팀의 주장이 큰 부상을 당한 상황이다 보니, 혹시나 모를 일에 대해 일말의 걱정을 하고 있던 박재홍이 민감하게 반응한 것이다. 박재홍이 한국 프로야구 사상 처음으로 250홈런-250도루라는 대기록을 세웠던 그 경기는 그렇게 아쉬움 속에 막을 내렸다.

그러나 이 경기를 본 롯데 팬들의 분노는 쉽게 가라앉지 않았다. 2008년부터 이어져 온 SK전 연패 기록이 그 경기를 통해 '13'으로 늘어났고, 벤치 클리어링 과정에서 말리던 롯데 공필성 코치에게까지 거칠게 덤벼들던 박재홍의 모습은 팬들이 용납할 수 있는 범주를 벗어나 있었다.

이후 SK 선수단은 사직구장에서 경기를 펼칠 때마다 극심한 야유와 비난에 시달렸고, 박재홍의 타석 때 극에 달했다. 어떤 날은 김성근 감독이 박재홍을 보호하기 위해 아예 선발 라인업에서 제외시키기도 했으며, 언론과의 인터뷰를 통해 롯데 팬들의 행동이 지나치다며 강한 어조로 비판한 적도 있었다.

로이스터 감독과 롯데도 마냥 SK에 당하고만 있지는 않았다. 상대 전적에서는 절대적인 열세를 보였지만, 이긴 경기 중에는 SK에 치명타를 가한 경기도 적잖이 있었다. 대표적인 것이 2009년 7월 19일 인천 문학구장에서 벌어진 경기다.

이대호의 홈런포를 포함해 장단 18안타를 몰아친 롯데 타선은 SK 투수진을 완전히 허물어버리며 16 대 7로 대승을 이끌었다. 16점은 김성근 감독이 취임한 후 최다 실점 기록이었고, 롯데에 연패를 당한 SK는 1위 자리를 두산에게 넘겨주고 2위로 내려오고 말았다.

결과 이상으로 눈여겨볼 것은 경기의 내용이다. 로이스터 감독은 팀이 10점 차로 앞서 있던 9회 말 2아웃 상황에서 갑자기 투수 교체를 지시했다. 당시 구원등판한 투수는 임경완과 함께 더블 스토퍼 역할을 하고 있던 핵심 셋업맨 이정훈. 로이스터 감독의 평소 스타일을 고려하면 결코 있을 수 없는 상식 밖의 투수 교체였다. 그렇다면 로이스터는 왜 이런 식의 투수 교체를 감행한 것일까?

김성근 감독이 일부 팬들에게 비판받은 이유 중 하나가 바로 '큰 점수 차로 이기고 있는데도 9회 2아웃 상황에서 정대현을 투입한다'는 것이었다. 아웃 카운트를 한두 개 남겨 놓은 상황에서 불펜 에이스인 정대현을 투입하는 것은 단지 컨디션 점검 차원에서였다. 하지만 지고 있는 팀과 팬의 입장에서는 그런 식의 교체가 달가울 리 없다. 메이저리그의 경우 그런 상황일 때는 투수 교체 등으로 시간을 끌지 않고 빨리 경기를 끝내주는 것을 매너로 여긴다.

실제로 롯데와의 경기에서도 김성근 감독은 그와 같은 투수 교체를 지시한 적이 있다. 로이스터는 그것을 이해할 수 없다는 반응을 보였는데, 어쩌면 저 경기에서 뒤늦게 이정훈을 투입한 것은 그에 대한 '복수'가 아니었을까? 어쨌든 이를 통해 로이스터 감독과 김성근 감독의 사이는 돌아올 수 없는 강을 건넌 것이나 다름없게 됐고, 이후 양 팀과 감독들은 더욱 노골적으로 신경전을 벌이기 시작한다.

로이스터 감독은 나중에 한국을 떠난 이후에도 "SK와 김성근 감독은 결코 포기하지 않는다는 느낌을 받았다. 그래서 SK와는 매 경기가 힘들었다. 다른 팀들과 달리 SK는 결코 포기를 몰랐다. 우리가 리드를 잡아도 SK는 끝까지 최선을 다해 괴롭혔다."고 회상했다.

미국인 로이스터, 한국식 야구를 습득하다

로이스터는 3년 동안 한국 야구에 많은 것을 남겼다. 지금은 한국을 떠났지만, 그가 보여준 특색 있는 야구는 한국 프로야구에 새로운 바람을 불러일으켰음에 틀림없다. 하지만 영향을 받은 것은 한국 야구만이 아니었다. 로이스터 역시 한국에서 많은 것을 배웠고, 시간이 지날수록 점점 더 적응하는 듯한 모습을 보였다.

선발투수를 길게 끌고 가고, 중심 타선에는 희생번트를 지시하지 않는다는 기본 철학은 변함이 없었지만, 그 외의 부분에서는 조금씩 한국 야구의 특색을 받아들이기 시작했다. 미국식 야구에 한국식 야구의 특징을 조금씩 첨가하면서, 로이스터의 야구도 점점 발전하기 시작한 것이다.

로이스터 감독은 선발을 길게 가져갈 뿐 아니라, 구원투수들도 많이 기용하지 않는 편이었다. 한국인 감독들이 상대 타자에 따라 이닝 중간에도 투수를 자주 교체하는 것에 비해, 로이스터 감독은 불펜 투수들을 1이닝 단위로 운용했기 때문이다.

로이스터 감독은 2008년 경기당 평균 2.53명의 구원투수만 기용해 리그 최소를 기록했고, 1위 SK의 3.83명과는 엄청난 차이를 보였다. 2009년에도 2.64명으로 큰 차이가 없었다. 그런데 2010년에는 3.01명으로 늘어나 다른 팀들과 큰 차이가 없는 수준으로 늘어났다.

상황에 따라 좀 더 많은 투수를 적재적소에 투입하기 시작한 것이다.

불펜 운용 스타일에 있어서도 조금씩 변화된 모습이 드러났다. 메이저리그 상식상, 9회 세이브 찬스에서 마무리 투수가 등판하는 것은 팀의 주전 소방수가 가지는 일종의 '권리'로 여기는 편이다. 로이스터는 2008시즌 당시 임경완을 팀의 주전 마무리로 점찍었고, 거듭되는 방화에도 불구하고 세이브 찬스에서는 어김없이 임경완을 올렸다. 그해 임경완이 팬들로부터 '임 작가'라는 달갑지 않은 별명을 얻게 된 것도 로이스터의 투수 기용 스타일과 무관하지 않다.

그러나 2009년부터는 조금 달라진 모습을 보이기 시작했다. 팀의 마무리로 영입한 외국인 투수 애킨스는 다소 불안했지만, 그래도 세이브 부문 선두권에 오르며 팀의 뒷문을 그럭저럭 지켜냈다. 하지만 확실한 신뢰를 얻지 못한 것도 엄연한 사실. 그러자 시즌 말미가 되면서 로이스터 감독은 애킨스의 기용에 매우 조심스런 모습을 보이기 시작했다.

9회의 세이브 찬스에서 곧바로 애킨스를 올리는 대신, 8회에 등판했던 이정훈의 컨디션이 좋아 보이면 계속해서 9회까지 던지게 만들어 그대로 경기를 마무리 지었다. 애킨스의 컨디션이 나쁠 때는 세이브 찬스인데도 그를 대신해 이정훈을 9회에 등판시키는 일도 심심찮게 벌어졌다. 당장의 '승리'를 위해 선수의 '권리'를 제한하는 것, 미국 야구의 시각에서 본다면 쉽게 이루어질 수 없는 일이다.

선발 로테이션의 적용에 있어서도 점차 변화되는 모습을 보였다. 롯데는 다른 팀에 비해 5선발 체제가 굳건한 편이었고, 특히 1~3선발은 매년 10승 이상을 거두는 좋은 투수들로 꾸려졌다. 메이저리그에서는 검증된 투수들의 로테이션은 어지간해선 지켜주는 편이고, 그건 로이스터 감독 역시 마찬가지였다. 따라서 어지간해선 선발 등판 순서를 바꾸거나 하는 일은 없었다. 적어도 2008년까지는.

그런데 이 역시 2009년이 되자 조금씩 바뀌기 시작했다. 송승준이 잠시 부진한 기색을 보이자 휴식일을 이용해서 조정훈과 장원준을 먼저 등판시키기도 했고, 아예 로테이션을 한 번 건너뛰게 만든 적도 있었다. 포스트시즌에서도 마찬가지였다. 2009년 준플레이오프 롯데의 1차전 선발투수는 검증된 송승준이나 장원준이 아닌, 그해 다승왕에 오른 신예 조정훈이었다. 메이저리그 감독 중에서도 상당히 보수적인 편에 속하는 로이스터 감독의 기존 스타일을 고려하면 상당히 이례적인 선택이라고 할 수 있다.

한국에서는 '사령관' 이라는 별칭답게 팀을 완전히 장악하고 선수들을 장기의 말 움직이듯 일사분란하게 통제하는 감독을 '명장' 이라 부른다. 그리고 세이브 찬스에서 주전 마무리 투수가 등판하고, 선발투수의 보직을 가지고 있는 선수가 5경기마다 한 번씩 등판하는 것을 해당 선수의 '권리' 라고 생각하지도 않는다. 모든 권리는 감독이 혼자 쥐고 있으며, 선수는 무조건 감독이 시키는 대로 해야 한다. 대신 권리가 큰 만큼 그에 따른 책임 역시도 감독이 제일 먼저 지게 되어 있다.

반대로 메이저리그는 개성 넘치는 선수들을 하나로 묶을 수 있는 친화력 넘치는 감독을 '명장' 이라 부른다. 감독 자신보다 수십 배나 많은 연봉을 받는 선수들이 자존심 상하지 않게, 그들의 권리를 지켜주면서도 적재적소에 배치하여 하나의 화음을 이끌어내는 감독이 높은 평가를 받는다. 메이저리그에서는 4번 타자가 제 역할을 못하면 그 선수가 욕을 먹지, 그를 계속 4번으로 기용하는 감독이 비난을 받지는 않는다.

그런 미국식 야구에 길들여져 있고, 계속해서 그러한 스타일을 고수하며 시즌을 치러온 로이스터 감독이 점점 한국식 야구를 받아들여 그에 따른 선수 기용을 선보인 것이다. 해가 거듭될수록 희생번트를 비롯한 각종 작전 지시가 잦아지고, 투수 교체 타이밍도 조금씩 빨라졌다. 아무리 로이스터 감독이 선수들의 힘을 십분 이끌어내는 인물이라 하더라도, 이런 적응 과정 없이 독불장군 식으로 밀고 나갔다면 3년 연속 포스트시즌 진출을 달성하긴 어려웠을 것이다.

운명공동체였던 카림 가르시아

2008년 1월, 롯데 자이언츠는 메이저리그 출신의 카림 가르시아를 새 외국인 선수로 영입했다고 발표했다. 이 소식은 꽤나 충격적이었다. 젊은 시절의 가르시아는 메이저리그 최정상급 유망주였기 때문. 비록 적응에 실패한 반쪽짜리 유망주로 끝나고 말았지만, 한때는 메이저리그에서도 정상급 타격 능력을 보여준 바 있는 실력 있는 선수였다.

1975년생인 가르시아는 17살 때인 1992년 한창 중남미 선수 찾기에 열중이던 LA 다저스 스카우터의 눈에 들어 프로의 길을 걷기 시작했다. 처음으로 맞이한 상위 싱글 A에서 19홈런을, 이듬해 21홈런을 때리며 1995년 2월 메이저리그 유망주 전문 사이트인 베이스볼 아메리카(BA)가 선정한 유망주 랭킹 98위에 올랐다. 그해 트리플A로 승격되어 또다시 좋은 활약을 펼쳤고, 그 결과 1996년 BA 랭킹 7위로 올라갔다. 탑10에 속하는 선수라면 당장 메이저리그에서도 통할 만한 수준이라는 뜻이다.

하지만 당시 라울 몬데시, 토드 홀랜스워드, 브렛 버틀러, 로저 세네뇨 등이 지키고 있던 다저스의 외야는 그야말로 만원이라 가르시아에게 내줄 자리가 없었다. 얼마 안 되는 경기 경험으로는 타자에게 지옥과도 같은 다저스타디움에 적응하는 것도 어려웠다. 황금빛 미래가 쪽빛으로 변해가는 징조가 서서히 보이기 시작한 것이다.

1997년에도 BA 랭킹 20위에 올라 있었고, 마이너리그에서는 71경기 만에 타율 .305, 20홈런 66타점의 괴물 같은 성적을 뽐냈지만, 그에게 주어지는 기회는 너무나도 적었다. 결국 가르시아는 다저스 소속으로 29경기만을 출장한 채, 그해 겨울 신생 팀 애리조나로 옮겨가게 된다.

488경기에 달하는 가르시아의 메이저리그 경력 중 가장 많은 경기에 출장했던 것이 신생 팀 애리조나의 주전 외야수로 뛰었던 1998년이다. 마이너리그에서 27경기 만에 10홈런 27타점을 기록한 가르시아는 당당히 빅리그에 입성한다. 하지만 승격된 이후 113경기에 나선 가르시아는 특유의 장타력과 정교함을 상실한 채 2할대 초반의 빈약한 타율(.222)과 9홈런 43타점의 부진한 성적에 그쳤다. 시즌이 종료된 후 가르시아는 또다시 트레이드 되어 디트로이트로 향했는데, 이때 애리조나가 가르시아 대신 받아 온 선수가 이후 팀의 기둥이 되는 '월드시리즈의 영웅' 루이스 곤잘레스(MLB 통산 354홈런

1,493타점)다.

　마이너리그에서는 펄펄 날아다니지만, 정작 메이저리그에 올라오면 재능의 10분의 1도 발휘하지 못하는 선수. 그렇게 만년 유망주로만 남을 수밖에 없었던 비운의 선수가 바로 카림 가르시아다. 메이저리그 굴지의 거포가 될 것이 분명해 보였던 이 선수는 이렇게 기억 속에서 잊혀졌다.

　그러던 가르시아가 2002년 클리블랜드 인디언스 소속으로 깜짝 활약을 펼친다. 51경기에서 16개의 홈런을 쏘아 올리며 52타점을 기록한 것이다. 타율(.299)이나 장타율(.584)에서도 전혀 부족함이 없는 A학점의 맹활약이었다. 하지만 그가 메이저리그에서 자신 있게 내세울 수 있는 경력이라고는 그 2개월 남짓한 시간뿐이다.

　2004년을 끝으로 더 이상 가르시아의 모습을 메이저리그에서 볼 수 없게 되었다. 통산 488경기에 출장해 66홈런 212타점, 그리고 .241의 타율을 기록한 것이 카림 가르시아라는 특급 유망주 출신의 선수가 메이저리그에서 남긴 전부였다.

　몇 년의 세월이 흘렀지만, 가르시아가 한국에 용병으로 입성했다는 소식에 롯데 팬들은 흥분을 감추지 못했다. 가르시아의 통산 트리플A 성적은 658경기 137홈런 497타점, 타율도 .294로 매우 훌륭했고, 일본에서의 기록(191경기 34홈런 97타점)도 나쁘지 않았다. 한국에서 좋은 활약이 예상되었고, 그때부터 3년 동안 가르시아와 로이스터 감독은 '운명공동체'가 되어 한솥밥을 먹게 됐다.

　2008년은 그야말로 부산 야구팬들이 두 명의 외국인에게 열광한 한 해였다. 125경기에 출장한 가르시아는 30홈런 111타점, 타율

.283의 매우 뛰어난 성적을 기록하며 그해 리그 타점왕에 올랐다. 외야수 부문 골든글러브 중 하나는 당연히 그의 차지였고, 총알 같은 송구를 바탕으로 수비에서도 여러 차례 명장면을 연출하는 등 롯데 팬들의 뜨거운 사랑을 받았다. 로이스터 감독이 첫 시즌부터 정규시즌 3위라는 성과를 낼 수 있었던 것도 가르시아의 든든한 지원사격이 뒷받침 된 덕분이라 할 수 있다.

하지만 가르시아는 장점만큼이나 단점이 뚜렷한 선수였고, 상대 팀은 그 약점을 재빨리 파고들기 시작했다. 당장 2008년 준플레이오프에서 가르시아는 12타수 2안타로 부진했고, 정규시즌 타점왕이란 타이틀이 무색하게 단 하나의 타점도 기록하지 못했다.

일말의 불안함을 안고 시작한 2009시즌, 아니나 다를까 가르시아는 전반기 내내 극심한 부진에 시달렸다. 4월에서 6월까지 3개월 동안 가르시아가 기록한 성적은 71경기에서 12홈런 34타점, 타율은 .227에 불과했다. 높은 볼과 낮은 볼을 가리지 않고 무작정 방망이를 휘둘러 삼진 당하기 일쑤였고, 그 결과 팬들로부터 '갈풍기' 라는 달갑지 않은 별명도 얻었다.

롯데 구단은 진지하게 가르시아의 퇴출을 고민하기 시작했고, 이미 내부에서는 대체 용병을 찾기 위한 작업에 착수하기도 했다. 그것이 당연하다고 여기는 팬들이 더 많았다. 그러나 단 한 명만은 생각이 달랐다. 로이스터 감독은 가르시아의 거듭되는 부진에도 그를 계속해서 5번이나 6번으로 출장시켰으며, 퇴출에 대해서도 적극적으로 반대했다.

타점왕 레벨의 타자라면 상당 기간 부진하다 해도 계속해서 믿고 중심 타선에 포함시켜 경기에 출장시키는 것이 메이저리그 스타일이다. 그러나 한국의 스타일은 좀 다르다. 더욱이 가르시아는 당장 눈앞에 성과를 보여줘야만 그 가치를 인정받는 용병 신분이었다. 그러나 로이스터는 끝까지 자신만의 스타일을 고수했고, 그의 관점에서 가르시아는 '용병'이 아닌 '귀중한 롯데 선수 중 한 명'이었다.

감독의 신뢰 속에 퇴출의 위기를 면하고 계속해서 경기에 출장한 가르시아는 본격적인 여름에 접어들면서 마침내 제 실력을 발휘하기 시작했다. 7월부터 전혀 다른 사람이 된 가르시아는 남은 3개월 동안 59경기에서 17홈런 50타점, 타율 .313의 맹타를 휘둘렀다. 팬들은 가르시아의 부활에 환호했고, 그를 퇴출시켜야 한다고 목소리를 높였던 이들조차 로이스터 감독의 선택 앞에 엄지손가락을 치켜들 수밖에 없었다.

2009년의 롯데는 시즌 초반까지 극심한 부진에 시달리다 여름이 되면서 반격에 성공하여 정규시즌 4위로 포스트시즌 진출을 확정지었는데, 거기에는 적절한 시기에 폭발해준 가르시아의 공이 매우 컸다. 로이스터 감독 특유의 '신뢰의 야구'가 자기 자신은 물론, 롯데 구단과 가르시아까지도 살린 셈이다.

로이스터 감독의 선수를 향한 무한 신뢰는 국적이나 인종을 따지지 않았다. 큰 기대를 받고 FA 계약을 통해 롯데로 이적해 온 홍성흔이 부진했을 때도, 조성환이 기대에 미치지 못했을 때도 로이스터는 한결같이 믿고 기다리며 기회를 주었다. 유망주에 불과했던 손아섭에게 끊임없는 기회를 제공하여 3할 타자로 키워낸 것도 로이스터 감독의 업적이다.

그러한 로이스터 감독의 지도 성향은 외국인 선수를 안정시키는 데 더 큰 효과를 발휘했다. 그가 사령탑이던 시절 롯데를 거쳐 간 외국인 선수는 모두 5명, 그중 중도 퇴출된 선수는 2008년 마티 매클레리뿐이었다. 3년 동안 함께한 가르시아는 물론, 2009년의 존 애킨스나 2010년의 라이언 사도스키는 모두 로이스터 감독의 신뢰 속에서 무사히 한국 무대에 적응할 수 있었다.

언어가 통한다는 점은 로이스터 감독이 지닌 최고의 장점 중 하나였다. 롯데의 새 외국인 에이스로 자리 잡은 사도스키는 처음부터 로이스터 감독의 추천을 통해 계약한 케이스. 로이스터라는 든든한 배경이 있었기에 롯데의 외국인 선수 농사는 매년 성공이란 평가를 받았고, 그것이 3년 연속 포스트시즌 진출에 큰 도움이 되었다.

아쉬운 것은 그토록 로이스터 감독이 신뢰했던 가르시아가 포스트시즌만 되면 '고개 숙인 남자'가 되었다는 점이다. 3번의 준플레이오프에서 총 12경기에 출장하여 기록한 타점은 솔로 홈런으로 인한 1개뿐, 48타수 9안타(.188)의 극심한 타격 부진 속에 가르시아는 매년 팬들에게 실망만을 안겨주었다.

롯데가 3년 연속 준플레이오프에서 탈락한 데는 가르시아의 부진도 한몫을 했다. 롯데는 로이스터 감독과의 재계약 포기를 선언한 다음 가르시아에게도 최종적으로 퇴출 선고를 내렸다. 로이스터 감독과 운명공동체나 다름없던 가르시아는 3년 동안 85홈런 278타점의 기록을 남기고 롯데를 떠났는데, 같은 기간 동안 그보다 홈런-타점 생산력이 높았던 타자는 팀 동료인 이대호(90홈런 327타점)가 유일했다.

단기전에 특화된 한국 야구

메이저리그 사무국이 주도하여 월드컵 축구와 같이 모든 프로선수들이 참가하는 야구 국가대항전을 개최한다고 했을 때, 대부분이 메이저리그 슈퍼스타들이 대거 포진한 미국이나 도미니카공화국의 우승을 예상했었다. 그러나 정작 뚜껑을 열어보니 결과는 전혀 달랐다.

일본이 2006년과 2009년 두 대회에서 모두 우승을 차지했고, 우리나라는 4강과 준우승이라는 성과를 거둬 그 뒤를 따랐다. 투-타에 걸쳐 팀 밸런스가 완벽하다던 미국도, 역사상 최강의 타선을 구축했다는 도미니카공화국도, 최고의 에이스를 보유했다던 베네수엘라도, 한 수 아래로 봤던 동양의 두 나라 앞에서 속수무책으로 무너졌다.

세계 최고 리그라는 메이저리그 올스타 수준의 멤버를 보유한 그 나라들이 왜 그리도 쉽게 아시아 야구에 무릎을 꿇었을까? 이유는 크게 두 가지 정도로 생각해볼 수 있다. 하나는 한-일 양국 대표팀이 아시안게임이나 올림픽 등을 통해 오랫동안 손발을 맞춰온 선수들로 꾸려진 덕분에 팀플레이가 좀 더 원활하게 이루어졌다는 점, 그리고 다른 하나는 아시아권의 야구가 북중미에 비해 단기전 형식의 경기에 좀 더 특화되어 있다는 점이다.

메이저리그는 포스트시즌 경기도 '페넌트레이스의 연장'이라고 생각한다. 따라서 감독이 경기를 이끌어 가는 방식도 정규시즌과 비교해 별 차이가 없다. 여전히 '경기는 선수가 하는 것'이라는 인상이 경기 내용 속에서도 짙게 묻어나며, 감독과 선수는 '지금까지 했던 대로' 경기를 풀어간다.

그러나 한국 프로야구의 포스트시즌은 전혀 다르다. 단기전에서는 경기 내에서 감독의 역할이 차지하는 비중이 훨씬 더 커지는 것이 아시아 야구의 특징이다. 한국 감독들은 가을야구가 정규시즌과 얼마나 다른 것인지를 잘 인지하고 있고, 선수들 역시 정규시즌과는 전혀 다른 마음으로 경기에 임한다.

팀을 대표하는 좌완 에이스, 예를 들어 김광현 정도의 투수라 하더라도 포스트시즌에는 경기 중간에 상대의 좌타자를 상대하기 위한 원 포인트 릴리프로 투입될 수 있는 것이 한국의 야구 스타일이다. 감독은 물론 선수들 역시 이를 당연하게 생각한다. 그러나 메이저리그에서는 상상도 할 수 없는 경기 운영이다.

로이스터 감독은 2008년부터 2010년까지 3년 연속 포스트시즌을 앞두고 똑같은 내용의 인터뷰를 했다. "포스트시즌도 정규시즌과 똑같다. 지금까지 하던 대로 하면 우리가 이길 것이다." 바로 이것이 문제였다. 적어도 한국 프로야구에서는 정규시즌과 가을야구는 하늘과 땅만큼의 차이가 존재하기 때문이다.

3번의 준플레이오프 도전과 3번의 실패

8년 만에 올라간 가을잔치, 그러나 2008년 삼성과의 준플레이오프에서 롯데는 제대로 힘 한번 써보지 못하고 허무하게 3연패로 탈락했다. 페넌트레이스가 펼쳐진 6개월의 긴 여정만큼이나 오랫동안 장밋빛 꿈을 꾸었던 팬들은 단지 4일 만에 꿈이 사라지는 모습을 멍하니 바라볼 수밖에 없었다.

　사실 시리즈가 시작되기 전만 해도 대부분의 전문가들은 정규시즌 3위(69승 57패)의 롯데가 4위인 삼성(65승 61패)을 무난히 꺾고 플레이오프에 올라갈 것으로 예상했다. 롯데는 팀 득점 3위(624점), 실점 2위(518점)를 기록했을 정도로 투-타의 균형을 이룬 팀이었고, 반대로 삼성은 실점(596점-6위)이 득점(557점-5위)보다 훨씬 많았음에도 운 좋게 준플레이오프에 올라온 듯 보였다. 타선의 응집력과 기동력, 그리고 선발의 무게감에서는 롯데가 우세했고, 삼성의 강점은 불펜과 수비력 정도였다.

　하지만 실점이 더 많음에도 패한 경기보다 이긴 경기가 많았던 당시 삼성의 진정한 힘은 선동열 감독의 지휘 하에 포스트시즌에서 극대화되었다. 불펜과 수비가 강한 팀이 단기전에서 얼마나 강한 힘을 발휘할 수 있는지가 명백히 드러났고, 한국식 단기전에서 감독의 지도력이 시리즈 전체의 분위기를 좌우할 수 있다는 것이 증명된 시리즈이기도 했다.

　반면 선동열 감독은 매 경기마다 롯데 투수에 대비해 변화된 타선을 들고 나왔다. 선발을 길게 끌고 가지도 않았다. 비교적 호투하고 있음에도 선발 투수를 5회 이전에 내리고, 강점인 불펜을 일찍 가동시켜 롯데의 추격을 따돌렸다. 모든 상황마다 적극적으로 개입한 선동열 감독의 스타일이 준플레이오프 시리즈를 지배했다고 해도 과언이 아닐 정도.

　반면, 로이스터 감독은 그냥 '평소 하던 대로' 했다. 송승준-손민한-장원준의 12승 선발 트리오를 '예정대로' 마운드에 올렸고, 좋은 타격을 보인 타선도 큰 변화 없이 밀어붙였다. 그러나 세 명의 선발은 모두 5회를 채우지 못하고 일찌감치 무너졌고, 1~2차전에서 부진했던 조성환과 가르시아를 3차전에서도 그대로 3번과 5번 타순에 배치한 로이스터 감독의 선수 기용은 시리즈가 끝난 후 도마 위에 올랐다.

2009년 롯데는 정규시즌 4위(66승 67패)로 포스트시즌에 진출했다. 어려움이 많았던 시즌이었고, 초반 열세를 딛고 여름의 놀라운 반전과 막판 뒷심을 바탕으로 4강 진출을 결정지었다. 그런 만큼 선수들의 정신무장은 전년도에 비해 나을 것이라는 평가를 받았고, 2008년의 실패가 좋은 경험이 될 것이란 분석도 있었다.

그 희망은 곧 현실화되는 듯했다. 1차전에서 선발 조정훈이 두산 타선을 꽁꽁 묶으며 7 2/3이닝 2실점으로 호투한 결과 7 대 2 승리를 거둔 것. 이는 2000년 이후 롯데가 포스트시즌에서 거둔 9년 만의 첫 승리였다. 그러나 기쁨은 여기까지. 노련한 두산 김경문 감독은 롯데 쪽으로 넘어간 듯 보이던 승기를 되찾아오는 절묘한 능력을 발휘했다.

1차전에서 김선우가 아닌 니코스키를 먼저 내세운 김경문 감독은 2~3차전에도 금민철과 홍상삼이라는 젊은 투수들을 선발로 예고했다. 그 둘은 감독의 기대에 부응하며 뛰어난 피칭으로 두산의 승리를 이끌었고, 4차전에서는 아껴두었던 에이스 김선우가 출격해 1패후 3연승이라는 드라마틱한 시나리오를 완성시켰다.

다른 건 몰라도 선발 싸움만큼은 조정훈(14승)-장원준(13승)-송승준(13승)을 보유한 롯데의 절대적 우세가 예상되었지만, 정작 뚜껑을 열어 보니 1차전을 제외하면 선발 싸움에서 두산에 압도당하고 말았다. 정규시즌에 리그 최다인 96개의 실책을 저질렀던 야수진은 4경기에서 8개의 에러를 범해 단 하나의 실수도 허용하지 않은 두산 수비수들과 극명한 대조를 이뤘다.

특히 로이스터 감독의 선수 기용이 도마 위에 오른 것은 3차전과 4차전이었다. 두산의 3차전 선발투수였던 홍상삼은 정규시즌에 기록한 9승 중 무려 4승이 롯데전 승리였다. 그런 투수를 끝내 극복하지 못하고 포스트시즌에서도 패했으니, 로이스터 감독의 대처 능력이 부족하다는 비난을 피할 수 없었다. 게다가 홍상삼은 당시 경험이 일천한 신인 투수였다.

4차전은 선발투수가 문제였다. 2패로 벼랑 끝에 몰린 상황임에도 1차전 승리투수인 조정훈 대신 배장호를 선발로 내세웠다. 3일 휴식 후 등판은 무리라는 '메이저리그식 판단'에 기초한 결과였다. 그러나 정규시즌에서 두산을 상대로 강했던 배장호는 3회에만 7실점 하며 무너졌고, 그 순간 롯데의 가을잔치는 사실상 끝난 것이나 다름없었다.

투수가 흔들리고 야수가 실책을 하는 와중에도 로이스터는 움직이지 않았다. 선발로는 아껴두었다 해도, 배장호가 흔들린다면 뒤늦게라도 에이스인 조정훈을 투입하는 게 단기전에 임하는 한국 감독들의 자세다. 그러나 로이스터는 '평소 하던 대로' 했고, 그냥 그렇게 게임을 상대에게 넘겨주고 말았다.

그해 3월에 있었던 제2회 WBC 4강전에서 한국은 베네수엘라와 격돌했다. 당시 베네수엘라의 감독은 메이저리그의 특급 에이스인

펠릭스 에르난데스가 아닌 카를로스 실바를 선발로 내세웠고, 한국 대표팀은 초반부터 실바를 두들겨 10 대 2의 대승을 거두고 결승에 진출했다. 선발투수가 일찍 무너지는 와중에도 베네수엘라는 에르난데스를 투입하지 않았고, 한국의 야구팬들은 그러한 경기 운영을 도무지 이해할 수 없다는 반응을 보였다.

그런데 로이스터 감독이 똑같은 방식으로 패배를 당한 것이다. 게다가 롯데의 투수와 타자들은 철저하게 분석되어 포스트시즌만 되면 제 힘을 쓰지 못했는데, 롯데에게 강한 상대 선수들은 여전히 힘을 발휘했다. 팬들도 로이스터 감독에 대해 의구심을 갖기 시작했고, 시즌 종료 후 롯데 구단이 로이스터 감독과의 재계약을 두고 한참 동안 고민한 것도 당연한 일이다.

그래도 2년 연속 가을잔치를 경험하게 해준 감독을 내칠 수는 없었다. 로이스터 감독은 다시 한 번 롯데의 지휘봉을 잡고 2010시즌을 맞이했다. 최소 한국시리즈 진출이 재계약 조건이었고, 롯데 자이언츠는 또다시 시즌 내내 롤러코스터를 탔지만 '타격 7관왕' 이대호를 배출하면서 리그 4위로 다시 한 번 준플레이오프 무대에 도전장을 던졌다.

이대호와 홍성흔이 열띤 타격 경쟁을 벌이면서 'No Fear'로 대변되는 로이스터 스타일의 야구는 다시금 팬들의 지지를 받고 있었고, 정규시즌을 4연승으로 마친 롯데의 팀 분위기는 하늘을 찌를 듯했다. 이번에야말로 전년도에 아픔을 안겨줬던 두산을 꺾고 플레이오프에 진출할 수 있을 것이라는 분위기가 형성됐다.

실제로 롯데는 잠실 원정에서 펼쳐진 1~2차전에서 모두 승리했다. 1차전은 9회에만 5득점 한 타선의 폭발로 10 대 5의 재역전승을 거뒀고, 2차전에서는 선발 사도스키의 6이닝 무실점 호투와 연장 10회 초에 터진 이대호의 결승 3점 홈런을 앞세워 4 대 1로 승리했다. 대망의 플레이오프까지 남은 건 이제 1승.

마지막 승리를 거두기 위해 홈인 사직구장으로 내려온 롯데의 팀 분위기는 최상이었다. 팬들은 3루수로 출장해 놀라운 수비를 보여준 이대호에게 '수비요정'이라는 별명을 붙여주었고, 이미 부산은 축제 분위기였다.

그러나 3차전부터 또다시 악몽이 시작됐다. 5 대 6으로 롯데가 지고 있던 6회 말, 전준우의 외야로 뜬 타구가 경기장 안쪽 상공까지 날아든 현수막에 맞고 떨어지는 사건이 벌어졌다. 심판들은 2루에 안착해 있는 전준우를 아웃으로 판정했고, 로이스터 감독은 격렬히 항의했다. 그러나 항의는 받아들여지지 않았고, 경기는 그대로 끝났다.

롯데는 4차전에서 이상하게도 무기력한 모습을 보였다. 3번의 만루 찬스를 모두 무산시키며 역대 포스트시즌 최다인 17개의 잔루를 기록했고, 3 대 3으로 팽팽하던 9회 초 갑자기 투수들이 무너지면서 8실점 해 끝내 5 대 11로 패하고 말았다. 1999년 이후 포스트시즌 사직구장 8연패, 무거운 마음을 안고 롯데는 다시 잠실로 향했다.

여기에서 로이스터 감독의 이해할 수 없는 선택이 또 나왔다. 5차전 선발로 2차전에서 무실점 호투를 펼친 사도스키가 아니라 1차전에서 부진했던 송승준(1차전 5 1/3이닝 5실점)을 선발로 내세운 것이다. 더욱이 이번에는 사도스키도 2차전 이후 4일간 충분한 휴식을 취한 상황이었기에, 더더욱 이해할 수 없는 결정이었다.

아니나 다를까, 송승준은 2회에 2점을 먼저 헌납하며 불안한 모습을 보였다. 그렇다면 3회에라도 사도스키를 곧바로 올렸어야 했다. 그러나 로이스터 감독은 그대로 송승준을 밀어붙였고, 두산은 3회에만 5득점 하며 사실상 승부를 결정지었다. 송승준이 흔들리자 이정훈에 이어 사도스키까지 투입되긴 했지만, 이미 불붙은 두산의 타선은 막을 수 없었다.

1차전부터 4차전까지는 스코어와 관계없이 매 경기가 접전이었다. 그런데 가장 중요한 5차전은 이토록 시시하게 승패가 갈리고 말았다. 결국 롯데는 로이스터 감독과의 재계약을 포기한다고 밝혔다. 어려운 시기에 팀을 맡아 강팀으로 키워낸 그의 공은 인정하지만, 이제는 포스트시즌에서 승리할 수 있는 감독이 필요하다는 이유에서였다.

'No Fear' 야구의 한계, 그러나…

3년 동안 롯데는 준플레이오프에서 3승 9패의 성적을 기록했는데, 원정경기에서는 3승 3패를 기록한 반면, 홈인 사직구장에서는 6전 전패라는 치욕을 당했다. 당시까지 총 20번 치른 준플레이오프에서 1차전 승리팀이 탈락한 경우는 2009년과 2010년의 롯데가 유일했다.

로이스터 감독의 스타일은 기본적으로 '장점을 극대화하는 야구'다. 팀이 가지고 있는 장점을 더더욱 부각시켜서 그 힘을 바탕으로 페넌트레이스를 돌파했다.

하지만 한국의 가을야구는 전혀 다르다. 이미 4강에 오른 팀들은 다들 저마다 강점을 가지고 있다. 그때부터 승부는 '단점을 최소화한 팀'에 좀 더 유리해진다. 치밀한 연구로 상대방의 약점을 집요하게 파고드는 것은 물론, 상대방의 장점까지 무력화시키는 마당이니 그런 경향이 더욱 짙어질 수밖에. 그런 점에서 끝내 약점을 보완하는 데 성공하지 못한 로이스터의 야구는 실패할 수밖에 없었다.

로이스터의 재임기간 동안 롯데라는 팀의 컬러는 항상 똑같았다. 8개 구단 가운데 1~2위를 다투는 막강한 타선과 수준급 선발진이 장점이었으나, 리그에서 가장 허약한 불펜과 부실한 수비는 늘 약점으로 지적되었다.

장원준을 제외하면 우완투수가 많았던 선발진은 상대의 변칙 타선 앞에 무너지기 일쑤였고, 기복이 심한 타선 역시 불펜이 강한 삼성과 두산이 물량공세로 나오자 정규시즌과는 전혀 다른 모습으로 힘없이 허물어졌다. 반대로 수비수들의 거듭되는 실책은 경기의 흐름을 끊기 일쑤였고, 뒷문까지 불안하다 보니 역전을 노릴 수도 없었다.

로이스터가 롯데 감독으로 있던 3년 동안 한국 야구에 많은 것을 남겼다. 그리고 페넌트레이스만 놓고 본다면 로이스터의 메이저리그식 스타일이 얼마나 효과적인지도 충분히 증명이 됐다. 그러나 마지막 관문인 포스트시즌의 벽은 끝내 넘어서지 못했다. 당장 눈앞에 있는 한 경기의 승리에 목숨 거는 절박함을 몰랐던 로이스터 야구의 한계였다.

사실 한국이란 나라는 외국인에게 그다지 관대한 편이 아니다. 하지만 롯데 팬들은 팀의 암흑기를 청산해준 로이스터 감독에게 과분할 정도로 사랑을 베풀었다. 팬들이 기부금을 모아 신문에 로이스터 감독을 위한 광고를 낼 정도였으니, 적어도 부산에서 만큼은 제리 로이스터 감독의 인기가 거스 히딩크 전 월드컵 대표팀 감독에게 밀리지 않았다고 할 수 있다.

큰 기대만큼 많은 사랑을 받았고, 그 사랑과 기대만큼 아쉬움을 남기고 떠난 제리 로이스터 감독. 2012년에는 바비 발렌타인 감독이 사령탑으로 취임한 보스턴 레드삭스의 3루 주루 코치로 메이저리그에 복귀한다는 소식이 들려왔다. 롯데의 암흑기를 청산한 '검은 갈매기' 로이스터는 앞으로도 부산 팬들의 향수를 자극하는 이름으로 회자될 것이다.

글. 김홍석

한대화

야왕의 발걸음은 멈추지 않는다

야왕(野王): 한대화 감독

쌍인(雙人)국: LG 트윈스

호랑(虎狼)국: 기아 타이거즈

조(雕)국: 한화 이글스

고조(古雕)국: 빙그레 이글스

비룡(飛龍)국: SK 와이번즈

공룡(恐龍)국: NC 다이노스

웅담(熊膽)국: 두산 베어스

사자(獅子)국: 삼성 라이온즈

거인(巨人)국: 롯데 자이언츠

한밭벌: 한밭 야구장

사직벌: 사직 야구장

동국대향교(東國大鄕校): 동국대학교

　　쌍인국 군주 박종훈과 호랑국 군주 조범현이 자리에서 물러난 후 이대호가 왜인들을 정벌하러 나가고 장원준은 이등병 열차에 오르니, 곳곳에 조인성과 이택근 등 핵심 장수들이 FA를 일으켜 크보

(KBO) 곳곳이 큰 혼란에 빠졌다. 그 소식을 들은 이상학은 나는 듯 한밭벌에 글을 써 알렸다. 글을 본 야왕은 기쁨을 이기지 못했다. "과인이 4강을 가려고 한 지 오래되었으나 리빌딩이 채 갖춰지지 않았고 다른 나라가 워낙 견고하여 쉽게 움직이지 못했다. 그런데 이제 비룡국 야신(김성근)을 시작으로 지난 시즌 우리보다 상위권에 들었던 군주들이 연달아 물러나고 크보 곳곳에 뛰어난 장수들의 이동과 전력 누수가 크다 하니 걱정할 게 있겠는가?"

그렇게 말하고 다음 날 일찍 조국의 사장 정승진에게 한 장의 표문을 올렸다. 바로 그 유명한 야왕의 출사표였다.

김인식께서는 우승의 뜻을 반도 이루시기 전에 선수 혹사로 킬인식이라는 오명을 얻으며 퇴진하시고, 지금 크보(KBO)는 곧 공룡국(NC)의 개국으로 9개로 나누어지게 될 것입니다. 거기다가 우리 조국은 탈꼴찌 싸움으로 피폐해 있으니 이는 실로 제가 (감독 자리에) 재계약을 하느냐, 못하느냐가 걸린 위급한 때라 할 수 있을 것입니다. 곁에서 사장님을 모시는 프런트들과 코치들이 게으르지 않고 충성된 장수가 홈에서 피를 흘리며 쓰러질 정도로 경기장에서 스스로의 몸을 잊게 된 것은, 지난 시즌 4월 역대 최악의 승률을 기록하던 시절에도 청문회를 비롯한 계란 투척 등의 비난을 하지 않고 한밭벌에서 정성스레 고사를 지내주었던 조국 백성들의 정성이 있었기에 가능했습니다. 그리하여 마땅히 뛰어난 코치진과 선수들을 구성해 높은 성적을 올려 그 팬심에 보답해야 할 것입니다. 투수코치 벼슬에 있는 송진우, 정민철, 문동환 등은 모두 선량하고 진실하며 뜻과 헤아림이 충성되고 깨끗합니다. 어리석은 생각으로는, 투수를 조련하는 일은 일의 크고 작음을 가림 없이 그들에게 물어 그대로 따르심이 좋겠습니다. 그들은 현역시절에 보여준 뛰어난 투구 실력만큼 어린 투수들을 잘 키워낼 것입니다. 타격코치 강석천은 그 성품과 행동이 맑고 치우침이 없으며 상대 투수의 노림수를 꿰뚫는 일에도 구석구석 밝습니다. 지난날 김인식께서도 그를 써보시고 능력이 있다고 말씀하신 바 있어 여럿과 의논 끝에 그를 1군 타격코치로 삼은 것입니다. 타자에 관한 일이면 그와 의논하시는 게 좋겠습니다.

성실하고 뛰어난 장수를 가까이 하고 소인을 멀리한 까닭에 고조국(=빙그레)은 흥성하였고, 소인을 가까이 하고 뛰어난 장수를 방출하거나 2군에 유배 보내 다른 나라에 빼앗긴 까닭에 지금의 조국은 꼴찌라고 비난 받게 되었습니다. 조국이 최하위에 머물던 시절에 이 일을 논하다 보면 송광민의 갑작스런 군 입대와 카페얀의 11연패, 뒤이어 들어온 부에노와 오넬리의 어지러움을 안타깝게 여기지 않을 수 없었습니다. 지금 프런트를 이끄는 사람들은 큰 일(4강)을 이룰 수 있는 사람들입니다. 사장님께서 그들을 가까이 하시고 믿어 주시면 다시 1999년 같은 화려했던 시절이 올 수 있을 것입니다.

신은 본래 아무런 활약 못한 고교 선수로 몸소 동국대향교에서 야구를 갈고 닦고 있었습니다. 그 뒤 왜놈들이 쳐들어와(1982년 세계야구선수권대회 결승전) 대한민국 전체가 엎어지고 뒤집히려 할 때 신은 타자로서 활약(2 대 2 동점 상황에서 승부를 결정짓는 쓰리런 홈런)을 하여 위태롭고 어려운 지경에서 벗어나 세상에 이름을 알리며 크보에 입단하게 되었습니다. 그로부터 스물하고도 일곱 해, 사장님께서는 신이 사자국에 몸담고 있을 적에 대타 작전에 뛰어나고 성실함을 알아주시고, 퇴진하실 즈음하여 신에게 조국의 감독 자리를 맡기셨던 것입니다.

감독 자리에 오른 이후, 아침부터 밤까지 신이 걱정하는 것은 리빌딩부터 한 연후에 4강에 가달라는 백성들의 기대를 저버리고 실망하지 않을까 하는 것이었습니다. 그리하여 지난 시즌에는 공동 6위까지 올라갔습니다. 이제 다행히 탈꼴찌를 하게 되었고, 경기에 쓸 투수며 타자도 넉넉합니다. 마땅히 선수단을 격려하고 이끌고 현재에 안주하지 않고 더 높은 순위인 4강으로 가야 합니다.

어눌한 말투와 예끼스러운 재주나마 최선을 다해 그동안 우리나라를 꼴찌라 업신여기며 하찮게 여기던 무리를 쳐 없애고 4강에 올라 옛적인 1999년 시절로 되돌리겠습니다. 이는 신이 조국 백성들의 성원에 보답하는 길일 뿐만 아니라, 조국 백성들을 위해서 마땅히 해야 할 일이기도 합니다. 바라건대 사장님께서는 신에게 선수 영입과 방출을 결정하는 일을 맡겨 주시옵소서. 신이 만약 제대로 그 일을 해내지 못하면 그 죄를 다스려 주시옵소서.

사장님 또한 FA장수와 김태균처럼 해외에 나간 장수들의 영입을 자주 의논하시어 전력을 높이도록 꾀하소서. 신은 이제 V2를 향해 위대한 도전에 나서거니와, 도전에 나서기 즈음하여 표문을 올리려 하니 눈물이 솟아 더 이상 글을 쓰지 못하겠습니다.

표문을 다 읽은 정승진 사장이 떨리는 목소리로 말했다.

"야왕께서는 탈꼴찌를 하시기 위해 어려움을 겪으시다가 두 해가

지나서야 이제 막 탈꼴찌를 하고 공동 6위가 되었습니다. 아직 자리 잡은 순위도 지키기 힘든데 또 4강을 하고자 순위를 높이시겠다니 몸과 마음이 너무 지치실까 걱정이 됩니다.”

“신은 조국 백성들의 기대와 응원에 비해 아직도 스스로 부족하다 생각하고 있습니다. 이제 마침 탈꼴찌가 되고 리빌딩이 제법 갖춰져 걱정거리가 없어졌으니 류현진이 해외에 진출하기 직전인 이때 4강 에 들어 가을야구를 하지 않고 다시 어느 때를 기다리겠습니까?”

야왕이 이렇게 대답했다. 노재덕 단장이 여럿 가운데서 나와 다른 말로 사장을 거들었다.

“신이 밤에 스마트폰으로 구글어스라는 어플에서 별자리를 살펴 보니 지금 4강에 든 팀들의 전력이 매우 강합니다. 아직은 4강에 도 전할 때가 아닌 줄 압니다.”

그렇게 사장에게 아뢴 뒤 다시 야왕을 보고 물었다.

“야왕 전하께옵선 천문에도 매우 밝으시면서 또 어찌하여 억지로 안 될 일을 하려 하십니까?”

“천문이란 그 변화가 매번 틀리는 일기예보처럼 믿을 게 못 되는 것이외다. 어찌 천문에만 얽매여 있을 수 있겠소? 나도 이번에 4강 을 하고자 선수들을 이끌고 출전하기는 하나, 5~6위에 멈추어 4강 에 든 팀들의 움직임을 살펴본 뒤에 순위에 오르던지 말던지 할 것 이오.”

야왕은 그렇게 대꾸하고 노재덕이 애써 말려도 듣지 않았다. 야왕 은 출사표에 밝힌 대로 송진우, 정민철, 문동환 등을 투수코치로 삼 아 투수들의 일을 맡아보게 했다. 또 강석천을 타격코치로 삼아 1군 타자들을 거느리게 하고 이종두를 수석코치, 이영우를 2군 타격코치, 비룡국 출신의 후쿠하라를 수비코치, 상군매직 이상군을 운영팀장으로 삼아 인재 등용과 후진 양성에 힘쓰게 했다. 끝내 4강권에 들라는 사장님의 조서를 받아내 강원도 새벽길을 달려 송신영을 쌍인국으로부터 영입하여 '트레이드는 쌍인국이 부리고 선수 영입은 조국이 챙긴다.'라는 속담을 남기며 한밭벌로 돌아온 야왕은 다시 여러 장수들을 불러 엔트리를 짰다.

선발투수 중 으뜸 선발투수로는 국보급 투수로 자리 잡은 류뚱 류현진이요, 중간계투는 노망주 박정진, 송신영, 마일영, 마무리 투수는 흑판왕 바티스타가 맡았다. 나머지 선발투수 자리에는 조선시대 때 자치기를 변형시켜 세계 최초의 야구를 창시한 최고령 노장 투수 안승민이 맡고 양운에서 10이닝 완투로 거듭난 양훈과 탈북자 출신 김혁민이 맡게 되었다. 그리고 땀민제 장민제와 광수생각 김광수, 송창식, 유창식, 윤근영, 신주영 등을 부장으로 딸려 보좌케 하였다.

외야수 자리에는 동우햄 강동우와 홈런 진행 중 최진행이 맡았다. 남은 외야수 자리에는 농기계 이양기요, 군 입대 후 돌아온 예비역 병장 연경흠, 고치로 고동진, 오재필, 새신랑 김경언 등이었다. 내야수는 유격수에 3할이 대수냐의 이대수 장군이요, 1루수에 왜국에서 돌아와 김도망 김지진이라는 치욕에서 벗어나 심기일전 명예 회복을 노리는 별명왕 김태균과 스나이퍼 장성호, 2루수는 짱구아빠 한상훈, 3루수는 용전동의 이영상이 맡았으며 남은 내야수 백업자리에는 꽃사슴 오선진과 2007년 야왕이 앞날을 내다보고 미리 군 입대를 보내놓은 사자국 출신 임익준에게 맡겼다.

대주자로는 아사다마오 전현태와 쌍인국 출신 이학준으로 삼았다. 포수로는 최고의 포수 신경현과 군에 입대하는 이희근을 대신하여 최진행의 쌍둥이 동생 박노민과 정범모, 웅담국 출신 점포 최승환에게 맡겼다. 나머지 대타 자리에는 쇼부정 정원석이 임명되었다.

모든 엔트리를 정한 뒤에 야왕은 다시 정영기를 비롯해 서예교실을 펼치는 송진우에게 2군에 가 있는 장수들에게 글을 보내 하주석이나 최우석, 임기영, 양성우 같은 어린 유망주들의 1군 승격에 대비케 했다. 그리고 날을 골라 군사를 내니 때는 2012시즌 프로야구 개막일인 4월 7일이었다.

조국의 선수단이 막 거인국을 정벌하고자 사직벌로 출발하려는데 문득 마운드에서 나이 많고 영어 발음이 뛰어난 투수가 뛰쳐나와 소리쳤다. "암~~ 내가 비록 나이가 많다 하나 아직 송진우, 양준혁의 뛰어남은 있소. 그 두 사람은 나이가 마흔이 되어도 지지 않고 큰일을 해냈는데 어찌하여 나는 이번 싸움에 써주지 않소이까?" 그 소리에 놀라 여럿이 그를 보니 바로 므르부(MLB)에서만 무려 124번의 승리를 거두며 1박 2일에도 출연해 천하에 그 이름을 알린 박찬호였다. 야왕이 좋은 말로 그를 달랬다. "내가 감독 자리에 올라보니 우리 장수였던 대성불패 구대성이 나이 때문에 은퇴를 하고 말았소. 그 애석함이 마치 한 팔을 잃는 듯 했소이다. 이제 장군께서도 이미 은퇴를 바라보는 나이가 되신 데다 만에 하나 국내무대에서 이름에 걸맞은 활약을 못하고 잘못되기라도 한다면 그 일을 어찌 하겠소? 므르부(MLB)를 떨쳐 울렸던 레전드의 명성에 흠이 갈 뿐 아니라 우리 조국의 팀 분위기마저 해치게 될까 두렵소이다."

　　그러자 박찬호는 더욱 목소리를 높였다. "나는 마운드에 오른 이래 싸움터에서 물러난 적이 없고 외국인 강타자를 맞아서는 언제나 스트라이크존에 앞장을 섰소이다. 투수가 연봉 전액을 기부하더라도 마운드에서 공을 던질 수 있게 된 것만으로도 더한 다행이 없는데 그 무슨 말씀이십니까? 이번에 선발투수가 되지 못하면 실로 일생의 한이 될 것이외다."

　　야왕이 두 번 세 번 말렸으나 소용없었다. 결국 박찬호에게 투수 자리를 허락하면서도 조건을 달았다. "장군께서 기어이 선발투수로 서시겠다면 반드시 영어에 능통한 원어민 한 사람을 더 데리고 가시오." 그리고는 가르시아를 대신하여 외국에 살던 색목인 용병투수 외래어 배스를 직수입해 선발투수로 발탁하고 류현진과 박찬호를 돕게 하였다.

　　이윽고 야왕이 이끄는 선수단이 한밭벌을 떠나니 정영진 사장은 경영진을 이끌고 사직벌로 떠나는 고속도로 판암 톨게이트 10리까지 나와 야왕을 배웅했다. 야왕의 선수단 행렬은 그 글러브가 들판을 덮고 배트는 수풀을 이루는 것 같았다.

　　야왕은 배트를 꺼내어 사직벌을 가리키며 랩을 했다. "오늘의 야구를 넘어~ 지금 야왕은 변하고 있죠 예예예예~ 젊음과 호흡하고(와~) 대타에 힘을 싣고 안타를 응원하니 야왕의 변화는 멈출 줄 모르죠~ 변화, 그 속엔 항상! 승리가 있어 꿈이! 희망이! 4강이! 터져라! 터져라!! 홈! 런!~~ , 예끼 니미 xx 올해엔 나 야왕의 해인겨!

글. 야관중